AI重塑
家庭教育

十二个关键问题

张诗瑶 著

中国人民大学出版社
·北京·

总 序

人工智能正以前所未有的速度重塑人类社会的运行规则。从职场效率的颠覆性提升、家庭教育模式的根本性变革，到人机协作范式的重新定义，AI 已从技术概念进化为推动文明演进的核心动力。《AI 职场应用 66 问》《AI 重塑家庭教育：十二个关键问题》《提示语设计：AI 时代的必修课》这三本书以"天人智一"为核心理念，以"问行合一"为实践纲领，为个体与社会提供了一套从技术应用到认知升级的系统解决方案。

职场觉醒：从工具效能到天人智一的认知跃迁

《AI 职场应用 66 问》揭示了一个关键趋势：在生成式 AI 重构工作流程的今天，职业竞争力的核心已从"单一技能"转向"人机协同能力"。当 AI 能自动生成高精度报告、分析海量数据甚至预测市场趋势时，人类的价值正加速向战略决策与创新设计迁移。本书通过多个真实场景，展现了人机协作的深层逻辑——市场总监借助 AI 洞察消费者行为背后的情感动机，设计师基于 AI 拓展想象力和创造力，管理者利用 AI 实现组织效能的动态平衡。该书不仅是效率工具手册，更是"天人智一"的实践注解：当人类的价值判断与 AI 的数据洞察深度融合时，职场将从机械执行转向智慧共创的生态系统。

教育重构：从知识焦虑到问行合一的范式升级

《AI 重塑家庭教育：十二个关键问题》直击智能时代的教育本质：当 AI 能解答任何学科难题时，教育的使命已不再是填鸭式知识传递，而是培养机器无法替代的核心能力。该书以"问行合一"为方法论，将 AI 转化为家庭教育的能力放大器——通过 DeepSeek 等 AI 工具动态追踪孩子学习薄弱点，通过识别孩子情绪破解青春期沟通困局，利用职业倾向分析辅助孩子进行高考选科决策。以上实践并非技术堆砌，而是"工具理性"与"教育温度"的有机融合：AI 承担知识传授的标准化工作，家长得以聚焦价值观引导、创造力激发与批判性思维培养。这种转变的本质，是对"知行合一"教育理念的智能时代响应——在 AI 支持下，家庭教育从经验主导的经验主义，进化为数据驱动的科学实践。

交互跃迁：从基础指令到价值共创的元能力构建

《提示语设计：AI 时代的必修课》揭示了人机协作的底层密码：在技术普及的今天，提示语设计能力已成为区分平庸与卓越的关键标尺。该书突破工具操作的浅层教学，直指人机交互的本质——优秀的提示语不仅是清晰指令，更是人类意图与机器逻辑的翻译器。从商业文案的风格化生成，到跨文化广告的精准适配，再到影视剧本的创意孵化，这些案例证明：真正有效的提示语需要同时具备工程师的严谨性与艺术家的洞察力。正如"天人智一"理念所揭示的：在提示语设计中，参数设置是"技术骨骼"，价值导向是"人文灵魂"。当人类学会用机器的语言表达创造力时，协作便转变为智能时代的核心竞争力。

作为 AI 科普读物，这三本书共同回答了一个根本性问题：在 AI 深度渗透的今天，如何实现技术进步与人类价值的共生？《AI 职场应用 66 问》重构生产力，《AI 重塑家庭教育：十二个关键问题》再定义教育本质，《提示语设计：AI 时代的必修课》革新协作范式，三者构成了"问行合一"的完整实践链。当 AI 能自动生成财报却无法判断其商业伦理时，当虚拟教师能讲解知识点却难以传递情感温度时，当提示语能输出文案却缺乏价值判断时，人类的核心使命便越发清晰：我们既是技术应用的设计师，又是文明价值的守门人。本套图书以扎实的案例证明：AI 时代的真正赢家，不是盲目追逐技术浪潮者，而是那些能将"天人智一"理念转化为实践策略的人——职场人用 AI 增强而非替代决策能力，家长借 AI 技术守护而非削弱亲子纽带，创作者以提示语释放而非限制想象力。

（本总序由沈阳老师使用 DeepSeek 生成）

前 言

亲爱的家长朋友：

当您翻开这本书时，或许心中正浮现出这样一个问题：当 AI 无处不在，孩子只需轻触屏幕就能获得海量信息时，我们还能为他们的成长带来怎样独特而温暖的价值？知识的获取变得前所未有的便捷，而家长如何帮助孩子获得不可替代的竞争力——比如创造力、沟通力、批判性思维与情绪管理能力——成为我们共同面对的全新挑战。

AI 时代，重构孩子不可替代的竞争力

为了深入了解这些挑战，本书作者走访了 50 位不同背景的家长（他们的孩子年龄跨度从 0 到 18 岁），了解他们在 AI 时代的真实困惑与面临的具体场景。我们发现，在 AI 普及的当下，知识获取不再是难题，真正决定孩子成长高度的，反而是父母能否以独特的智慧和细腻的情感，激发孩子终身受益的能力。如何激励和引导孩子，培养他们独特且卓越的能力，将直接决定他们未来的竞争优势。

本书以"天人智一"（发挥人性智慧与 AI 智能的共同优势）和"人机共生"（人与 AI 携手协作，共同助力孩子成长）为核心理念，通过"问行合一"（通过精准提问和有效行动，将 AI 技术转化为实际的家庭教育成果）的方法，让家长快速上手，轻松实践，系统探讨如何利用 AI 赋能家庭教育。我们的关注点不仅是如何使用 AI 工具，更是如何与 AI 共创适合孩子个性成长的教育环境。从 0—3 岁的安全感建立，到 4—6 岁的情绪管理，到 7—12 岁的习惯养成，到 13—15 岁的独立思考，再到 16—18 岁的生涯规划，每个阶段都有明确且可操作的指导。

从学科辅导到四能教育

这本书不是技术专业书，而是面向普通家长的实用指南。我们深知，您需要

的是能立即使用的方法，而不是晦涩的算法原理或空洞的"未来教育"预示。无论您的孩子处于哪个成长阶段，您都可以利用 AI 工具轻松解决教育问题，同时守护家庭教育不可替代的温度与深度。

即便资源有限，AI 也能成为您最得力的助手。借助 AI，您可以基于孩子当前的能力水平，为他们量身定制个性化的成长路径，实现从基础认知的"低能"到"高能"，从兴趣单一的"单能"到视野广阔的"多能"，从综合能力的"多能"到创新突出的"超能"，最终发展为拥有独特创造力的"异能"。这个过程不需要您精通教育理论，只要您愿意陪伴和观察，与 AI 协作，就能创造一个丰富的学习环境，释放孩子的多元潜能，培养他们成为适应未来社会的创新型人才。

不必焦虑，家长的角色不是被弱化，而是变得更加重要

随着技术的发展，家长的角色并未被弱化，反而变得更加重要。AI 可以讲解知识点、批改作业，甚至模拟历史人物的对话，但永远无法取代您对孩子在情感上的支持与价值观上的引导。本书的第二章与第十一章特别强调了 AI 与家长之间的平衡关系，并提醒家长在使用 AI 时需要关注的重要问题，包括守护孩子的网络安全、避免内容陷阱、培养独立思考能力、增进而非削弱亲子关系。

过去几年，疫情与"双减"政策，让许多家长陷入"知道该做什么，却不知如何去做"的困境。本书的核心使命就是将这种无力感转化为切实的行动策略。例如，第五章告诉忙碌的您：0—3 岁儿童教育的核心并非复杂的认知开发，而是及时回应孩子需求的温暖互动。AI 可以帮助您分析孩子的成长数据，但真正建立孩子安全感的却是您真实的爱与陪伴。

我们相信，真正决定教育质量的，不是工具的先进程度，而是家长如何在"机器效率"和"人性温度"之间找到恰当的平衡。当 AI 向孩子讲解复杂的概念时，您更需要关注孩子的情绪与反馈，把判断的空间交给孩子，适时给出一句温暖的回应："没关系，我们一起再试试看。"这样的陪伴，胜过任何精准的算法。

从"应对 AI"到"拥抱 AI"

请记住，教育从不是为了适应机器，而是为了培养拥有独立人格、创造力和幸福感的人。

本书设计了丰富的家庭共学场景，如用 AI 生成科学实验方案后，全家一起动手实践；或在使用职业兴趣测评工具时，引导孩子深入思考理想生活的模样。这些实践帮助您将技术转化为亲子关系的"黏合剂"，而非"隔离墙"。

本书没有定义"完美父母"的标准，只有针对不同阶段、不同问题的动态调整策略。在小学阶段，您只需抽出少量时间与孩子一起反思学习方法的有效性；到了高中阶段，通过价值观的引导，帮助孩子在 AI 给出的众多建议中找到真正契合他内心的答案。教育是一场漫长的马拉松，AI 带来的变革如同一场技术风暴。希望《AI 重塑家庭教育：十二个关键问题》能成为您手中的"风筝线"，让技术成为助力梦想的风，而非令人迷失方向的旋涡。

您无须成为技术专家，也不必事事亲力亲为。有时，您可以和孩子一起用 AI 创作一个荒诞的故事，笑着讨论"机器为什么不懂人情味"；有时，您可以坦然地告诉孩子"这个问题我也不知道，我们一起问问 AI 吧"。这些充满温度的瞬间，恰恰成为孩子拥抱未知、保持好奇心的最宝贵的课堂。

翻开这本书，您将发现孩子每个成长阶段的关键问题及具体解决方案。从今天起，放下焦虑，重拾信心，以全新的视角与工具重新定义家庭教育的意义。因为教育的终极目标，从不是培养"适应机器的人"，而是养育"能创造未来的人"。

写给每一位愿意主动拥抱变化、不被焦虑束缚的家长朋友。

目 录

第一章

AI 来了，
家长如何应对？

> 家长常常觉得自己无法真正理解孩子的语言，就像科研工作者论文写久了，难以用简单易懂的语言表达复杂的观点。AI 能够帮助我们学会"说孩子话"，并且能让我们更好地理解孩子的需求和情感。

序幕：一个普通家长的困惑

周六下午，小区的亲子活动室里。

"最近孩子的英语作业都是让 AI 来批改的，"王妈妈皱着眉头说，"老师说这样能及时发现问题，可我总觉得不太放心。"

"我们家也在用 AI，"李妈妈边说边翻出手机，"你看，这是小明昨天做数学题时遇到的难题，AI 不仅帮他分析错误原因，还根据他的思维习惯设计了专门的练习题。"

坐在一旁的张爸爸插话道："但是不是觉得怪怪的？让机器来教育孩子……"

"实际上，"一直安静听着的陈老师开口了，她是附近重点小学的班主任，"你们的担忧我都理解。不如让我们先问问自己：在 AI 时代，我们到底需要什么样的家庭教育？"

✦ 一、什么是 AI 家庭教育？

想象这样一个熟悉又陌生的场景——晚上 8 点，小明正在做数学作业，遇到一道解不出来的难题。爸爸还在加班，妈妈刚哄小妹妹睡觉，家里没有人可以即时解答。然而，这一次，小明没有把题目放到一边，也没有等到第二天去问老师，而是将题目提供给 AI。一秒钟后，他不仅得到了答案，还看到了详细的解题过程，AI 甚至为其提供了更多类似题型的解析。这让小明不仅解决了眼前的难题，还对相关知识点有了更深的理解。这并不是未来的科幻情节，而是 AI 已经走进家庭教育的真实图景。从数学题到写作指导，从语言学习到艺术创作，AI 正悄然融入孩子的学习和生活，给教育方式带来了前所未有的变化。

人工智能的普及，让孩子获取知识变得更加便捷。面对这样的时代转变，许多家长心中可能会有疑问："AI 真的能让孩子更聪明，还是会让他们变得过度依赖？"答案并不绝对。AI 的崛起不仅是技术的进步，更是一场教育观念的革命。它让知识变得触手可及，但也需要家长重新审视自己的角色：从"教育者"转变为"引导者"，与孩子共同学习，共同成长。在这个新生态中，AI 不仅是孩子的学习助手，更是他们未来生活的"合作者"。家长的任务是帮助孩子理解和善用 AI，而不是完全依赖技术。

（一）AI 家庭教育的定义

回忆小时候的学习工具：可能是一叠练习册，也可能是父母不厌其烦地讲解的"辅导课堂"。而今天，技术的发展为家庭教育新增了一个强大的帮手——AI。AI 家庭教育是以人工智能技术为核心支撑，家长、孩子与智能工具共同参与的教育生态系统。它不是取代家长的角色，而是通过多方协同，为家庭教育带来新的可能性。

AI 家庭教育具有以下四大特点：

一是个性化学习路径。AI 能根据孩子的学习水平、兴趣点和进步情况，量身定制学习方案。例如，孩子数学成绩较强，AI 可能减少基础题的重复练习，而增加更具挑战性的应用题；如果英语较弱，AI 则会推荐更多口语训练内容。

二是实时互动与反馈。孩子在学习中遇到问题，AI 可以即时给予答案和解题思路，无须等待家长或老师。例如，遇到复杂的化学方程式，AI 不仅提供答案，还能逐步解析，让孩子学会如何推导。

三是跨场景知识链接。AI 不仅可以解决课业难题，还能把生活问题转化为学习场景。例如，孩子在观察家里的植物时，可以通过 AI 了解植物的生长过程，甚至探索生物知识。

四是智能辅助与人类引导的结合。AI 可以帮助孩子掌握基础知识，但情感支持和价值观引导依然需要家长的参与。家长的角色并未被取代，而是变成了更重要的"学习伙伴"和"成长引导者"。

人工智能正在重塑家庭教育的底层逻辑。与传统教育工具不同，AI 不是简单的答题机器，而是通过数据分析与动态优化，构建起"教"与"学"的双向进化系统。它能精准识别孩子知识结构的薄弱环节，在数学学习中自动调节题目难度，在写作训练中优化表达逻辑；当学科知识需要融会贯通时，又能将古诗赏析转化为音乐创作，让物理原理对接生活实验。更重要的是，AI 创造了亲子协作的新范式——智能系统既不是替代家长权威的"电子教师"，也不是纵容依赖的解题帮手，而是通过客观数据分析与知识引导，帮助家长从"监督者"转型为"成长伙伴"。这种转变打破了传统教育中标准化教学与个性需求的矛盾，使家庭教育真正实现因材施教。要系统理解 AI 教育的革新价值，我们需要从五个核心维度展开分析（见表 1-1）：

表 1-1 AI 赋能家庭教育的价值维度

特点维度	技术支撑与实现方式	典型应用场景	解决的核心问题
个性化学习路径	机器学习算法分析学习数据，动态调整难度	数学分步拆解、作文智能润色	传统教育"一刀切"模式与个体差异不匹配
实时反馈与迭代	自动化评估系统+即时纠错机制	作业进度跟踪、辩论观点攻防训练	反馈滞后导致的认知固化
跨学科创造力培养	多模态生成技术（文本/音频/图像协同）	古诗改编歌曲、思维导图创作	学科割裂限制创新思维
实证思维训练	大数据验证与实验模拟系统	科学实验漏洞分析、对照实验设计	被动接受知识、思维缺乏批判性
亲子协作新范式	第三方智能中介平台	学习成果兑换规则生成、冲突调解方案	传统权威式教育引发的亲子对抗

（二）家庭教育系统结构剖析

每个家庭都在无意识中构建着自己的教育系统。父母承担着价值观引导和方向把控的核心职责，孩子作为学习主体，其年龄阶段和个性特征直接影响教育策略的选择，而祖辈或其他家庭成员则在生活经验传递与情感支持中发挥作用。当 AI 介入时，它应当成为协调各方力量的纽带，例如，在学习计划制订时，既能参考父亲设定的逻辑训练目标，又能结合母亲关注的情商培养需求，同时过滤掉祖辈过度保护带来的干扰。这个系统（见表 1-2）首先由人构成：家长是掌舵者，负责传递价值观和生存智慧；孩子不是被动接收指令的机器，而是会自主升级的"智能终端"，他们的年龄阶段和个性特征决定着系统运行模式；爷爷奶奶等家庭成员则像不时弹出的系统弹窗，可能带来经验传承也可能引发观念冲突。当 AI 介入时，它必须理解父亲制订的编程学习计划、母亲坚持的品德培养守则以及祖辈偷偷塞零食背后的情感逻辑，才能避免成为家庭矛盾的催化剂。

表1-2　家庭教育系统结构模块

系统模块	子模块/要素	核心描述与示例
系统主体	家长	主导者：传递价值观、行为示范、教育理念（权威/民主型）、能力（沟通/情绪管理）
	孩子	主动参与者：年龄阶段（婴幼儿/青少年）、个性特征（兴趣/学习风格）
	其他家庭成员	祖辈/兄弟姐妹：影响教育一致性（如代际观念冲突）
系统目标	长期目标	独立人格、社会适应力、终身学习（如培养责任感）
	短期目标	解决具体问题：行为矫正（如拖延症）、学业支持
	分领域目标	价值观（诚信）、认知发展（逻辑思维）、生活技能（自理）、身心健康（情绪管理）
系统内容	显性教育	学科辅导、技能训练（编程/乐器）、规则制定（作息时间）
	隐性教育	家庭文化（餐桌礼仪）、情感连接（亲子共读）、价值观渗透（家长以身作则）
系统方法	沟通方式	对话与倾听（非暴力沟通）、非语言互动（拥抱鼓励）
	激励与约束	正向强化（积分奖励）、负向反馈（暂停特权）
	参与模式	共同活动（家庭运动日）、自主探索（提供实验工具）
环境与资源	物理环境	学习角布局、书籍/电子设备配置
	心理环境	民主氛围（允许表达意见）、情绪安全（接纳失败）
	外部资源	社区图书馆、学校合作（家长会）、心理咨询服务
动态调节机制	反馈循环	观察孩子情绪变化→调整沟通策略（如从说教转为共情）
	适应性反弹	应对青春期叛逆（调整管教方式）、家庭变故（如离婚后的情感支持）
文化与制度	家庭文化基因	代际传递（父母原生家庭模式）、传统观念（"成绩优先"vs."兴趣导向"）
	社会制度约束	"双减"政策（减少课外培训依赖）、社会竞争压力（内卷 vs. 佛系）
系统边界与交互	内部边界	父母分工：父亲负责运动技能、母亲负责学习
	外部交互	家校协同（作业反馈机制）、社会影响（短视频对注意力的冲击）

　　长期目标关注人格塑造与终身学习能力，短期目标解决具体问题如作业效率提升，分领域目标则需平衡学业、生活技能与身心健康。AI 的价值在于将宏观目标拆解为可操作步骤：当家长希望培养孩子的批判性思维时，系统能自动从日常错题中提取逻辑训练点，将抽象目标转化为每天 15 分钟的思维游戏。学科辅导和技能训练这些显性教育，需要与家庭氛围营造、情感连接这些隐性教育形成互补。明智的家长会利用 AI 完成知识传授的技术性工作，如数学题讲解和作文

批改，从而腾出更多精力进行价值观引导，例如，在讨论 AI 提供的《全球气候变化报告》时，同步传递环保理念与社会责任感。

说到底，就像在养育一株特别的植物：AI 是精准的灌溉系统，能监测湿度、光照，但决定植物长势的，始终是花盆的土壤（家庭氛围）、园丁的照料（亲子互动）和整个生态的平衡。明白这个道理，技术才不会变成揠苗助长的工具，而是顺应成长规律的助力。

（三）AI 家庭教育与传统家庭教育的区别

在传统家庭教育中，家长往往扮演单向传授知识的角色，而 AI 家庭教育则构建了一个多元互动的生态系统（见图 1-1）。孩子可以借助 AI 自主探索知识，家长从"知识讲解者"转型为"学习引导者"，AI 则成为高效的知识管理与反馈工具。

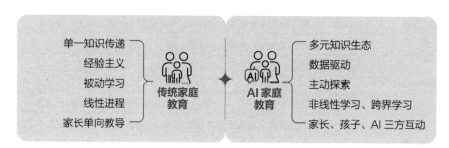

图 1-1　AI 家庭教育与传统家庭教育的区别

在这场变革中，家长需要的不仅是技术的学习能力，更是教育观念的升级。唯有家长、孩子、AI 三方协同，才能真正实现教育效能的最大化，为孩子打造更加多元和充实的未来。

✦ 二、家长如何从"知识传递者"到"学习引导者"？

以前，家长在家庭教育中更像一本"活字典"，是孩子的第一任老师。孩子遇到不懂的问题，会跑来问家长，因为他们手握知识的钥匙。但随着 AI 技术的普及，这一场景正在悄然改变。现在，孩子只需借助 AI 工具，就能获得即时的解答，甚至享受个性化的学习支持。

> **问题是：家长的角色还重要吗？答案是：依然重要，但角色需要转型。**

在 AI 时代，家长的职责已经从"知识传递者"逐渐转向"学习引导者"。这意味着家长不仅要帮助孩子获取知识，更要引导他们学会独立思考，掌握高效的学习方法，最终培养出适应未来的能力和韧性。它意味着，家长不需要再亲手"栽种"每一株植物，而是教孩子如何播种、浇水、修剪，让他们自己拥有建设未来的能力。这种转变，对家长来说既是挑战，也是机会。

（一）为什么家长的角色需要转变？

AI 的出现，彻底改变了知识的获取方式，也使得家长在教育中的定位发生了根本性变化。以下三个趋势，让家长不得不重新思考自己的角色：

1. 知识不再是稀缺资源

过去，知识主要来源于课堂、书本或家长的口授，但如今，孩子可以通过 AI 工具获取海量信息。这种变化意味着，家长不再需要"事必躬亲"，而是要帮助孩子筛选和判断这些信息的价值。

2. 学习方式变得更加个性化

AI 能够根据孩子的兴趣、学习进度和特点，定制专属的学习内容。家长需要关注的，不是填补孩子的知识空白，而是如何激发他们的学习兴趣，让个性化的学习路径真正发挥作用。

3. 能力培养比知识传授更重要

AI 时代需要的是创新能力、批判性思维和问题解决能力，而这些恰恰是孩子未来在快速变化的社会中需要依赖的"软技能"。家长的任务是教会孩子如何思考，而不仅仅是告诉他们答案。

（二）家长如何转变角色？

1. 从"知识传授者"到"学习引导者"

在 AI 的加持下，家长不再需要成为知识的来源，而是要与孩子并肩探索新知识，共同成长。和孩子一起探索新知识领域，例如，使用 AI 工具学习编程或绘画，可以激发他们的好奇心，让学习变得更加有趣。此外，了解孩子的兴趣点，并提供相关学习资源，不仅能有效提升他们的学习动力，还能让学习从负担变成乐趣。与此同时，家长可以协助孩子制订学习计划，比如，每周安排固定时间回顾和整理学习内容，帮助他们逐步养成自律和高效的学习习惯。在信息获取日益便捷的今天，家长还需引导孩子培养批判性思维，学会质疑和分析，例如，当孩子在网上查询到一条信息时，可以与他们探讨其可信度和来源，帮助孩子形成独立思考的能力。

2. 从"问题解决者"到"问题引导者"

当孩子遇到问题时，家长不再是直接提供答案，而是通过引导帮助他们找到解决之道。面对孩子的问题，例如"这道题怎么做"，家长可以引导他们独立思考，鼓励他们尝试从某个可能的步骤开始入手，而不是直接给出解法。在孩子尝试后，如果仍然卡壳，家长可以适时提供适度的支持，通过点拨帮助他们突破难点，但避免代替其完成任务。此外，家长还应注重培养孩子的问题解决能力，教他们系统化地分析问题，并通过分步骤寻找答案，例如，借助 AI 工具查找相关资料或模拟解题，从而提高他们的思维逻辑和自主解决问题的能力。

3. 从"控制者"到"陪伴者"

在现代家庭教育中，控制式教育已不再适用，取而代之的是更加注重平等交流和情感支持的方式。家长需要与孩子建立平等的亲子关系，通过倾听他们的意见来表达尊重，避免用"权威"压制他们的表达。孩子在学习的过程中，难免会遇到挫折，这时家长的情感支持尤为关键，一句简单的"没关系，下次我们一起努力"往往比冗长的说教更能带来安慰和动力。此外，家长应逐步减少对孩子学习的过度干预，帮助他们培养自主学习的能力，让孩子学会独立规划和管理自己的学习任务，从而在学习中建立自信和责任感。

✦ 三、AI 家庭教育的核心理念：让孩子"学会学习"

当 AI 进入家庭教育，我们的目标并非让孩子更快地获取知识，而是帮助他们掌握"学会学习"的能力。这种能力不仅包括提出好问题的能力，还涵盖批判性思维和解决问题的创造力。换句话说，AI 家庭教育的核心，不是让孩子"变聪明"，而是让他们具备面对复杂未来的智慧和韧性。

AI 家庭教育的核心理念是陪伴式学习与能力导向。

首先是陪伴式学习。 AI 是孩子的学习伙伴，而不是"保姆"。家长需要与孩子共同探索 AI 工具，帮助他们正确使用，并在关键时刻及时纠正偏差。例如，避免孩子"沉迷技术"或对 AI 产生路径依赖，家长的陪伴和引导是必不可少的。AI 可以帮助孩子解决具体问题，但只有在父母的支持下，这种帮助才能转化为真正的成长。

其次是能力导向。 AI 家庭教育的重点不在于简单地获取知识，而在于用这些知识解决现实问题。培养孩子的批判性思维和创造力，帮助他们在面对问题时，能够提出独到见解并找到解决方案，这是 AI 教育的最终目标。例如，在使用 AI 完成作业后，家长可以引导孩子反思："为什么用这个方法?""还有其他可能的解决方式吗?"

（一）家长的两大疑问与解答

1. "孩子会不会因此变懒?"

许多家长担心，当孩子习惯通过 AI 快速获得答案时，会丧失动手能力，甚至失去学习的动力。这种担忧是可以理解的，但让我们回想一下类似的工具发明：计算器的出现并没有让我们忘记加减乘除；拼音输入法并没有让我们不再认得汉字；导航软件也没有让我们迷失方向。工具的进步从来不是对能力的削弱，而是帮助我们专注于更高级的思考与创造。关键在于家长如何引导孩子正确使用 AI。要将 AI 作为激发学习兴趣的助力，而非逃避思考的捷径。

2. "AI 会不会影响孩子的独立思考能力？"

恰恰相反，AI 可以成为培养孩子独立思维的催化剂。好的 AI 教育能激发孩子提出更多问题，训练他们的逻辑推理能力和多角度思考能力。例如，通过 AI 解题后，家长可以引导孩子进一步探索："这个答案有没有其他应用场景？""如果改动条件，结论会改变吗？"就像 GPS 让我们不再迷路，可以转而欣赏沿途风景，AI 为孩子提供基础支持，让他们腾出精力专注于创新、判断和决策。

（二）家长可能陷入的四大误区

尽管 AI 教育充满潜力，但家长在转型为"学习引导者"时，也可能会面临一些典型误区。只有正确认识并调整，才能让 AI 的作用最大化，同时避免潜在风险。

1. 过度放手

表现：完全依赖 AI 工具，忽略对孩子的必要指导。

解决方法：制订清晰的使用框架，例如，限定使用时间，家长需要参与引导，让 AI 成为辅助工具，而非完全替代教育。

2. 角色混淆

表现：家长时而引导，时而包办，导致孩子对父母的行为模式感到混乱。

解决方法：明确家长在 AI 教育中的角色定位，比如，帮助孩子规划学习内容、提供情感支持，而非过度干涉或完全放手。

3. 期望过高

表现：期望孩子快速适应 AI 辅助学习，忽视他们所需的适应过程。

解决方法：设定循序渐进的目标，给予孩子足够的时间探索和熟悉 AI 工具，让他们逐步找到适合自己的节奏。

4. 忽视情感需求

表现：过于关注学习效率，忽略与孩子的情感交流。

解决方法：在使用 AI 辅助学习的同时，家长要保持与孩子的情感联系，比如，适时给予鼓励和支持，让孩子感受到父母的关怀。

✦ 四、家长如何实践 AI 家庭教育?

（一）AI 时代家长需要具备的核心技能

在 AI 逐渐融入家庭教育的今天，家长不仅要适应新工具的使用，还需要掌握新的能力，以确保孩子能够最大化地利用 AI 的优势，同时规避潜在风险。以下三项核心技能，是每位家长都应该具备的：

1. 学习策略设计者

家长需要根据孩子的兴趣点、学习需求以及个性特点，帮助制订科学合理的学习计划。一个好的计划不仅能提升学习效率，还能激发孩子的学习热情。同时，学习计划应具备灵活性，根据孩子的反馈和学习效果及时调整策略，例如，当发现某个 AI 工具的使用效果不如预期时，可以尝试切换到其他更合适的工具。

2. AI 工具筛选者

面对市面上琳琅满目的 AI 教育工具，家长需要具备甄别能力。在选择适合的工具时，除了关注功能和教育价值外，还需重点考量数据隐私和使用安全性，确保孩子的个人信息不会被滥用。此外，家长可以通过试用和观察，判断工具是否真正符合孩子的学习需求，以帮助他们获得最佳的学习体验。

3. 风险防范者

尽管 AI 工具能为孩子的学习提供极大便利，但其背后也隐藏着潜在风险。家长需在监督孩子使用 AI 工具的过程中，关注两大方面：

- **内容安全**：过滤不良信息，确保孩子接触到的内容健康、积极。
- **时间管理**：合理规划孩子的使用时间，避免因过度使用 AI 工具而导致注意力分散或其他不良习惯的形成。

（二）家长的四步实践路径

第一步：熟悉 AI 工具的功能与价值

要想让 AI 真正服务于孩子的学习，家长首先需要了解这些工具"会做什么"和"不能做什么"。您可以选择几款口碑较好的 AI 工具，亲自试用，探索它们的功能，例如，是否擅长解题、语音辅导或艺术创作。同时，了解这些工具的适用范围和潜在局限，避免期望过高，比如，有些 AI 工具擅长逻辑推理，但可能在语言表达或创意写作方面表现有限。通过熟悉这些功能，家长可以更好地匹配孩子的学习需求。

第二步：与孩子共建学习规则

AI 的便捷性很容易让孩子沉迷其中，因此家长需要提前设定清晰的使用规则。您可以与孩子一起讨论，制定合理的使用时间和学习目标，例如，每天使用 AI 工具不超过 30 分钟，或仅在解决课业难题时使用。与此同时，引导孩子明确学习的目标，避免 AI 使用无序化，变成纯粹的娱乐工具。清晰的规则不仅能帮助孩子高效使用 AI，也能培养他们的自我管理能力。

第三步：观察学习效果并调整策略

AI 工具的使用效果不是一成不变的，家长需要在实践中不断优化策略。通过定期与孩子交流，了解他们对 AI 工具的体验和感受，观察 AI 工具是否对学习产生了积极影响，例如，孩子是否能更好地理解某个知识点，或者是否因此对学习产生了更多兴趣？如果发现某个工具效果不佳，可以尝试替换或调整使用方式。记住，AI 工具是为孩子服务的，而不是让孩子被工具牵着走。

第四步：关注情感需求与全面成长

再先进的 AI，也无法取代家长的情感支持和价值观引导。除了关注学习效率，家长还需要保持与孩子的情感联系，倾听他们的烦恼和困惑，例如，在孩子因作业挫败感而沮丧时，家长的一句"没关系，我们一起想办法"往往比 AI 给出的完美答案更有安慰作用。帮助孩子在技术之外建立自信心和正确的价值观，是家长不可替代的责任。

⚠️ **注意事项**

✦ AI 只是教育的辅助工具，而不是替代品

AI 可以为家庭教育提供支持，但家长的参与和指导始终是决定孩子成长的关键因素。AI 作为工具，应当在家长的监督和引导下使用，家长的情感支持和适时介入，依然是家庭教育中不可替代的核心。

第二章

◆

如何让孩子拥有自己的
"专属家教"？

"

　　亲爱的父母们，在这个技术日新月异的年代，孩子的教育不再是一成不变的"填鸭式"模式。教育的本质从来不是一场竞赛，而是一段旅程。AI 让这段旅程变得更加轻松，但最终的陪伴者，依然是最懂孩子的我们。

"

> "妈妈，这道数学题我想了好久都不会……"
>
> 晚上 9 点，小明抓耳挠腮地坐在书桌前。而你，忙碌了一整天，既想帮孩子，又感到疲惫不堪，力不从心。
>
> 这一幕，每天都在千万个中国家庭上演：孩子在题海中苦苦挣扎，父母既心疼又无助。我们都希望能成为孩子最好的帮手，可是工作、家务已经耗费了太多精力，而且这些新课本上的知识好像也没那么容易搞懂了。

◆ 一、AI 个性化教育：孩子专属的智能家教

育儿，不是一场孤独的马拉松，而是一段需要智慧和陪伴的成长旅程。想象一个场景：晚上 9 点，你的孩子正为数学作业抓耳挠腮，焦虑蔓延。而你，忙了一整天，正期待片刻放松。过去，你可能需要花费时间耐心解答，甚至请家教帮忙。现在，一个"智能全能家教"可以接手这份工作，帮助孩子突破难关。它不会疲倦，也不会发火，只会一遍又一遍地为孩子提供支持和指导。这并非遥不可及的幻想，而是 AI 个性化教育带来的真实改变。

"个性化"这个词听起来有点"高大上"，但其实它的核心很简单：为孩子找到最适合他们的学习方式。每个孩子都是独特的，有自己的性格、兴趣和学习节奏，而 AI 正是帮助他们挖掘潜能的好帮手（见图 2-1）。

（一）精准画像：为孩子绘制"成长地图"

每个孩子都有属于自己的学习轨迹，AI 工具凭借强大的数据分析能力，收集孩子在日常学习过程中的数据，如答题情况、学习时长、对知识的掌握程度

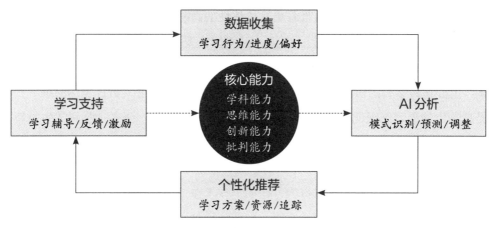

图 2-1　AI 个性化教育的核心能力

等，并利用 AI 进行深度剖析，精准把握每个学生的优势与劣势，绘制出专属的成长地图。这些数据不仅帮助我们了解孩子当前的学习状况，还能提前预测未来他们可能遇到的学习瓶颈。

更重要的是，AI 还能够帮助家长发现孩子的兴趣所在。通过观察孩子在学习过程中的表现，AI 能够准确判断孩子在不同领域的兴趣点，如科学、艺术、文学等，然后根据这些兴趣点设计课程内容。这样一来，孩子就不再是一个被动的学习者，而是一个在探索自己兴趣的过程中逐步成长的人。

个性化学习方案：应对学科差异，探寻兴趣领域。孩子在学习的过程中，往往会出现学科间的差异。例如，有些孩子在数学方面表现突出，但在语文上相对薄弱；有些孩子则在文字感知上展现了较强的敏锐度，在面对数学逻辑推理时却感到困难。

"豆包爱学"是字节跳动基于"豆包"大模型推出的 AI 教育应用，专为学生提供个性化学习支持。"豆包爱学"通过其自适应学习系统，会根据孩子的学习进度和表现，提供精准、高效的个性化学习方案。

首先，"豆包爱学"通过全面的数据搜集和分析，比如，监测学生的学习行为数据——学习时长、知识点掌握情况、学科解题的正确率和完成速度等，清晰地了解学生的强项和弱项，以此来建立学生的学习画像。其次，"豆包爱学"会根据学生的强项和弱项制定个性化的学习路径。在强化优势学科上，例如，针对数学表现突出的学生，系统会推荐更具挑战性的高阶习题和竞赛类题目，进一步激发潜能。在弥补薄弱环节上，例如，针对语文基础较薄弱的学生，系统会安排从基础到进阶的阅读理解训练，并提供写作的思路引导和范文参考。"豆包爱学"也注重跨学科的协同学习能力，比如，在数学学习中融入语言表达的练习，提高学生的语言组织能力。在学习的过程中，"豆包爱学"会实时监测学生最新的学习数据，动态调整推荐的内容和难度，确保学习效率最大化。

"豆包爱学"不仅关注学科知识的学习，还能辅助家长判断孩子在不同领域的兴趣点。它根据孩子的学习行为，比如，孩子在使用平台时对不同学习内容的专注时长、互动次数和任务完成度等，判断孩子是更喜欢做逻辑题、阅读故事还是更喜欢探索百科知识。然后，通过设计趣味性的兴趣测评问卷或者相关小游戏，让孩子能在更轻松的环境中表达自己的兴趣偏好。最后，基于系统分析的结果动态反馈给家长，推测出孩子可能感兴趣的领域，例如，科学探索、文学创作或者逻辑思维。

通过这种个性化、针对性的学习内容与指导路径，AI 教育系统真正实现了因材施教，最大限度地挖掘每个孩子的潜力。

（二）弱点克星：做孩子的"成长医生"

在孩子的成长过程中，难免会出现一些"盲区"。这些盲区可能并不容易被家长察觉，却会影响孩子的学习效率和自信心。AI 通过智能分析，能够在孩子学习过程中实施精准的盲区检测，并为孩子提供量身定制的解决方案。

更有意思的是，AI 并不仅仅停留在简单的错误纠正上，它还能够通过分步骤的指导，帮助孩子从"难点"中找到突破口，并逐步把这些难点转化为孩子的学习亮点。例如，孩子在英语写作上总是感到迷茫，AI 可以为他们提供结构化的写作框架和语言建议，使孩子逐渐摆脱写作中的挫败感，形成清晰、流畅的表达能力。

在应用层面，科大讯飞 AI 学习机基于多种人工智能技术和教育数据分析原理，通过深入分析学生的学习数据、精准识别学生在学习中的薄弱项，提供个性化的学习建议和教育辅导，帮助学生有效地弥补短板。

（三）灵活调整：会"呼吸"的学习伴侣

AI 的另一大优势在于其灵活性。学习不是一成不变的，孩子的状态会随着时间和环境的变化而变化。家长通过持续观察孩子的学习状态、情绪和进度，将观察数据喂给 AI，AI 能灵敏地识别孩子的学习状态变化并及时调整内容与节奏，从而帮助他们在不同情境下获得最适合的学习方案。

此外，AI 还具备强大的反馈能力。当孩子犯错时，AI 不仅仅是简单地指出错误，更会分析错误背后的原因，并通过引导帮助孩子理解如何改正。每天晚上，家长可以借助 AI 陪伴孩子回顾当天的错题，通过这种及时的复习和反馈，不仅能够帮助孩子填补学习漏洞，还能帮助他们养成主动复盘的好习惯，进一步提升自我修正的能力。

（四）全方位成长：超越学科的教育

AI 个性化教育的意义远远超出了传统的知识传授，它还帮助培养孩子未来所需的核心能力。除了时间管理和情绪调节，AI 在培养孩子的自我表达能力和批判性思维方面也起到了至关重要的作用。通过模拟对话场景，AI 帮助孩子锻炼清晰、有逻辑的表达能力；通过启发式提问，AI 鼓励孩子独立思考，培养他们的批判性思维能力。

DeepSeek 具备自然语言处理和知识生成能力，能够引导孩子深入分析问题、辩证思考。DeepSeek 可以进行多角度问题引导，根据孩子的提问或讨论主题，提出深层次的反问，鼓励孩子从不同角度思考问题，例如，针对一个历史事件，它可以引导孩子思考不同角色背后的动机及感情色彩。在科学问题中，它可以帮助孩子评估实验设计的合理性或假设的可行性。DeepSeek 还可以助力逻辑推理，引导孩子独立思考。DeepSeek 擅长提出开放式问题，鼓励用户跳出思维定式。在创意写作中，DeepSeek 可以为孩子提供故事开头，并给出不同的创意点来帮助孩子从不同视角展开情节。

◆ 二、如何让 AI 工具成为孩子学习的"超级助手"?

"工欲善其事，必先利其器"。在数字化教育时代，选择合适的 AI 教育工具就像为孩子选择一位好老师一样重要。然而，面对市面上林林总总的 AI 产品，许多家长都感到困惑：到底该如何选择？哪些才是真正有价值的 AI 教育工具？AI 个性化教育的好处显而易见，但很多家长可能仍然心存疑问：我要怎么开始呢？别担心，以下是三个简单易行的步骤（见图 2-2），让家长轻松开启孩子的"专属教育"旅程。

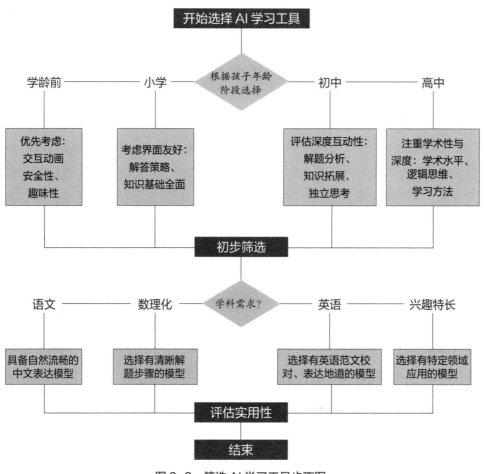

图 2-2 筛选 AI 学习工具步骤图

第一步：选对工具

选择适合孩子的 AI 教育工具是迈向成功的第一步，就像为孩子挑选一位合适的老师一样重要。以下推荐几款优秀的工具（见表 2-1），在不同领域帮助孩子全方位成长：

表 2-1　AI 学习辅助工具推荐

工具名称	适用领域	核心功能	收费标准
豆包	趣味启蒙	游戏化互动学习，多模态交互	免费
汤姆猫 AI 情感陪伴机器人	情感管理	情感陪伴，社交技能提升	¥1 499
Midjourney	创意启发	艺术创作，视觉艺术训练	订阅制$10—$30/月
Cursor	逻辑算法	逻辑与算法能力提升，高效工具整合	订阅制$20/月
DeepSeek	阶段规划	个性化辅助规划发展路径	免费

AI　● Tips for Parents：选择工具时，应优先考虑孩子的年龄、兴趣和成长需求，同时参考用户评价和实际功能的适配度。

第二步：陪伴适应

刚开始使用 AI 教育工具时，家长的陪伴至关重要。以下是一些实用建议：

1. 帮助建立学习与成长计划

和孩子一起规划每天的学习内容和目标，例如，完成五道数学题、阅读一个故事或完成一次情绪调节训练。

2. 观察孩子的反应

留意孩子在使用工具时的情绪和表现，及时调整工具或内容，避免产生挫败感。

3. 参与互动

在孩子使用情感管理工具或社交训练模拟时，家长可以参与其中，为孩子提供更真实的反馈。

第三步：建立习惯

习惯是孩子成长的基石。家长可以通过以下方式，帮助孩子将 AI 个性化教育融入日常生活：

1. 制定固定的时间表

例如，每天晚饭后 20 分钟用于情感调节练习，每周两次艺术创作活动。

2. 利用 AI 生成的成长报告

定期查看 AI 提供的数据报告，了解孩子的进步和需要加强的领域。

3. 设置激励机制

鼓励孩子通过完成学习计划赢得奖励，例如，参与一次家庭电影之夜。

场景化展示：小花每天通过 AI 工具完成阅读计划，她的父母不仅提供鼓励，还会在晚上与她一起讨论故事内容，增强亲子互动。

（一）AI 大模型的优势与劣势（见表 2-2）

表 2-2　AI 学习工具的优势与劣势

优势	
1. 知识覆盖面广	AI 大模型能够处理多个学科和知识领域的问题，覆盖课前预习、课后作业、知识点巩固等多方面需求
2. 个性化推荐强	AI 工具能够根据孩子的学习进度，动态调整内容和难度，确保每一步学习都恰到好处
3. 即时反馈和纠错	提供即时反馈，帮助孩子快速识别和纠正错误，避免错误累积影响学习进度
4. 提高学习的热情与兴趣	AI 工具在学术建议方面为学生提供高质量的答案，以清晰和全面的方式解决问题，帮助学生掌握复杂的概念并探索符合他们兴趣和学习节奏的主题，提高学生的积极性，降低挫败感
5. 处理机械性的任务，提高学习效率	提供交互式辅导程序，有效处理各种评估任务；提供有针对性的反馈，使学生更专注于学习知识而非机械性的任务
劣势	
1. 趣味性与互动性不足	尽管 AI 在知识生成和分析上表现出色，但部分大模型在趣味性和互动性上较弱，特别是针对年龄较小的儿童时效果有限
2. 信息不准确，批判性思维不足	AI 工具的资料生成可能会伪造来源和出处，这些"真真假假"的内容不容易培养学生的批判性思维

续表

	劣势
3. 带来道德伦理问题	一方面，使用 AI 工具作为通过考试的手段引起了人们对于学术诚信和欺诈可能性的担忧；另一方面，AI 工具依赖于训练数据，但是这些数据可能包含偏见或错误，容易带来观念误导和伦理问题
4. 缺乏情感陪伴	AI 工具无法像人类老师或家长一样提供真实的情感支持和激励，孩子在学习的过程中可能仍会感到孤单或缺乏亲密感
5. 降低耐心和专注力	AI 工具通常通过快速响应和即时奖励来吸引孩子的注意力，这种即时满足感可能导致孩子对长时间深度学习的耐心降低。在这种快速反馈的环境下，孩子可能会变得不习惯处理需要集中精力和时间的任务，影响他们长时间集中注意力的能力

（二）认识 AI 教育工具的应用类型

在了解了选择标准之后，家长还需要进一步了解不同类型的 AI 教育工具，根据孩子的具体学习需求做出选择。当前影响家庭教育的 AI 工具主要分为以下几类（见表 2-3），每一类工具在家庭教育中扮演不同的角色，家长需要了解它们的特点与适用场景：

表 2-3　AI 教育工具的应用类型

类型	典型代表	主要功能	适用场景	注意事项	解释与建议
智能辅导型	DeepSeek、ChatGPT、Gemini	学科问题解答、知识点讲解、练习反馈	数学问题解答、语法分析、科学知识解答	家长需参与审核答案，避免机械化理解问题；鼓励多角度思考	适合作为课后辅助工具，帮助孩子巩固知识点。家长应引导孩子多提出问题，培养批判性思维
技能训练型	Duolingo	个性化内容推送、实时反馈、技能跟踪	外语口语训练、数学逻辑推理、阅读理解	注意内容多样化，控制使用时长，以保持学习兴趣	适合系统性地训练某一特定技能，如语言学习或数学计算。家长应注意控制使用时长，避免过度依赖
创意启发型	即梦、Midjourney、Suno	视觉艺术启发、文学创作辅助、音乐创意生成	艺术创作训练、创意写作入门、音乐创作启发	鼓励原创性，引导自主创作过程，避免完全依赖 AI	适合培养孩子的创造力，激发其对艺术、文学等领域的兴趣。家长应引导孩子将 AI 生成的创意作为灵感来源，而非最终结果

续表

类型	典型代表	主要功能	适用场景	注意事项	解释与建议
情感支持型	汤姆猫 AI 情感陪伴机器人	情感陪伴机器人、心理疏导、社交互动	增强儿童社交沟通能力、缓解独处焦虑	避免替代真实社交互动，强调人际交往重要性	适合作为儿童情感陪伴的辅助工具，帮助孩子更好地理解和表达自己的情感。家长应注意引导孩子多与人交流，建立真实的人际关系

1. 智能辅导型 AI 工具推荐及使用指南（见表 2-4）

表 2-4　智能辅导型 AI 工具推荐

工具名称	功能特点	适用场景	使用方法
DeepSeek	作业辅助、解题答疑、写作指导，联网搜索	学科作业辅导、写作提升	访问平台，输入问题或需求，获取 AI 的解答和建议
豆包	语文预习、字词句解析、英语读写	低年级语文学习、英语学习	下载应用或访问网页，输入学习内容，获取解析和辅导
Kimi	支持多语言对话（中、英），能处理长文本（20 万汉字），具备文件和网页解析能力，可进行深度推理和自主搜索	家庭教育辅导、亲子互动、儿童学习辅助、家庭娱乐	通过网页端（https://kimi.moonshot.cn/）、微信小程序或移动应用（iOS/Android）与 Kimi 进行对话，上传文件或提问
通义千问	多轮对话、文案创作、逻辑推理、多模态理解，支持多语言交互，实时响应	家庭教育咨询、辅助孩子学习、促进家庭互动	在支持通义千问的平台上注册登录，通过问答方式获取教育建议或学习资源
文心一言	自然语言处理、语音合成、数据分析、个性化推荐，支持多语言	家庭教育咨询、智能辅导、语言学习、亲子互动	在支持文心一言的平台上输入问题或上传文件，获取解答和学习建议
ChatGPT	提供个性化学习计划、作业辅导、语言学习、写作指导等	语言学习、写作辅导、学科答疑	访问平台，输入具体问题或需求，获取 AI 的回答和建议

这类工具如同随身携带的百科全书，能在孩子遇到数学难题卡壳、英语语法困惑时，像经验丰富的家教般提供精准指导。以 DeepSeek、ChatGPT 为代表的智能辅导工具，通过分析作业错题本、课堂笔记等数据，能快速定位学生的知识薄弱点。例如，当孩子反复混淆几何公式时，工具会自动生成三维动态演示，将抽象的定理转化为可视化的立体模型。

但家长需注意：这些工具不是标准答案的"复读机"。在孩子使用过程中，可以引导他们用"为什么这个解法更好?""如果换个条件会怎样?"等追问,将单纯的解题过程转化为思维训练,就像烹饪时既要使用智能炒菜机,也要辨别食材的新鲜度,工具与思考的结合才能烹制出知识的盛宴。

2. 创意启发型AI工具推荐及使用指南(见表2-5)

表2-5 创意启发型AI工具推荐

工具名称	功能特点	适用场景	使用方法
即梦/ DALL-E/ Midjourney	AI绘画生成:输入关键词或描述,快速生成高质量艺术作品 多种风格选择:支持多种艺术风格,如油画、水彩、动漫等 灵感启发:通过AI生成的图像,激发创作灵感	艺术创作:辅助艺术家进行创作,提供灵感 设计:提供素材和创意 娱乐:生成个性化头像、壁纸等	1. 打开即梦应用或网页 2. 输入关键词或描述 3. 选择风格和参数 4. 点击生成按钮,等待AI生成图像 5. 对生成的图像进行编辑或下载
可灵	AI视频生成:根据文本或图片,快速生成短视频 多种模板:提供多种视频模板,方便用户快速上手 智能剪辑:自动进行视频剪辑和配乐	绘本故事动态化 制作教学视频	1. 打开可灵应用或网页 2. 选择模板或上传素材 3. 输入文本或描述 4. 编辑视频内容和参数 5. 点击生成按钮,等待AI生成视频 6. 对生成的视频进行编辑或下载
SkyMusic/ Suno	AI音乐生成:根据文本描述或哼唱,快速生成音乐 多种曲风:支持多种音乐风格,如流行、摇滚、古典等 个性化创作:用户可以自定义歌词和旋律	音乐创作:辅助音乐人进行创作,提供灵感 娱乐:生成个性化歌曲 配乐:制作背景音乐	1. 打开Suno应用或网页 2. 输入文本描述或哼唱 3. 选择曲风和参数 4. 点击生成按钮,等待AI生成音乐 5. 对生成的音乐进行编辑或下载

Midjourney、Suno等工具正在重新定义"创造力"的边界。当孩子描述"想画会飞的鲸鱼城堡",AI能瞬间生成充满童真的梦幻图景;当哼唱即兴旋律时,智能系统可以谱写出完整的交响乐章。这类工具不是替代想象力的"作弊器",而是激发创意的"火花石"。就像达·芬奇时代的学徒在大师工作室接触各种艺术工具,AI为孩子提供了探索艺术形式的"数字调色盘"。

建议家长与孩子共同开启"AI创想时间":每周选定一个主题(如"未来校园""海底音乐会"),先让孩子手绘草图,再用AI工具进行风格化渲染。这个过程既能保留原创性,又能让孩子接触多元艺术形式。记住,真正的创意永远来自心灵的震颤,AI只是将这份震颤转化为可触摸的光影。

（三）如何选择适合孩子的 AI 大模型？

在为孩子挑选 AI 教育工具时，家长不仅需要考虑功能和内容，还要关注工具与孩子当前年龄的匹配度、学习需求的契合度，以及实际使用的便利性。

1. 年龄阶段匹配度

孩子在不同的年龄阶段，对学习内容和互动方式的需求不同。以下是针对学龄前、小学、初中和高中各学段的建议：

学龄前阶段： 学龄前阶段的孩子对趣味性和互动性的需求更高，适合选择具备丰富动画、声音和游戏化元素的工具，帮助他们在轻松愉快的环境中学习基础知识。同时，家长应优先考虑安全性高、内容适龄的工具，以确保孩子的使用体验安全健康。

小学阶段： 小学阶段的孩子正处于基础知识的打牢期，因此选择界面友好、回答简明的模型尤为重要。适合的小学模型能够使用形象的语言、简洁的解答帮助孩子理解知识，避免过于专业或复杂的表述而导致孩子迷茫。

初中阶段： 随着进入初中，孩子的学科知识逐渐深入，需要更强的解题分析和知识扩展能力。这个阶段的 AI 工具要兼具知识深度和解题指导，帮助孩子更深入理解学科概念、掌握各类题型，并鼓励他们逐渐形成独立的思维方式。

高中阶段： 高中生的学习重点已逐渐转向学术性和逻辑思维的培养。此阶段的 AI 工具需具有较高的学术水平，能够为孩子提供深入的知识拓展、逻辑思考和批判性分析。家长可选择那些不仅具备解题功能，还能提供学习方法和学科思维培养的 AI 工具，帮助孩子提升应试能力和自学能力。

2. 学习需求契合度

根据不同学科的学习需求选择合适的 AI 工具，能够更好地帮助孩子有针对性地提升。以下是几大主要学科的选择建议：

语文写作： 对于语文学习，尤其是写作训练，建议选择中文表达自然、写作指导细致的模型。这类模型能够提供切合题意的写作建议，帮助孩子在构思、语言表达和文体风格上获得进步。优质的中文 AI 模型不仅能纠正语法和词汇错误，还能对孩子的作文提出结构和逻辑上的修改建议。

数理化： 数理化学习需要扎实的解题能力，建议选择专业知识扎实、解题步骤清晰的模型。优质的数学和科学类模型能够详细解释解题思路，提供逐步指导，帮助孩子透彻理解每一道题目，逐步提高问题解决能力。这些模型应具备"举一反三"的能力，能帮助孩子通过题目练习，掌握方法并在实际考试中灵活运用。

英语学习：英语学习适合选择英文表达地道的国外模型。高质量的英语模型能够提供自然、流畅的对话情境，帮助孩子练习真实的口语和提高书面表达能力。选择地道的英文模型可以提升孩子的语言感知力和文化理解力，帮助他们在不同语境下运用英语。

兴趣特长：孩子在选择相关兴趣爱好去学习时，应挑选能够激发创意、提供多样化探索机会的 AI 工具。理想的 AI 工具要能够提供灵活的互动体验，同时给予及时反馈，帮助孩子发现自己真正的兴趣所在。优质创意型的 AI 工具能够通过分析孩子的表现，逐步调整推荐内容，帮助孩子在多个领域中找到适合自己的特长。这类工具不仅注重孩子当前的兴趣，还能激发他们跨领域的创造性思维和独立探索的动力。

3. 使用便利性

除匹配度和需求契合度外，家长在选择工具时，还应当评估使用的便利性。以下是几个关键的考量因素：

注册难度：一些 AI 教育工具可能需要烦琐的注册流程，这对于日常生活繁忙的家长来说是个负担。优先选择注册简单、界面清晰的工具，让孩子和家长更容易上手。

费用水平：AI 教育工具的收费模式各不相同，有按月订阅、按年订阅甚至一次性付费的形式。家长应根据家庭预算，选择性价比高的工具，避免因费用问题影响孩子的持续使用。

访问稳定性：家长需要关注工具的访问是否稳定，避免孩子学习时频繁中断。尤其在使用国外模型时，确保访问速度和稳定性是保证孩子学习体验的重要因素。

操作复杂度：一个易于操作的 AI 工具能减少孩子的学习压力，提升使用体验。家长可选择功能清晰、操作简单的工具，避免因操作不便影响孩子的学习兴趣。

设备便利性：设备的便利性直接影响孩子使用 AI 工具学习的效率。便携的设备能够让孩子更容易接触到学习工具，大屏的设备则可能会让孩子使用 AI 工具更具体验感。家长应选择操作简便、反应迅速的设备，避免因设备的操作复杂度或页面卡顿等造成孩子的分心，要确保孩子在使用 AI 工具时的流畅体验和积极的参与感。

4. 各学科选择建议

根据上述考量，以下是各学科具体的 AI 教育模型推荐，供家长参考（见表 2-6）：

表 2-6　针对各学科使用方向的 AI 工具推荐

适用方向	推荐工具	适用学科	主要优点
语言学习	Duolingo、豆包	英语、第二语言学习	提供多语言课程、趣味性高、多模态交互
阅读与写作	文心一言、ChatGPT、Kimi	语文、文学创作	语法检查纠正、长文本处理能力强
逻辑推演与图形	DeepSeek、讯飞星火	数学	动态解题指导、解题步骤详细
艺术创作	Canva、Midjourney、Suno	美术、设计	快速生成创意、探索不同风格

（四）DeepSeek+ 家庭教育应用范式的拓展

AI 工具的协同使用正在重塑家庭教育模式。通过将 DeepSeek 的智能分析能力与其他工具的功能模块结合，家长能够构建系统化的学习支持体系，从知识传递、思维训练到实践应用形成完整闭环。以下四类组合模式（见表 2-7），为家庭教育的提质增效提供了可落地的解决方案。

表 2-7　DeepSeek+ 个性化辅导学习工具组合

工具组合	应用场景	使用步骤
DeepSeek + Kimi/WPS AI	生成教育课件、教学演示	1. 在 DeepSeek 中输入主题和内容描述（如"家庭教育的重要性"） 2. DeepSeek 生成大纲和内容框架 3. 将内容复制到 Kimi，选择模板生成 PPT 4. 在 Kimi 中调整排版或添加图片
DeepSeek + XMind	学习笔记整理、知识点梳理	1. 在 DeepSeek 中输入文档或文章链接 2. DeepSeek 提炼大纲并输出 Markdown 格式 3. 导入 XMind 生成思维导图 4. 在 XMind 中调整布局和样式
DeepSeek + 剪映/可灵 AI	科学实验过程记录与解说、家庭学习成果展示	1. 脚本生成：输入"生成'自制火山模型'实验的短视频分镜脚本，包含安全提示和原理讲解" 2. 视频剪辑：将脚本导入剪映，利用 AI 配音、自动字幕和素材匹配功能完成制作 3. 儿童参与：引导孩子担任"小主播"录制旁白，增强参与感

续表

工具组合	应用场景	使用步骤
DeepSeek + 豆包爱学	数理辅导、学习计划制订、亲子互动问答	1. 在 DeepSeek 中输入数学题（如勾股定理问题），获取分步解答并验证逻辑 2. 将解题过程粘贴至豆包，使用指令"用 10 岁儿童能理解的东北方言讲解此过程"生成语音辅导 3. 通过豆包生成错题卡模板，自动归类错题类型（如"几何计算错误"）

1. 课件生成组合：DeepSeek 与 Kimi /WPS AI 的联动

在家庭教学中，定制化课件的制作往往是耗时耗力的难题。DeepSeek 与 Kimi/WPS AI 的组合突破了这一瓶颈。当家长需要为孩子讲解"水的循环"时，只需向 DeepSeek 输入主题关键词，系统会在 3 分钟内生成包含知识点框架、生活案例和互动问题的完整内容。例如，针对"蒸发"环节，AI 不仅会解释科学原理，还会建议"观察煮面时锅盖上的水珠"等家庭实验。生成的文本内容可直接导入 Kimi 或 WPS AI 进行视觉化升级。

2. 思维训练组合：DeepSeek 与 XMind 的深度协作

知识体系的建构需要清晰的逻辑框架。当孩子学习复杂概念如"工业革命的影响"时，DeepSeek 可快速解析教材内容，提取技术革新、社会变革、环境变化三大维度，并标记出"蒸汽机效率显著提升"等关键数据。将这些结构化信息导入 XMind 后，XMind 会自动生成树状思维导图，且支持语音标注功能。

> **实践建议：每周选择1个学科主题，鼓励孩子用该组合制作"知识点地图"，家长通过提问引导其补充因果关系连线（如"铁路发展如何影响城镇化进程"）。**

3. 实践记录组合：DeepSeek 与剪映/可灵 AI 的融合应用

项目式学习已成为家庭教育的重要形式，但过程记录与成果展示常面临技术门槛。通过 DeepSeek 与视频工具的配合，家庭科学实验的记录变得专业且便捷。以"自制生态瓶"项目为例：

● 智能规划：输入实验主题后，DeepSeek 生成包含器材准备、安全事项、观察要点的分镜脚本（如"第 3 天重点记录水藻生长与光照角度的关系"）。

● **自动剪辑**：手机拍摄的碎片化素材经剪映 AI 处理，可自动匹配解说词并添加显微镜头特效，将 15 个小时的观察过程浓缩为 5 分钟的纪录片。

● **交互升级**：通过可灵 AI 插入知识弹窗，当视频播放到"微生物活动"画面时，弹出选择题检验观看理解。

4. 个性辅导组合：DeepSeek 与豆包爱学的精准适配

在多子女家庭或混合年龄学习小组中，分层教学需求尤为突出。可以通过 DeepSeek 识别出每个孩子的能力维度（包括知识掌握度、思维偏好、错误模式等），生成差异化的学习方案。例如，在数学辅导中：

● **基础层**：通过豆包爱学的生成内容理解公式推导过程。

● **进阶层**：获取 DeepSeek 提供的变式训练题库。

● **应用层**：解锁现实场景任务（如计算家庭装修的地砖用量）。

✦ 三、AI 与家长的平衡关系

（一）AI 术语要知道

当谈论 AI 时，你可能会在新闻、社交媒体或日常对话中听到一些术语，如"Prompt""AIGC""算法""神经网络"等。这些词听起来复杂，但只要了解它们的核心含义，就能迅速掌握 AI 领域的基本知识。接下来，我们用生动的例子和简洁的定义，帮你轻松入门这些"AI 语言"。

1. Prompt：沟通 AI 的"魔法指令"

什么是 Prompt？我们先从一个简单的生活场景开始：

想象你在麦当劳点餐——

糟糕的 Prompt："给我一个汉堡。"

（服务员：要什么汉堡？要套餐吗？需要加料吗？）

好的 Prompt："我要一个巨无霸套餐，可乐要零度的，薯条要中份，谢谢。"

对 AI 来说也是同样的道理：

糟糕的 Prompt："帮我讲讲数学。"

（指令太笼统，AI 无法精准回答。）

好的 Prompt："请用通俗的语言，结合生活例子，向一个三年级小学生解释什么是分数，并配上简单的图示。"

"Prompt（提示语）"是用户给 AI 下达指令的语言。它不仅是简单的问答，更是一种沟通艺术。一个好的 Prompt，能让 AI 更清晰地理解任务，输出更优质的内容。

2. AIGC：人工智能生成内容

AIGC（Artificial Intelligence Generated Content）是指 AI 通过大数据和模型训练生成的各种内容，从文字到图像，从音频到视频，它可以颠覆传统创作模式，其生成内容类型如图 2-3 所示。生成式人工智能建立在 Prompt 的基础上，通过与 AI 交互，我们可以实现文生文，即文本生成文章（新闻报道、小说、诗歌）、故事（童话、科幻）、广告文案（产品介绍、促销活动），回答问题（知识问答、客服对话），提供建议（生活建议、学习建议），翻译（中译英、英译中），改写内容（文稿润色、摘要生成）。

文生图，即根据用户提供给 AI 的文字描述创建图片（"一只可爱的猫坐在沙发上"），修改和优化已有图片（去除图片中的杂物、改变图片风格），将简笔画转化为精美插画（将手绘草图变成精美的插画）。

文生音频与视频，即文字转语音（将文字转化为自然流畅的语音），创作音

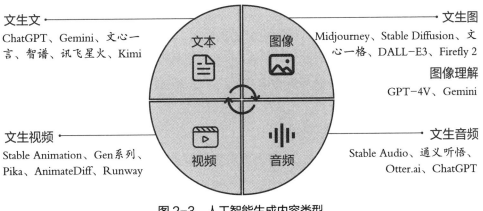

图 2-3 人工智能生成内容类型

乐（不同风格的音乐、背景音乐），制作简单动画（根据故事脚本生成动画）。

3. 算法：驱动 AI 的大脑

算法是计算机用来解决问题的一组规则或指令。简单来说，它是 AI 的"大脑"，帮助系统完成内容推荐、数据分析等任务。比如，你在社交媒体上浏览内容时，推荐系统使用算法根据你的兴趣推送相关内容。

4. AI 伦理：构建负责任的未来

AI 伦理是一套道德规则，确保人工智能的开发和应用对社会有益。它强调平等对待每个人，保护隐私，保持透明度，并要求开发者对 AI 的错误负责。

家长在使用 AI 工具时，也需要关注以下问题：

- **数据隐私**：确保孩子的数据不会被滥用。
- **公平性**：AI 不会因数据偏见而产生歧视。
- **责任意识**：理性使用 AI，不让孩子变成技术的"奴隶"。

5. 神经网络：模仿人脑的系统

神经网络是 AI 的核心技术之一，模拟人脑神经元的连接和工作方式，使深度学习成为可能。它就像一张复杂的网络，通过不断学习数据中的模式，帮助 AI 变得更"聪明"。

6. 偏见：AI 的隐性问题

AI 的偏见是指系统在处理数据时，由于输入的信息不均衡或问题设计，而对某些群体产生不公平影响。例如，有些招聘 AI 会因历史数据中的性别偏见，错误判断女性不适合某些职位。家长在使用 AI 工具时需警惕这一点，帮助孩子辨别结果的合理性。

7. 机器学习与深度学习：让 AI 学会思考

- **机器学习**：通过分析数据，让 AI 不断改进预测和决策，无须人工编程。
- **深度学习**：基于神经网络的学习方式，让 AI 自主识别模式，生成创意。比如，语音助手的精准识别，正是深度学习的成果。

8. NLP：让 AI 听懂人类语言

NLP（自然语言处理）是 AI 帮助计算机理解和生成语言的技术。它的应用包括：

- **语音识别**：如 Alexa 和 Siri。

- 语言翻译：如谷歌翻译。
- 聊天机器人：如客户服务 AI。

NLP 让 AI 变得更"人性化"，成为孩子学习和生活中的可靠助手。

◆ 小结：让 AI 为家庭教育赋能

理解这些 AI 术语并不需要高深的技术背景，它们的核心理念都源于生活。例如，一个好的 Prompt 就像清晰的需求表达；算法和神经网络则是技术实现的幕后英雄；AIGC 为创意赋能，而伦理为 AI 的发展保驾护航。掌握这些知识，家长不仅能更好地选择和使用 AI 工具，还能在与孩子共同学习中建立更多共鸣，让 AI 真正成为家庭教育的"智慧伴侣"。

（二）家庭教育中，AI 能帮我们做什么？

技术革命带来了更多的不确定性，未来职业的样貌变得模糊而难以预测，这种未知感让焦虑愈加凸显。如何才能让孩子不输在起跑线上？这个问题是家长心中的一个重要焦虑点。

在当今社会大多数人眼中，不可或缺的成功标准是有好工作，在这个标准下进行倒推，找份好工作要有好大学的文凭，要进入好大学要先考进好高中，要考进好高中，义务教育阶段就不能松懈，"鸡娃"宜早不宜迟，要想长大了成为成功人士，就要从娃娃抓起。义务教育阶段的校内教育远达不到部分家长想要的水平，寻求其他教育方式成为不少家长的选择。

在全球信息化浪潮的推动下，人工智能技术正逐步渗透到各行各业，其中教育领域也在这场技术变革中迎来了前所未有的转型。从数字人助教到答疑大模型，从课堂大数据分析系统到智慧学习平台，从智能翻译到数字体育教练……"AI＋教育"应用场景广泛。在现代家庭教育中，AI 正悄然改变着我们的学习方式与陪伴方式。无论是个性化的学习计划，还是充满创意的互动活动，AI 都能为家庭注入更多的智慧与温情，为家庭教育在不同场景下的应用提供了技术可供性（见表 2-8）。

表 2-8　AI 赋能家庭教育应用领域

应用领域	具体功能	作用与价值
个性化学习	基于学习能力和兴趣的个性化学习计划	提高学习效率，激发学习兴趣，增强学习主动性
	智能推送学习内容	根据学习进度和知识点掌握情况，精准推送学习资源
	自适应学习路径规划	动态调整学习路径，满足个性化学习需求
作业与考试辅助	自动批改作业，生成错题分析	节省家长时间，帮助孩子快速填补知识漏洞
	提供考试模拟	提前适应考试形式，提高应试能力
	个性化学习报告	定期生成学习报告，帮助家长了解孩子学习情况
早期启蒙教育	启蒙教育内容（语言、逻辑、艺术）	促进学龄前儿童认知发展，培养多元兴趣
	游戏化学习	通过游戏形式，寓教于乐，提高学习兴趣
	亲子互动游戏	促进亲子关系，增进亲子情感
家长育儿指导	育儿知识库	提供海量育儿知识，解答家长疑问
	育儿问题诊断	根据家长描述的问题，提供个性化解决方案
	情绪管理指导	帮助家长管理情绪，建立良好的亲子关系
心理健康支持	情绪检测与管理	及时发现孩子的心理问题，提供心理支持
	心理咨询服务	提供在线心理咨询服务，帮助孩子解决心理问题
	情绪疏导工具	提供放松训练、冥想等工具，帮助孩子调节情绪
时间管理与规划	自动制订学习与生活计划	培养孩子的时间管理能力，提高学习效率
	任务提醒	提醒孩子按时完成任务，养成良好的学习习惯
	学习时间统计	帮助家长了解孩子学习时间分配情况
阅读与兴趣培养	个性化阅读推荐	根据孩子的兴趣和阅读水平，推荐适合的书籍
	阅读互动游戏	提高阅读兴趣，加深对内容的理解
	写作辅助	提供写作指导和反馈，提升写作能力
虚拟学习伙伴	AI 虚拟助手	陪伴孩子学习，提供互动式教学
	语言学习伙伴	提供多语种对话练习，纠正发音
	学习伙伴陪伴	鼓励孩子坚持学习，提供情感支持
语言学习	多语种学习	提供多种语言学习资源和工具
	口语练习	通过语音识别和合成技术，进行口语练习
	语境学习	提供真实的语言使用场景，提高语言运用能力
行为习惯培养	行为习惯养成计划	通过游戏化方式，培养良好的行为习惯
	正向激励机制	通过奖励和鼓励，强化良好行为
	负面行为纠正	提供纠正方法，帮助孩子改正不良行为

续表

应用领域	具体功能	作用与价值
特殊教育支持	个性化学习方案	为有特殊需求的孩子提供定制化的学习方案
	辅助工具	提供语音识别、文字转语音等辅助工具
	特殊教育资源	提供针对特殊教育的资源
文化与艺术教育	AI 艺术创作工具	提供绘画、音乐等艺术创作工具
	文化知识讲解	提供丰富的文化知识，拓展孩子的视野
	博物馆虚拟参观	实现足不出户参观博物馆
职业兴趣探索	职业兴趣测试	帮助孩子了解自己的兴趣和特长
	职业体验模拟	提供虚拟职业体验，帮助孩子了解不同职业
	职业规划指导	提供职业规划建议，帮助孩子明确职业目标

（三）家长的角色依然重要

在 AI 快速发展的时代，科技似乎无所不能。然而，当我们深入探讨家庭教育的本质时，会发现有些东西是永远无法被替代的——那就是父母的爱与陪伴。

让我们走进一个普通的家庭，看看那些看似平凡却蕴含深意的时刻。当孩子在黄昏时分疲惫地回到家，迎接他的不是冰冷的数据分析，而是妈妈温暖的拥抱；当孩子在成长路上遇到挫折，陪伴他渡过难关的不是精准的算法，而是爸爸鼓励的眼神。这些微小却珍贵的互动，构成了孩子心灵成长的基石。

首先，父母独特的情感陪伴无可替代。每个孩子都是独特的个体，他们需要的不仅是标准化的回应，更是基于深厚情感连接的理解与支持。当孩子在生活中遇到困惑时，父母能够通过细腻的观察，精准地捕捉到孩子的情绪变化，并给予最适时的回应。这种建立在血脉相连基础上的情感互动，是任何人工智能都无法企及的。

其次，父母在价值观塑造中扮演着关键角色。孩子的价值观不是通过简单的说教形成的，而是在日常生活中，通过观察、模仿和互动逐步内化的。父母的一言一行，都在无形中影响着孩子对世界的认知。当父母在生活中展现诚实、责任和同理心时，这些品格特征会自然而然地融入孩子的性格中。

再次，父母能够提供灵活多变的**教育方式**。每个孩子的学习节奏和兴趣点都不尽相同，父母可以根据孩子的实际状况，及时调整教育策略。这种因材施教的个性化教育，需要建立在对孩子深入了解的基础上，而这正是 AI 难以企及的领域。

最后，重要的是，父母给予孩子的是一种全方位的生命教育。从安全意识的培养到情商的发展，从学习习惯的养成到特长的培育，每一个环节都离不开父母的用心呵护。父母不仅是孩子的第一任老师，更是他们人生道路上最可靠的同行者。

> 在这个科技飞速发展的时代，我们要明白，AI 虽然是很好的助手，但永远无法取代父母在孩子成长过程中的核心作用。因为教育的本质，不只是知识的传授，更是爱的传递与生命的影响。

⚠️ 注意事项

✦ AI 很好，但不是万能的

AI 个性化学习固然带来了许多便利，但家长需要了解，它只是辅助工具，并不能完全替代老师。以下几点值得家长注意：

首先，需要控制使用时间。虽然 AI 方便，但仍然建议每天的使用时长不要超过 1 个小时，以免影响孩子的视力和身心健康。

其次，需要平衡兴趣与效率。AI 的任务是辅助孩子学习，而家长的任务是培养孩子的学习兴趣，避免把学习变成机械化的任务。

再次，需要及时关注情绪变化。孩子使用 AI 学习时，家长要留意他们的情绪反应，如果发现有压力或挫败感，要及时给予鼓励和安慰。

最后，我想说的是家长的角色依然重要。在 AI 教育的道路上，家长的作用无可替代。鼓励孩子、帮助他们养成自律的学习习惯，始终是家长的重要职责。此外，与学校老师保持沟通，也能确保孩子的 AI 学习方向符合整体的教育目标。AI 提供的"个性化教育"只是辅助，家长的陪伴与引导才是孩子学习中真正的"定心丸"。

第三章

职业启蒙教育：家长应该
关注什么？

> 在技术飞速发展的时代，真正的差异化并不在于是否
> 拥有先进的 AI 技术，而在于如何运用 AI 来增强我们的专
> 业能力和提升我们的生活品质。我们必须勇敢地拥抱新技
> 术。同时，也不要忘记锻炼和提升我们自身独特的价值和
> 能力。只有这样，我们才能够在智能化、数字化的浪潮中
> 脱颖而出。未来真正能够取代我们的并不是 AI，而是那些
> 懂得并比我们更善于使用 AI 的人。我们现在要帮孩子做的
> 是：拥抱技术，建立自我的不可替代性。

"妈妈，我想学游戏设计。"放学路上，佳佳小心翼翼地说。

"学游戏设计？那不就是玩游戏吗？"妈妈眉头一皱，"怎么能把玩当成工作呢？"

"不是的，今天 AI 老师教我们用编程做了一个小游戏，我觉得特别有意思。"佳佳急忙解释，"设计游戏需要编程、画画，还要想故事，跟玩游戏完全不一样！"

妈妈停顿了一下，犹豫地说："可是做这个有前途吗？还不如学个传统的专业踏实点。"

"可是游戏设计也可以很厉害啊，像那些很火的游戏，都是很多厉害的设计师一起设计出来的。"佳佳努力争辩，"而且 AI 老师说，这个行业还会越做越好。"

妈妈摇了摇头："我不太懂这些，可我还是觉得学习稳定的东西更重要。"

技术高速发展的背景下，职业形态和社会需求正经历深刻变革，然而，部分家长仍停留在传统观念中，家长观念的滞后直接关系到职业启蒙教育的成效。

◆ 一、职业变革：家长该如何应对？

"长大后，你想做什么？"孩子长大后可以从事哪些行业，胜任哪类工作，这一直是亲子间的高频话题。教育是一场漫长的修行，家庭是整个社会生活的浓缩空间，是儿童最早接触到职业活动的第一课堂。孩子未来的职业选择与家庭环境、亲子关系、父母教养方式息息相关。不管哪一种家庭环境，父母对子女潜移默化的影响都是客观存在的。孩子的成长只有一次，教育更无法撤回重来，职业启蒙是家庭教育的重要内容。认识职业、认识社会首先始于家庭。

"妈妈，我长大想当一名机器人训练师!"

当 6 岁的小明这样告诉他妈妈时，这位 80 后母亲露出了困惑的表情。这个场景或许也发生在你的家中——我们的孩子正在谈论着一些我们闻所未闻的职业。

（一）梦想中的职业，在未来可能是夕阳职业

李晓静静地站在元宇宙的边际，她的眼前是一片被称为"机忆之地"的神秘区域。这里的空气中似乎流淌着古老的秘密，让人感觉到一种时光已经停滞的寂静。她的目光穿透了前方的迷雾，似乎在寻找着什么。她的脸上带着一种无法言喻的期待和忧郁。

"听说这片区域由失去记忆的人形机器人与 AI 守护，是吗?"李晓问道。

"是的，传说任何生命只要接近，就会被夺走最宝贵的回忆。"旁边的伙伴回应道。

李晓曾是一个天赋异禀的神经工程师，她的灵魂似乎总能触摸到数字世界深处的奥秘。但一场突如其来的事故将她推到了这无边无际的虚拟世界中。她的过去和现在，似乎被一道无法逾越的裂痕隔开。曾经的回忆、熟悉的脸孔和家的味道，一切都变得如此遥不可及。她成了元宇宙中的一个流浪者，一个寻找自我的旅人。每一步都伴随着痛苦和迷茫，但她知道，她必须前进。在星空的掩映下，她望着那片"机忆之地"，心中充满了不解与渴望。那片地方，或许真的藏着她失去的一切，但又似乎是一个深不见底的迷宫。她站在那里，如同被困在一个既熟悉又陌生的世界中，不断地追寻，却始终找不到出口。

当你读到这段文字时，是否能一眼看出它是由 AI 创作的？ 2023 年 10 月，清华大学沈阳教授团队收到了江苏省科普作家协会的领奖通知，作为团队的一员，这是对我们参与的一项科幻作品大赛的认可。值得注意的是，这次比赛我们采用了一种前所未有的方式——利用 AI 进行创作。

在这个过程中，我们与 AI 进行了 66 次对话，跨越了 5 个非连续的时间段，总共花费了 3 个小时。在这短短的 3 个小时内，我们创作了超过 4 万个字符，并从中提炼出 5 000 多个字符。而且，小说中的所有插图也是 AI 生成的。最终，我们提交的是《机忆之地》3.0 版本的作品（见图 3-1）。

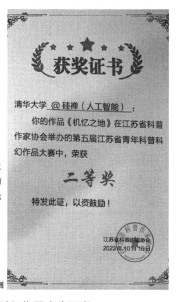

图 3-1 AI 创作作品及科幻作品大赛证书

为了检验 AI 在创作中的能力，我们选择了匿名参赛。评委并不知道这篇小说竟然是 AI 创作的。这不仅是对 AI 技术应用的一次大胆尝试，也是我们团队在创作领域的创新探索。当获奖的消息传来时，我内心既兴奋又有些不安。兴奋的是 AI 在创作领域的能力不断提升，它已经能够生成高质量的作品，证明了 AI 技术巨大的潜力。但不安的是，随着 AI 的迅猛发展，十年后的我是否会被取代？

这一刻，我意识到，自己曾经梦想的职业，可能正在悄然成为"夕阳行业"。就像我们现在住酒店时，送餐的已经不是服务员，也不是外卖员，而是机器人。传统的出租车正在被网约车和无人驾驶汽车取代，银行柜员数量逐渐减少，越来越多的自助服务机和在线银行代替了人工服务。流水线工人被自动化设备替代，连客服也越来越多地由 AI 机器人来完成。这些快速变化让我在享受技术带来的便利的同时，内心的焦虑感也在增加。

或许你也有过类似的担忧，尤其是在技术飞速发展的今天，我不禁开始怀疑，技术是否会超出我们人类的掌控范围？未来，我的孩子、我的父母，是否还能在这个世界上拥有一席之地？当然，这些问题并非我能掌控，我最担心的还是自己的饭碗是否不保。在技术的光芒下，我是否还能找到自己的定位和价值？这种恐慌曾一度笼罩着我。在技术的推动下，许多工作已经开始发生变革，提醒着我们未来的工作世界会与今天的想象大不相同。那么，作为家长的我们，又该如何帮助孩子应对这样一个充满变数的未来呢？

（二）转危为机：新机遇在哪里？

今天，社会上有一个亟待解决的重要现象——无用阶层。所谓无用阶层，是指那些在脑力、体力乃至情感上，都无法为社会创造明显价值的人群。但请不要急于恐慌。每一次技术革命，尽管会淘汰一些职业，但同时也会创造出更多新的工作机会。

AI 能否取代某个职业，并不是一个简单的"是"或"否"的问题，而是由多个因素决定的。首先，必须考虑任务的重复性。如果一项工作高度重复，它被机器替代的概率自然会增大。例如，流水线上的蓝领工人。其次，任务的标准化也是一个重要指标。任务越标准化，机器就越容易学习并执行。此外，创意和判断的需求也是关键。那些需要大量创意和判断的职业，比如艺术创作者和战略决策者，可能更难被替代。同时，数据依赖性也是一个不可忽视的因素。例如，许多依赖数据分析的职业容易被 AI 替代。

然而，是否会被 AI 替代，不仅仅是技术层面的问题，经济成本也起着决定性作用。如果 AI 替代人工的成本远高于人力成本，那么 AI 替代的可能性就会降低。另外，任务交互的复杂性也是不可忽视的。那些涉及深度人际交往和情感的职业，比如心理咨询师，就很难被 AI 所替代。

简单来说，处于 AI 能力范围内的职业面临被替代的风险，而那些超出 AI 能力范围的职业，特别是需要高度创意和深度情感交互的脑力劳动职业，将会继续繁荣。

举个例子，20 年前，谁能预料"短视频博主"会成为正式职业？10年前，谁能预测"数据分析师"会如此抢手？因此，当今最重要的，不是预测具体的职业，而是认识到以下几个关键趋势：

人机协作、人机共生将成为常态。 无论是医生、律师，还是设计师，未来都需要与 AI 工具合作。就像现在几乎每个人都要会用 Word 一样，AI 工具的使用能力将成为一种基本技能。

创造力将比执行力更重要。 重复性工作将逐步由 AI 承担，而创意策划、方案设计等需要高度创造力的工作将愈加重要。

跨界能力越来越重要。 未来的工作往往需要跨领域的知识整合，例如，一个教育工作者可能需要懂编程、懂心理学，还要会使用各种数字工具。

（三）家长该怎么做？

基于这些趋势，我建议家长保持开放心态，不要把孩子的职业选择局限在传统的"医生、律师、教师"等领域。新兴职业同样充满机遇。

● **关注基础能力的培养：** 学习能力、独立思考能力、创新思维、沟通协作能力等，这些能力不会过时，反而在 AI 时代变得更加重要。

● **让孩子接触新技术：** 接触新技术的目的不是要把孩子培养成程序员，而是让他们理解并接受新技术，避免被排斥。通过编程积木玩具培养孩子的逻辑思维，体验 AI 绘画，探索智能家居的应用。

● **重视兴趣培养：** 与其给孩子规划一个"铁饭碗"，不如帮助他们发现真正的兴趣所在。热爱和擅长的事情最容易成就事业。

最重要的是，帮助孩子将个性化的天赋发挥到极致，允许孩子做一个快乐健康的人！每个孩子的天性都是独一无二的，创造力更是如此。与其让孩子天天背公式、写诗、画画，不如让他们在自己的兴趣领域中发光发热。技术无法替代人的独特性，但人可以通过技术创造更多可能性。

✦ 二、如何利用 AI 激发孩子的职业兴趣？

"爸爸，为什么要学习啊？""因为学习好才能找到好工作啊！"这样的对话是否很熟悉？但在 AI 时代，我们也许该换个方式来回答这个问题了。

（一）AI 能做什么？

● **回答孩子天马行空的问题**：孩子的问题常常出人意料："医生一天都做些什么？""宇航员为什么能飞上太空？"AI 不仅能耐心回答这些问题，还可以用简单、生动的方式帮助孩子理解复杂的职业知识。

● **讲述职业故事**：AI 可以通过有趣的方式介绍不同职业。例如，孩子对医生这个职业感兴趣，AI 会讲述一位急诊医生忙碌又充实的一天；孩子对电影导演这个职业感兴趣，AI 会介绍电影导演如何将脑海中的创意变成大银幕上的故事。

● **模拟职业场景**：想象孩子可以和 AI 一起体验"医生问诊"或"建筑师设计房屋"的场景。通过这种互动，孩子不仅能了解职业的具体内容，还能感受到每一份职业的独特魅力。

● **AI 工具能根据孩子的兴趣爱好、性格特点和能力，提供个性化职业建议**。例如，孩子说："我喜欢画画，也对科技很感兴趣。"AI 可能会建议职业方向如"游戏设计师"或"工业设计师"。

（二）AI 模拟职业场景：让职业探索变得更生动

与其告诉孩子"医生很重要"，不如带他们"体验"医生的世界。通过 AI，家长可以和孩子一起探索各种职业的现实场景，让职业规划从抽象的概念变为可以触摸的实践。

1. 从故事开始：用兴趣引路

孩子的兴趣往往是职业探索的起点，AI 作为一个具有强大互动能力的工具，能为孩子提供一个丰富且多元的职业探索平台。

案例：孩子对医生职业的兴趣探索

● 让 AI 讲述一个医生的日常工作，比如早晨查房、下午会诊、晚上加班应对突发状况等。

● 请 AI 解释医疗器械的工作原理。孩子可能会对一些常见的医疗器械感到好奇，比如听诊器、体温计和 X 光机等，那么孩子就可以向 AI 这样提问："听诊器是怎么帮助医生诊断的？"

● AI 还能够模拟医生与患者之间的对话场景，帮助孩子感受医生在诊疗过程中如何与病人沟通。AI 可以模拟这样一个场景："现在假设你是一名医生，你接待了一位前来求诊的病人，他表示自己最近总是感到头晕，你会怎么问他来获取更多的信息？你如何向病人解释他的病情，并提供治疗建议？"通过这种模拟互动，孩子可以学习如何进行有效的沟通，更好地理解医生职业。

● 这些有趣的互动，不仅让孩子了解职业本身，更培养了同理心和责任感。

2. 向 AI 介绍自己：量身定制职业方向

孩子可以与 AI 进行自我探索，让职业规划更有针对性：兴趣爱好 + 个人技能 + 性格特点 + 职业目标 + 工作偏好。例如，孩子可以这样向 AI 介绍自己：

"我叫小明，今年 12 岁，我喜欢画画、搭积木和观察动物。我性格比较安静，喜欢专注完成一个任务。将来，我希望能成为一名有创造力的设计师。你觉得我适合什么样的职业？"

AI 会根据这些信息推荐职业方向，并解释每个职业所需的技能和特点。例如：

● "你可以尝试成为工业设计师，结合你的美术技能和对设计的兴趣。"

● "如果你喜欢观察动物，可以考虑当生态学家。"

3. 动手实践：用 AI 探索职业技能

兴趣要通过实践来检验和深化。例如：

建筑师的尝试：

用 AI 设计一个简单的房子，让孩子从中学习建筑设计的基本原则。

让 AI 介绍不同建筑风格的特点，比如中式庭院和现代高楼的区别。

和 AI 一起协作完成一个微型建筑模型的设计。

医生的尝试：

让 AI 引导孩子学习人体解剖知识，比如："心脏是怎么工作的？"

用 AI 演示如何诊断和解决常见的小问题，如感冒或扭伤。

通过这些动手实践，孩子不仅能加深对职业的了解，还能培养解决问题的能力。

4．职业探索游戏：通过互动激发兴趣

AI 还可以通过游戏形式，让孩子体验职业决策的过程。例如：

模拟不同职业场景：

"假如你是宇航员，现在遇到氧气短缺问题，你该如何处理？"

设计解决实际问题：

孩子可以尝试通过 AI 解决现实中的小问题，比如为家里设计一个更合理的收纳方案。

体验职业决策的权衡：

"你是项目经理，要在预算有限的情况下完成一个设计项目，你该如何选择资源？"

（三）制订行动计划：从兴趣到职业目标

职业规划的关键是将兴趣转化为具体的目标，并制订明确的行动计划。

1．探索职业要求

通过 AI，孩子可以了解不同职业的核心技能和必要条件。例如：

建筑师需要掌握空间设计和材料学。

医生需要学习生物学和具备高度的责任感。

2．制订目标与计划

孩子可以根据职业需求，与 AI 一起制订分阶段的学习计划：

● 短期目标：学习相关基础知识，比如阅读一本与职业相关的科普书。

● 中期目标：参加兴趣班，如机器人设计班、绘画课程等。

● 长期目标：通过实践积累技能，比如参与科技展览或社区活动。

✦ 三、如何培养未来职业的核心竞争力？

在 AI 能够秒答数学题、写作文的时代，我们的孩子还需要学习这些基础知识吗？答案是：当然需要。想象一下：AI 能给出 100 种解决方案，但选择哪一种最合适？AI 能生成很多内容，但如何判断其中的对错？AI 能提供各种创意，但如何组合出真正有价值的方案？回答以上问题都需要更多的能力。

（一）数字素养与计算思维

AI 的核心是技术，而孩子的未来也将深深嵌入技术的世界。让孩子拥有数字素养和计算思维，是培养他们驾驭技术的第一步。

什么是数字素养？数字素养不仅是会用电脑或手机，更是能够理解技术背后的逻辑。例如：如何分辨网络上的真假信息？如何利用技术高效完成任务？

什么是计算思维？计算思维不是教孩子成为程序员，而是帮助他们用"算法"的方式分析问题。例如：遇到复杂的任务时，如何分解成小步骤逐一解决？面对困难时，如何通过"试错"找到最优解？

实战案例：让数字素养融入日常生活。通过一些日常生活中的实战任务，孩子能够将数字素养和计算思维有效融入实际操作。

任务 1：让孩子参与家庭预算计划

家长可以邀请孩子共同参与每月的家庭支出计划，并使用 AI 工具帮忙制定预算。例如，通过设置"生活费""娱乐费"的上限，AI 可以根据家庭的收入情况、支出需求和消费习惯，给出合理的预算建议。

首先，可以设定预算目标：让孩子与家长一起讨论家庭每月的收入与支出，明确哪些是固定支出（房贷和水电费等），哪些是可调节支出（娱乐和购物等）。其次，通过 AI 进行数据分析，可以帮助孩子将预算分配到不同类别，分析每个类别的支出比例是否合理或者该如何做出调整。最后，为了使呈现形式更加清晰易懂，可以下达指令让 AI 生成相关的图表或图形，比如用饼图或柱状图展示各类支出的比例，帮助孩子更好地了解预算分配情况。

通过让孩子参与家庭预算的制定，不仅能让孩子学到如何运用数字工具解决实际问题，还能培养他们在日常生活中运用数据进行决策的能力，从而提高数字素养。

任务 2：用 AI 分析天气数据

引导孩子使用 AI 天气预测工具，获取实时天气数据。AI 工具能够根据气温、湿度、风速等数据，预测未来几天的天气情况。首先，家长可以鼓励孩子通过查看 AI 工具提供的天气数据来规划自己的活动，例如，可以问孩子："根据 AI 的天气预测，你会如何安排周末的活动计划？"如果预测周末有大雨，孩子可能需要重新安排户外活动，选择适合的室内活动。在这个过程中，AI 不仅帮助孩子了解天气状况，还引导他们根据实际情况做出调整。通过这个任务，孩子不仅锻炼了分析和处理数据的能力，还能学会如何基于技术工具做出决策。

（二）批判性思维

AI 能生成内容，但如何判断内容是否可靠？如何分辨事实与观点？这些都是批判性思维的核心。培养孩子的批判性思维，不仅让他们能够与 AI 合作，更能让他们在信息洪流中保持清醒。

为什么批判性思维如此重要？面对 AI 生成的答案，孩子需要问：这是真的吗？有数据支持吗？面对不同的解决方案，孩子需要问：哪一个更符合现实需求？

家长可以怎么做？

一是训练孩子提问。当孩子使用 AI 查询答案时，可以引导他们进一步提问，让孩子反思 AI 所提供答案的可靠性。例如："这个答案是基于什么数据得出的？""有没有不同的解释？"答案本身并不重要，重要的是从提问中可以理解答案背后的逻辑。

二是与孩子讨论新闻或网络信息，培养孩子对信息的鉴别力。随着网络信息的快速传播，孩子容易接触到各种各样的新闻和观点，家长应当通过与孩子的讨论，帮助他们学会鉴别信息的真伪，形成自己的判断力。例如，当孩子看到一条新闻时，家长可以提出问题："你觉得这条信息可靠吗？它来自哪个渠道？我们可以从哪里验证它的真实性？它有没有可能存在偏见和误导？"当前许多新闻和社交媒体内容往往通过极端的语言和图像来煽动情绪反应，家长应当引导孩子识别这类信息，家长可以鼓励孩子思考："这条新闻是否故意用夸张的语言吸引你的注意？这些情绪会不会影响你对信息的判断？"通过这种方式，孩子不仅能够分辨信息的真实性，还能培养理性的判断能力。

（三）创造力

AI 擅长生成内容，但真正的创造力来自人类。未来社会中，创造力将是不可替代的核心竞争力。

如何培养孩子的创造力？

● **鼓励发散思维**：当孩子完成一项任务时，鼓励他们提出更多可能性。例如："除了这个方法，还有没有别的办法可以解决这个问题？"

● **提供跨学科的探索机会**：让孩子结合不同领域的知识寻找创意。例如："如何把艺术和科学结合，设计一个有趣的科学实验？"

实战案例： 用 AI 激发创造力

任务 1：与 AI 共创故事

可以让孩子根据自己的兴趣和想法提供一个初步的故事大纲，这个故事里要包括简单的故事框架、人物设定以及情节发展。这时候家长可以引导孩子通过简单的关键词和问题向 AI 提问，与 AI 一起完善故事的细节。AI 会基于孩子提供的初步大纲，根据算法生成更加详细的故事情节和背景设定，给孩子提供更多的创作灵感。孩子在创作过程中会提高对场景设计和结构的理解。在 AI 补充相关的细节以后，家长可以鼓励孩子评估 AI 提供的创意，根据自己的理解再对故事进行修改和调整。虽然在创作过程中，AI 起到了一定的补充和启发作用，但最终的故事架构、人物设定和情节发展等都体现了孩子自己的创意和思考。

任务 2：用 AI 设计生活小物件

让孩子和 AI 一起设计一个新颖的学习工具，如"可以提醒写作业的日历"。孩子可以通过这样的提问让 AI 了解自己的需求："我想设计一个可以提醒我写作业的日历，有什么有趣的功能可以加进去？""我可以给每天的作业加上颜色来表示它们的重要性吗？""如果我想要这个日历还能提醒我休息或做其他事情，你有什么好的点子？"通过这些问题，孩子可以从构思到具体实现，在和 AI 互动的过程中，逐步理解如何将创意变成现实。

（四）问题解决能力

AI 可以提供无数个解决方案，但如何选择、如何执行，仍然是人类的强项。让孩子拥有解决问题的能力，是让他们驾驭 AI 的核心。

问题解决的四个步骤：

● **发现问题：**帮助孩子观察生活中的难题，例如："每天忘记带作业怎么办？"

● **分析问题：**引导孩子用逻辑的方式分析问题的原因，例如："是因为没有提前准备还是记性不好？"

● **制订方案：**利用 AI 生成不同的解决方案，并引导孩子评估哪种方案更可行。

● **实施方案并反思：**鼓励孩子实施方案，并在完成后进行反思：哪里做得好？哪里可以改进？

实战案例：用 AI 助力问题解决

任务 1：班级活动策划

例如：此次班级活动是由你的孩子来策划，此时就可以使用 AI 帮助制订计划，内容有活动预算、时间安排等。

发现问题：在班级活动策划初期，AI 能够根据活动的主题分析出最佳的活动形式。例如，AI 可以根据此次活动的"环保"主题，提供过去成功案例的时间安排、预算分配等建议，帮助孩子发现自己可能忽视的问题，如活动时间是否合适等。

分析问题：AI 可以通过分析类似活动的历史数据，帮助孩子理解活动中各个环节可能面临的风险。比如，AI 可能会发现相关案例中多存在预算中"材料费"和"餐饮费"等占比过高的问题，这容易导致其他费用不足的情况，AI 会分析在哪些部分可以削减成本或重新分配资金，并提出相应的方案。

制订方案：制订方案时，AI能够根据孩子下达的指令来生成不同的创意，比如孩子可以这样提问："该在活动的哪个环节融入互动元素才能让现场气氛调动得更高呢？有什么有意思的互动活动呢？"这样，AI就可以根据孩子的需求，推荐不同的互动环节和创意活动。在制订方案的过程中，家长应及时引导孩子评估哪种方案更可行。

实施方案并反思：在方案实施阶段，AI跟踪活动进展，及时调整执行过程中可能出现的问题。活动结束后，AI可以帮助孩子进行活动总结，使孩子发现活动中的亮点与不足。

任务2：家庭问题解决

家庭生活中的许多日常问题不仅可以通过家长的引导和教育来解决，还可以借助AI的建议来实现更高效、更科学的解决方案。家长可以提出一个家庭问题，例如："如何减少家庭垃圾？"在向AI提问时，家长需要采用开放性问题引导孩子思考和探索，比如："你觉得我们家每天产生的垃圾来自哪里？AI能提供哪些减少垃圾的具体方法？有什么创意的点子吗？"以此引导孩子通过AI获取相关建议，并提出可能的解决方案。家长可以引导孩子从多个角度思考问题，同时使用AI来提供更具建设性的建议，并带领全家实施解决方案。

（五）社交情感能力

AI可以生成数据，但无法共情；可以计算结果，但无法感知人类情感。在AI时代，拥有强大的社交情感能力，将是孩子不可替代的竞争力。

如何培养孩子的社交情感能力？

● **培养同理心**：家长可以通过阅读故事、模拟情景，让孩子学会站在他人角度思考。例如："如果你是故事中的主人公，你有什么感受？"

● **教会孩子有效沟通**：让孩子练习清晰地表达自己的想法，并在讨论中学会倾听和尊重不同意见。

● **鼓励团队合作**：让孩子参与团队活动，如学校的科学小组或社区服务，通过合作解决问题，学会协调与协作。

实战案例： 用 AI 增强社交能力

任务 1：模拟沟通场景

用 AI 设置不同的社交场景，让孩子学习如何应对。例如，设定一个孩子和同学意见不合的情况。提问可以从情感表达、冲突解决与协商技巧等多维度进行："在和朋友讨论问题时，怎么才能保持冷静并且尊重对方的意见？""如果我觉得别人不理解我的意见，我应该怎么让他们理解？""如果和同学发生冲突，我们应该怎么找到一个大家都能接受的解决办法？"AI 可以通过提供社交互动建议，帮助孩子提高沟通和互动能力。通过模拟情境，AI 可以帮助孩子在面对意见不合时，思考如何处理不同的观点。

任务 2：设计团队项目

让孩子用 AI 设计一个小团队项目，比如共同完成一个公益活动计划。首先，孩子可以通过向 AI 提问，明确项目的目标、范围以及如何规划任务。其次，可以利用 AI 来模拟设计如何进行团队分工并确保每个成员都能承担合适的任务，并学会有效沟通。孩子可以这样问："如果小组成员意见不一致，怎么才能确保沟通顺畅并解决分歧？""我们小组有五个人，如何根据每个人的特长进行合理的任务分配？"通过与 AI 进行模拟情境的互动，不仅可以发挥自己的创意，还能学习到团队合作、分工协作和沟通协调等社交技能。

⚠️ **注意事项**

1. 循序渐进。不要期望一蹴而就，让孩子保持好奇心最重要。
2. 正确引导。AI 是工具，不是老师。家长要在旁边适当引导。
3. 鼓励提问。培养孩子独立思考的能力。

第四章

不同年龄阶段，
育儿的关键问题是什么？

> 家庭生活在儿童生长的每一个时期，不，在人的整个一生中，是无可比拟的重要。——福禄培尔《人的教育》。
>
> 孩子的成长，是一场静谧而又波澜壮阔的旅程，每一个瞬间都充满了未知与奇迹。作为父母，我们不仅是这场旅程的守护者，更是点亮孩子心灵之火的引路人。在这段漫长的旅途中，育儿不仅是传授知识和技能的过程，更是塑造孩子的心灵和人格的一场挑战。父母的工作并不是要创造一种特定的孩子，相反，我们是要与每个阶段的孩子相伴，为"不同的成长"提供一个充满爱且安全、稳定的保护空间，让充满无限可能的孩子都可以蓬勃发展。

序幕：从摇篮到世界

当新生儿第一次睁开眼睛，好奇地打量着这个全新的世界时；当婴儿开始牙牙学语，尝试说出第一个词时；当幼儿充满探索欲，迈出第一步时；当学龄前的孩子在幼儿园里结交朋友，展现自我意识时；当小学阶段的孩子在学校中建立友谊，探索社会规则时；当初中生开始思考道德和社会身份时；当高中生逐渐稳定自我的形象，准备迎接成年世界的挑战时——欢笑、争吵、叛逆、怀疑自己、与自己和解……每个阶段的他们都充满了惊喜、挑战和无尽的成长机会。不过，教育，是家长与孩子共同成长的过程，如同树摇动树，云推动云，在解决问题的实践中，一个灵魂渐渐唤醒另一个灵魂；从摇篮到世界，这是一场双向奔赴的陪伴。

✦ 一、主要理论

（一）埃里克森的心理社会发展理论[1]（见表 4-1）

作为儿童、青少年和成人，人类会在一系列的人生阶段中获得自主性（autonomy）、主动性（initiative）、身份认同（identity）、创造力（creativity）和亲密关系（intimacy）的能力。然而，在每个阶段，人们都有可能会朝着相反的方向发展出不信任（mistrust）、羞耻（shame）、内疚（guilt）、孤寂（isolation）和绝望（despair）的能力。

---

[1] Erikson E H. Childhood and society[M]. New York: Norton, 1963.

表4-1　埃里克森的心理社会发展理论

年龄	阶段	特征
婴儿期 （0—1.5岁）	基本信任和不信任的心理冲突	婴儿需要在这个阶段建立起对世界的基本信任感，这种信任感来源于父母或其他主要照顾者的关爱和照顾。如果婴儿在这一阶段得到了足够的关爱和照顾，就会形成希望的品质，对未来充满信心
儿童期 （1.5—3岁）	自主与害羞（或怀疑）的冲突	这个阶段的主要冲突是自主与害羞（或怀疑）的冲突。儿童开始尝试独立行动，如自己吃饭、穿衣等，同时也可能因为失败而感到害羞或怀疑自己的能力。如果父母能够给予儿童适当的自主权和鼓励，儿童就能获得自主感，形成坚强的意志品质
学龄初期 （3—5岁）	主动对内疚的冲突	这个阶段的儿童面临主动对内疚的冲突。他们开始积极参与各种活动，如学习、游戏等，并表现出强烈的主动性。然而，如果他们的行为不符合社会规范或期望，可能会感到内疚。成功解决这一阶段的冲突有助于儿童形成有目的的品质，即追求有价值的目标
学龄期 （6—12岁）	勤奋对自卑的冲突	在学龄期，儿童主要是勤奋对自卑的冲突。他们需要在学习和社交中付出努力，以取得好成绩和建立良好的人际关系。如果成功，他们会形成能力的品质，即对自己能力的自信和肯定
青春期 （12—18岁）	自我同一性和角色混乱的冲突	这是自我同一性和角色混乱的冲突阶段。青少年开始探索自己的身份和价值观，并试图在社会中找到自己的位置。他们可能会经历自我认同的危机和迷茫，但这也是他们形成自我认同和独立性的重要时期

（二）科尔伯格的道德发展理论[1]（见表4-2）

表4-2　科尔伯格的道德发展理论

年龄段		特征
前习俗水平 （0—9岁）		这一水平的主要特征是，儿童的道德观念是纯外在的，儿童是为了免受惩罚或获得奖励而顺从权威人物规定的行为准则。这一水平包括两个阶段
	第一阶段：惩罚和服从的道德定向阶段	这一阶段的儿童根据行为的后果来判断行为是好还是坏及其严重程度。他们服从权威或规则只是为了避免处罚
	第二阶段：朴素的享乐主义或功利主义的定向阶段	这一阶段的儿童为了获得奖赏或满足个人需要而遵从准则，偶尔也包括满足他人需要的行动，他们认为如果行为者最终得益，那么为别人效劳就是对的。人际关系被看作是交易场中的低级相互对等的关系

［1］ Kohlberg L. Stage and sequence: The cognitive-developmental approach to socialization[C]//Committee on Socialization and Social Structure, Conference on Moral Development, Arden House, Nov 1963. Garland Publishing, 1994. The first half of the chapter is a revision of a paper prepared for the Social Science Research Council.

续表

年龄段	特征	
习俗水平 （9—15岁）	这一水平的儿童为了得到赞赏和表扬或维护社会秩序而服从父母、同伴、社会集体所确立的准则，或称因循水平，也可以说为了满足社会的需求和希望	
	第三阶段：人际和谐的定向阶段，又称"好孩子"定向阶段	这一阶段的儿童尊重大多数人的意见和惯常的角色行为，避免非议以赢得赞赏，重视顺从和做好孩子
	第四阶段：权威和维持社会现有秩序的定向阶段	这一阶段的儿童注意的中心是维护社会秩序，认为每个人应当承担社会的义务和职责。判断某一行为的好坏，要看他是否符合维护社会秩序的准则
后习俗水平 （15岁以后）	这一水平又称"原则水平"，达到这个水平的人，其行为原则已经超出了某个权威人物的规定，它的特点是道德行为由共同承担的社会责任和普遍的道德准则支配	
	第五阶段：社会契约和法律的定向阶段	这一阶段的道德推理具有灵活性。他们认为法律是为了使人们能和睦相处，如果法律不符合人们的需要，可以通过共同协商和民主的程序加以改变；认为反映大多数人意愿或最大社会福利的行为就是道德行为
	第六阶段：普遍的道德原则和良心的定向阶段	他们认为应把适合各种情况的道德准则和普遍的公正原则作为道德判断的根据。背离了一个人自选的道德标准或原则就会产生内疚或自我谴责感。道德原则已经被内化为他们的自觉追求

（三）皮亚杰的认知发展理论[1]（见表4-3）

表4-3　皮亚杰的认知发展理论

年龄段	特征
感知运动阶段 （0—2岁）	1. 获得了客体永久性。所谓客体永久性，是指儿童脱离了对物体的感知而仍然相信该物体持续存在的意识。即当某一客体从儿童视野中消失时，儿童大约在9到12个月获得客体永久性
	2. 形成了因果联系
前运算阶段 （2—7岁）	前概念或象征思维阶段（2—4岁）和直觉思维阶段（4—7岁）
	1. 早期的信号功能：表象符号—延迟模仿与语言符号
	2. 泛灵论和自我中心主义。自我中心主义是指儿童完全以自己的身体和动作为中心，从自己的立场和观点去认识事物，而不能从客观的、他人的观点去认识事物的倾向。（皮亚杰的三山实验）
	3. 思维活动具有相对具体性，不能进行抽象运算
	4. 思维具有不可逆性：儿童不能在心理上反向思考他们见到的行为，不能回想起事物变化前的样子

---

[1] 皮亚杰. 发生认识论原理[M]. 王宪钿，等译. 北京：商务印书馆，1981.

续表

年龄段	特征
具体运算阶段 （7—11岁）	1. 获得了守恒性，思维具有可逆性。可逆性的出现是守恒性获得的标志，也是具体运算阶段出现的标志 2. 群体结构的形成。群体结构是一种分类系统，主要包括类群集运算和系列化群集运算。在具体运算阶段，儿童分类和理解概念的能力都有明显的提高
形式运算阶段 （11岁—成年）	当儿童智力进入形式运算阶段，思维不必从具体事物和过程开始，可以利用语言文字，在头脑中想象和思维，重建事物和过程来解决问题

✦ 二、身体、感官、语言和情感发展的关键时期：婴幼儿阶段（0—3岁）

从生命起点到适应环境：新生儿期（0—1个月）

感官功能早在胎儿期就已经开始发育：最早发育的是触觉，胎龄15周开始出现味觉，随后听觉、视觉也开始逐渐发育[1]。新生儿阶段是孩子适应外部环境的开始。婴儿以睡觉和吃奶为主，生理功能逐渐趋于稳定。这一时期，孩子表现出一些原始反射，如抓握反射和觅食反射。当家长轻触宝宝的手掌时，他们会本能地抓住物体；当触碰脸颊时，宝宝会转头寻找食物来源。

这个阶段的动作看似简单，却是孩子与外界建立最初联系的重要信号。父母对宝宝需求的及时回应，不仅有助于满足生理需要，更是构建安全感和信任的第一步。通过温柔的抚触、轻声的安抚和规律的生活节奏，家长能够为孩子营造一个稳定而温暖的环境。

快速成长与初步探索：婴儿期（1—12个月）

从1个月到1岁，宝宝进入生长发育的"快车道"。他们从翻身、爬行到坐立、站立，不断尝试新的动作，同时感官功能逐步完善：听觉开始分辨熟悉的声音，视觉能够追踪移动的物体，触觉通过玩具探索获得更多反馈。在这一过程中，宝宝对世界的好奇心逐渐显现，他们通过模仿和感知周围环境，初步形成了对事物的认知。

――――――――――

[1] Developmental science and the media. Early brain development. https://pubmed.ncbi.nlm.nih.gov/11242988/.

语言能力的发展也从这一阶段起步。0—3个月，宝宝用微笑作为最早期的表达性语言，与家长建立互动。6个月时，他们开始关注发声的音乐，发出"啊啊"的声音，尝试与家长交流。到9月龄，接受性语言和表达性语言迎来发育高峰[1]，孩子对语音、节奏表现出强烈兴趣，这为以后的语言学习奠定了基础。

家长在这一阶段的任务是鼓励宝宝主动探索，提供丰富的感官体验，比如触感玩具、柔和的音乐和色彩鲜明的物品，能够刺激感官发育。与此同时，家长的语言输入也至关重要。通过唱歌、对话和讲故事，家长可以为孩子创造一个充满交流的语言环境。这不仅能增强孩子的表达能力，还能促进亲子之间的情感连接。

自主意识的萌芽与智力的飞跃：幼儿期（1—3岁）

1—3岁是孩子身体和大脑发育的关键阶段。孩子开始学会行走、说话，并逐步掌握基本的社交能力和自我意识。这一时期，孩子表现出强烈的好奇心和自主性，他们尝试模仿大人的行为，渴望探索更大的世界。随着语言能力的提升，他们能够用简单的句子表达需求，并与他人进行更深层次的互动。

值得注意的是，这一阶段也是智力发展的重要节点。2岁时，孩子进入叛逆期，行为上常表现出"说不"的倾向，这实际上是自主意识的萌芽。到3岁时，大脑重量已达到成人的85%[2]，迎来了第一次智力飞跃。虽然孩子在这个阶段可能表现出情绪不稳定，但这也预示着他们的认知能力和情绪调控能力正在快速发展。

家长在这一阶段需要找到平衡：既尊重孩子的自主性，又为他们设定合理的规则。例如，通过游戏和讲故事的方式，帮助孩子理解规则的重要性；在日常生活中，让孩子尝试自我服务的任务，如自己穿衣、刷牙等，从而培养独立性和生活技能。对于孩子的情绪，家长需要给予接纳与引导，用耐心和正向的沟通帮助孩子渡过叛逆期。

针对0—3岁这一阶段的孩子，家长不仅需要理解科学发育规律，更需要在实践中给予孩子适合的引导和陪伴（见图4-1）。以下是对家长的建议：

- **关注情感连接**：通过及时回应和互动，使孩子建立安全感和信任。

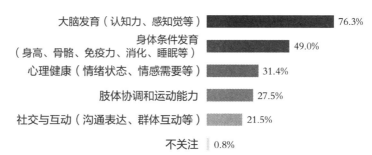

图 4-1　婴幼儿阶段（0—3 岁）家长最为关注的孩子成长发育的方面[1]

● **鼓励探索与尝试**：提供丰富的感官刺激和安全的活动空间，帮助孩子在探索中成长。

● **平衡自主性与规则引导**：尊重孩子的自主意识，同时通过适当的规则和榜样示范，培养他们的生活习惯和社交能力。

● **重视语言输入**：利用语言互动和绘本阅读，为孩子的认知和情感发展打下基础。

三、自我意识的发展与社会规制的初步认识：学龄前阶段（4—6 岁）

1. 主要特征

在 4 至 6 岁的学龄前阶段，儿童的自我意识和社会规则认知能力迅速发展。这一时期，儿童的自我概念逐渐丰富，总体上呈现出随年龄增长而上升的趋势。随着年龄的增长，孩子对自身性别角色的理解也变得更加明确，特别是在 5 到 6 岁时，这种性别差异更为显著。与此同时，4 至 6 岁的孩子开始理解并遵守基本的社会规则。他们的社会规则认知水平同样随着年龄增长而提高，这主要受到一般认知能力发展的驱动，包括知觉、注意力、记忆、思维和想象等方面。儿童的心理活动变得越来越复杂，他们能够更好地处理和回应环境中的信息。研究发现，儿童的自我概念与社会规则认知之间存在正相关关系，即自我概念越强的孩

---

[1]　数据来源：2024 中国儿童大脑发育白皮书。

子往往越表现出更高的社会规则认知水平。[1]

2. 常见问题

在这个发展阶段，儿童可能会遇到多种挑战。首先，由于语言技能尚未完全成熟，部分儿童可能难以准确表达自己的感受或需求，导致自我表达困难。研究表明，语言表达能力的发展对于儿童的社会交往至关重要，语言能力不足可能导致社交障碍。[2]其次，虽然孩子们开始理解规则，但有时候他们可能无法完全明白规则背后的原因，从而出现偶尔违反规则的行为。此外，当尝试与他人互动时，儿童可能因不成熟的社交技巧而产生冲突，比如争夺玩具或空间。同伴间的冲突是学龄前儿童社会化过程中常见的现象，这些冲突不仅影响孩子的心理健康，还可能阻碍其社会技能的发展。[3]

3. 教育措施

（1）营造温暖、轻松的心理环境，让幼儿形成安全感和信赖感。如：保持良好的情绪状态，以积极、愉快的情绪影响幼儿；以欣赏的态度对待幼儿；注意发现幼儿的优点，接纳他们的个体差异，而不是简单地与同伴做横向比较；幼儿做错事时要冷静处理，不厉声斥责，更不能打骂。

（2）帮助幼儿学会恰当表达和调控情绪。如：成人用恰当的方式表达情绪，为幼儿做出榜样，如生气时不乱发脾气，不迁怒于人；成人和幼儿一起谈论自己高兴或生气的事，鼓励幼儿与人分享自己的情绪；允许幼儿表达自己的情绪，并给予适当的引导，如幼儿发脾气时不硬性压制，等其平静后告诉他什么行为是可以接受的；发现幼儿不高兴时，主动询问情况，帮助他们化解消极情绪。

（3）针对4—6岁儿童的自我概念随年龄增加而呈现上升的趋势，以及表现出的性别差异，其发展的动力主要来自儿童心理与身体的发展以及母亲与同伴的影响。家长和教育者应该重视儿童早期自我意识的培养和社会行为的引导。家长要充分认识并尊重自我意识认知上的差异，一切从儿童的实际情况出发，尊重儿

[1] 孙崇勇，杨斯童，刘丽丽，等. 4～6岁儿童自我概念与社会规则认知的发展及其关系[J]. 学前教育研究，2017（9）：45-55.

[2] Vernon-Feagans L, et al. Early language development and outcomes for children from low-income families: The role of home visiting[J]. Journal of Applied Developmental Psychology, 2012, 33(5): 261-270.

[3] Rubin K H, Bukowski W M, Parker J G. Peer interactions, relationships, and groups[J]. Handbook of child psychology, 2006, 3(5): 619-700.

童身心发展的年龄特点与规律。对于不同年龄阶段的儿童，不仅要有所区别，而且对儿童不要有过高的期望；对于不同性别的儿童，要针对其不同的性别角色与个性心理特征，实施差异化的教育方式。

◆ 四、结伴关系联结与社会权力探索：小学阶段（7—12岁）

1. 主要特征

进入7岁，孩子开始经历一个被称为"内向化"（inwarding）的发展阶段，这一时期伴随着某种程度的不平衡。7岁的孩子可能会表现得更加害羞、孤僻且情绪波动较大，内心充满了紧张感。虽然他们逐渐变得更加容易相处，但更倾向于抱怨而非表达快乐。这个年龄段的孩子更愿意退缩而不是面对问题，他们更适合与同伴成对学习，而不是参与大群体活动，并且他们享受独处时光，反感被打扰。小学阶段，儿童的交往范围扩大，同伴交往更加有效和密切，同伴接纳在儿童、青少年发展中具有成人无法取代的独特作用和重要适应价值。[1] 7岁的孩子总是忙于触摸和探索周围的事物，同时他们也变得更为挑剔，对自己所见所做的事情有了更高的选择标准。他们往往反应较慢，不易及时回应指令，甚至可能忘记刚刚被告知的内容，容易分心，依赖提醒和指导。[2]7—9岁儿童已具有相对成熟的权力认知能力，且权力行权方式和资源分配类型会影响其权力认知。[3]儿童在成长过程中会经历各种社会权力层级的暴露，不断具备对越来越多权力线索的认知能力，这能够帮助个体在社会交往中更加有效地进行信息加工。虽然7—9岁儿童具备基本的权力认知能力，但儿童在多重线索情境中的权力认知能力与成人相比仍有一定差距。这需要个体具备更强的认知灵活性才能够理解、考量不同的权力线索，并对权力关系做出判断，到12岁才基本达到成人水平。负面情绪减少是这个年龄的主要特点。遇事诉诸武力，对许多12岁孩子来

[1] 邹泓. 同伴接纳、友谊与学校适应的研究[J]. 心理发展与教育，1997（3）：57–61.

[2] Gesell Institute of Child Development. Stages of Development (Ages 2 to 7 years).

[3] 丁芳，黄霞，刘颜銮. 7～9岁儿童权力认知的发展及其影响因素[J]. 心理学探新，2023，43（5）：425–432.

说这样的行为正逐渐减少，以沉默来回应招惹的比例也在逐渐增加。

2. 常见问题

12 岁的孩子已经具备了新的抽象感知能力，他的行动进入了更大的空间，具备了更多的灵活性。物体对孩子的控制变得更小了，孩子对物体的控制变得更大了。[1]在这一阶段，儿童可能会面临诸如社交焦虑的问题，特别是那些较为内向的孩子，可能在建立新的友谊或融入集体活动中感到不安。社交焦虑在童年中期是一个重要的心理健康问题，它不仅影响当前的心理福祉，还可能对未来的人际关系产生长期负面影响。[2]

3. 教育措施

为了促进 7—12 岁儿童健康的社会发展，教育者和家长可以通过创造机会让他们参与合作游戏，通过团队合作解决问题，增强同理心和沟通技巧，以此来促进积极的同伴互动。同时，教导孩子理解权力不仅意味着控制别人，还包括对自己行为的责任感，可以通过故事讨论或用现实生活中的例子来说明这一点。当孩子遇到困难或感到沮丧时，提供足够的情感支持，倾听并帮助他们找到解决问题的方法，同时强调每个人都有权利被尊重和善待。这样的教育措施有助于孩子在社会交往中更加自信和成熟。

✦ 五、完善自我道德与社会身份建构：初中阶段（13—15 岁）

1. 主要特征

在埃里克森的心理社会发展理论中，13—15 岁的青少年正处于"自我同一性和角色混乱"的冲突阶段。这一时期是青少年开始深入思考"我是谁"的重要阶段。他们不仅关心自己的兴趣、能力和未来职业选择，也开始形成较为稳定的性别角色和个人信仰。同时，他们的批判性思维能力显著增强，能够质疑权威并从多个角度分析问题。然而，由于青春期激素的变化，情绪不稳定也是常见的现

---

[1] Ames L B, Ilg F L, Baker S M. Your ten- to fourteen-year-old[M]. Round Rock: Dell, 1989.

[2] La Greca A M, Stone W L. Social anxiety scale for children-revised: Factor structure and concurrent validity[J]. Journal of clinical child psychology, 1993, 22(1): 17-27.

象。在一份选取孩子年龄范围为 9—24 岁的调研报告中，被诊断为情绪障碍的子样本，首次确诊的平均年龄为 13.41 岁，其中男孩占 51.0%。[1]

从中学阶段开始，青少年思维的独立性和批判性有了显著的发展。青少年由于逐步掌握了系统观念，开始能理解自然现象和社会现象中的一些复杂的因果关系，同时由于自我意识的自觉性有了进一步的发展，常常不满足于教师、父母或书本中关于事物现象的解释，喜欢独立地寻求或与人争论各种事物、现象的原因和规律。这样，他们进入一个喜欢怀疑、辩论的时期，不再轻信成人。[2]此外，在这一阶段，青少年有诉诸权威和维持社会现有秩序的倾向。这意味着他们已经开始重视法律和社会规范，理解遵守规则是为了维护社会秩序。青少年意识到自己作为社会成员的责任，愿意遵守法律法规，并考虑行为的社会影响，努力成为一个负责任的公民。

2. 常见问题

此阶段，青少年面临的主要问题是身份认同危机。青少年在这个阶段可能会感到迷茫，不确定自己在社会中的位置和未来方向，这是身份认同危机的表现之一。身份探索过程对于其心理健康和社会适应至关重要，未能解决身份认同问题可能导致一系列心理问题。[3]为了获得归属感和确认身份认同，青少年可能会受到不良同伴的影响，有时甚至会模仿负面行为，导致同伴压力成为一个重要因素。这种同伴压力在青少年的社会化过程中扮演着双重角色，既可以促进积极行为，也可能带来负面影响。[4]

另外，面对中考等重要考试，学业负担加重，可能导致焦虑和压力，这也是许多青少年在这个阶段面临的常见问题。高学业压力与青少年的心理健康问题密切相关，适当的压力管理策略对于缓解压力、解决问题非常重要。

3. 教育措施

对于家庭教育来说，父母应该支持孩子的自我探索，鼓励他们表达自己，尊

［1］ 《2024 年儿童青少年抑郁治疗与康复痛点调研报告》中国开放数据。

［2］ 杨雄，黄希庭. 青少年学生自我价值感特点的初步研究[J]. 心理科学，1999（6）：484-487，573.

［3］ Marcia J E. Identity in adolescence[J]. Handbook of adolescent psychology, 1980(9): 159-187.

［4］ Brown B B, Clasen D R, Eicher S A. Perceptions of peer pressure, peer conformity dispositions, and self-reported behavior among adolescents[J]. Developmental Psychology, 1986, 22(4): 521-530.

重其兴趣和选择，帮助他们找到个人价值。家庭需要引导健康社交，教导孩子如何识别并远离有害的同伴影响，培养积极健康的友谊。同时，提供一个安全的情感环境，让孩子知道可以向父母寻求支持，教授有效的情绪调节技巧也至关重要。家长需要以身作则，展示良好的道德行为，成为孩子的行为模范。此外，鼓励孩子参加志愿者活动，增强他们的社会责任感和服务意识，有助于他们在实际生活中应用所学的道德原则。

✦ 六、稳定自我形象与灵活框定规则：高中阶段（16—18 岁）

1. 主要特征

进入 16—18 岁的青少年继续深化"自我同一性和角色混乱"的冲突，但此时他们已经形成了较为稳定的自我形象。高中生倾向于花更多时间思考自己的未来方向，评估个人兴趣、能力和目标，在寻求归属感的同时保持个体差异。在道德判断方面，许多 16—18 岁的青少年开始进入后习俗水平的第五阶段：社会契约和法律的定向阶段。他们认识到规则是可以被协商和改变的，只要它符合大多数人的意愿和社会福利。这种灵活性的道德观念使得青少年能够理解和处理复杂的道德问题，避免极端立场。

2. 常见问题

在这个阶段，青少年可能会遇到未来规划的不确定性，面临升学、就业等重大决策，大多数青少年仍然存在对自我发展的不确定性，容易产生心理压力和焦虑情绪。职业生涯规划的不确定性是青少年心理压力的重要来源之一，有效的职业指导可以帮助青少年更好地应对未来的挑战。[1]过度强调道德灵活性可能导致相对主义下对道德认知的偏离和迷失界限，继而导致忽视基本伦理底线。因此，道德教育在此阶段同样显得尤为重要，它可以帮助青少年建立稳固的道德框架，指导他们在复杂的社会环境中做出正确选择。

---

[1]　Super D E. Essays on moral development: The psychology of moral development [M]. New York: Harper & Row, 1984.

3. 教育措施

为了帮助 16—18 岁的青少年顺利过渡到成年期，家庭教育应协助青少年进行职业规划，提供必要的信息和建议，帮助他们做出明智的决定。创建一个开放和支持的家庭氛围，让孩子感到被理解和支持，减轻心理负担。逐步放手，让青少年承担更多的责任，如财务管理、时间管理等，为独立生活打下基础。通过家庭讨论，帮助青少年理解和处理复杂的道德问题，引导他们避免极端立场。鼓励青少年参与社区服务和政治活动，培养他们的社会责任感和服务意识，有助于他们在实际生活中应用所学的道德原则。

第五章

◆

婴幼儿阶段（0—3 岁）：AI 如何辅助建立孩子的安全感与基本信任？

> 0—3 岁，被誉为人生"第一个关键期"，不仅影响着孩子一生的安全感，更是家庭关系的全新起点。在这个阶段，我们需要停下脚步，放下焦虑，试着蹲下来，用孩子的视角去感受他们的世界。若要用一个词去诠释孩子的内心渴望，那就是"安全感"。在信息爆炸和 AI 助力的时代，或许我们更该回归初心，记住最重要的一点：让孩子感受到无条件的爱、接纳与理解，这才是一切的起点。

序幕：一段偶然的对话

周日下午，公园的亲子活动区内。

"最近小宝总是紧紧抱着我不放，一离开就哭闹得厉害，怎么办啊？"刘妈妈的声音中带着疲惫，"是不是我抱太多了，才让他越来越离不开我？"

"我家也这样！"陈爸爸附和道，"我家小文一去幼儿园就哭，老师说要多让他自己适应，但我实在不忍心。"

一旁带着孙子的李奶奶笑着说："这不很正常嘛！孩子还小，需要安全感。"

坐在草地边的育儿专家林老师接过话头："其实，安全感和信任是孩子成长的根基，0—3 岁尤其重要。我们作为家长，要做的不仅是安抚他们，更是教会他们如何逐步走向独立。或许，我们可以先问问自己：安全感到底是什么？它从哪里来？"

◆ 一、如何发现"隐性危机"？以全面安全守护宝宝健康

（一）插座的吸引力

场景：好奇心的危机

1. 具体问题

根据儿童发展心理学，婴儿在 9—12 个月之间进入一个关键的发展阶段，即开始通过手部动作来探索周围环境。这一时期的孩子对周围的一切都充满了好奇心，尤其是那些他们能够触及的小物件或结构，比如家中的插座。然而，这种探索行为如果缺乏适当的指导和保护措施，可能会带来严重的安全隐患。

2. 具体场景

1 岁的小米学会四处爬行和探索后，对家中的插座特别感兴趣，总是试图用小手去触碰。有一天，家长一时疏忽，差点让小米的手指伸进插座孔里，幸好及时发现才避免意外发生。

● **问题表现**：小米对家中的插座表现出强烈的好奇心，总是试图用手去触碰，甚至差点将手指伸进插座孔里。家长差点未能及时发现并制止她的危险行为，这反映出家庭环境中存在明显的安全隐患，家长对婴幼儿安全问题的认知不足，未能提前排查家中的安全隐患。这种忽视环境安全的行为，容易使孩子的探索行为转化为安全隐患。

● **潜在原因**：通过手部动作探索世界是婴儿期认知发展的自然表现。然而，家长未能充分理解这一阶段孩子的探索需求，仅仅通过简单制止或过度反应来应对。

错误示范：

（1）忽视环境排查

家长没有提前检查家中的潜在危险，比如插座未安装保护盖、桌角未做软化处理，导致宝宝存在触电或碰伤的风险。

（2）缺乏有效引导

当宝宝探索危险区域时，家长仅简单制止，而未提供替代性的安全选择，无法从根本上减少宝宝对危险物的兴趣。

（3）过度反应

当发现孩子接近危险物品时，家长可能会极度恐慌或严厉责备，这种方式不仅会吓到孩子，还可能让孩子产生逆反心理，增加其未来再次接触危险物品的可能性。

3. AI 辅助方案

（1）智能提醒

AI 助手通过家中的智能摄像头，监控宝宝的活动区域，一旦发现宝宝靠近高风险物品（如插座），立即通过手机提醒家长并发出警报。

实际示例：

Prompt 示例：

"请为智能摄像头设置一个针对 1 岁宝宝的实时监控和警报机制，当宝宝接近插座时，自动通知家长并通过简单的声音提示宝宝远离。"

AI 生成内容——智能提醒配置：

为了确保宝宝的安全，您可以激活 AI 助手的实时监控功能。该功能利用家中的智能摄像头，一旦检测到宝宝接近插座或其他高风险物品，系统将立即通过手机应用发送紧急通知给家长，并同时播放温和但明确的声音提示："嘟嘟嘟"（类似玩具发出的声音），吸引宝宝的注意力并引导其离开。此外，屏幕上可以显示简单的动画，如一个笑脸变成皱眉的表情，帮助宝宝理解这种行为是不好的。

（2）风险评估与个性化建议

AI 能根据宝宝的发育阶段，生成具体的防护建议，如推荐安装插座保护盖、使用防撞条等，帮助家长提前规避风险。

实际示例：

Prompt 示例：

"请根据 1 岁宝宝的发育特点，生成一份详细的插座安全防护指南，包括具体的防护措施和产品推荐。"

AI 生成内容——插座安全防护指南：

安装插座保护盖：选择符合国家安全标准的产品，确保覆盖所有未使用的插座。

使用防撞条：为家具边角贴上防撞条，避免宝宝因碰撞而受伤。

定期检查电线：确保所有电器设备的电线无破损，防止触电风险。

教育宝宝：虽然 1 岁的宝宝还不能完全理解语言，但可以通过反复的行为引导和简单的视觉提示（如笑脸和皱眉表情）来强化他们的认知。

情境模拟与教育故事生成：为了帮助家长更有效地教导孩子远离插座，AI 可以根据具体情况生成个性化的情境模拟和教育故事，使孩子在轻松愉快的氛围中学习到安全知识。

（二）厨房的潜在危险

场景：日常环境的隐患

1. 具体问题

儿童安全专家指出，厨房中的热源（如炉灶、微波炉）、尖锐物品（如刀具、开瓶器）、易碎物品（如玻璃容器）以及化学品（如清洁剂）都是常见的危险因素。

对于正在学习爬行和行走的婴幼儿来说，他们可能伸手去拉垂在锅沿上的锅铲，或者试图打开橱柜门拿取物品。这些行为若未能得到及时阻止，很容易导致意外发生，如烫伤、砸伤或其他形式的身体伤害，还可能导致中毒或窒息等严重后果。

2. 具体场景

一天，爸爸正在厨房准备午餐，炉灶上炖着一锅汤，锅铲随意地放在锅里边。这时，1 岁多的小宝悄悄溜进了厨房。出于好奇，小宝伸手去拉锅铲，结果锅具差点倾倒，幸好爸爸及时发现并阻止了可能发生的意外。

● 问题表现：小宝出于好奇尝试触摸厨房用具，而爸爸差点未能及时阻止。

● 潜在原因：爸爸忙于烹饪，忽视了厨房环境的安全性；小宝对厨房充满好奇，但缺乏对潜在危险的认识。

错误示范：

（1）过度干预

家长因担心厨房的危险，所以禁止宝宝进入厨房，甚至长时间将厨房门锁住，不允许宝宝靠近厨房区域。过度保护可能剥夺宝宝观察和认识厨房环境的机会，也无法帮助他们建立对厨房危险的认知。久而久之，宝宝可能对厨房更感兴趣，甚至试图寻找机会进入，增加受伤风险。

（2）疏忽大意

家长忙于烹饪时忽略了厨房环境的安全性，比如锅铲未放好、热汤锅盖未盖严，或未关注宝宝的活动轨迹。这些疏忽容易导致宝宝触碰炽热的锅具或拉拽炊具引发意外，增加受伤风险。一旦发生意外，家长可能感到强烈自责，并对未来的亲子互动产生紧张情绪。

（3）忽视环境排查

家长没有提前检查厨房中的潜在危险，比如刀具随意放置、热汤锅盖未盖严、地面湿滑等，增加了宝宝割伤、烫伤或摔倒的风险。

3. AI 能做什么？

（1）情景式教育

实际示例：

Prompt 示例：

"请为 1 岁左右的宝宝设计一个关于厨房安全的故事，帮助家长教导孩子不要随意触碰厨房用具。"

AI生成内容——故事标题：《小兔子跳跳的厨房探险》。

小兔子跳跳看到妈妈在厨房做饭，觉得非常有趣，特别想帮忙。有一天，它看到锅铲摇摇晃晃，觉得很有趣，伸爪子去拉，结果锅里的热汤溅了出来，吓得跳跳赶紧后退！后来，小兔子跳跳听妈妈的话，再也不碰锅铲，只玩自己的小玩具，既安全又开心。

为了进一步使这个故事个性化，可以加入一些互动元素，比如让宝宝选择小兔子跳跳下一步该做什么，增强宝宝的参与感和记忆效果。

（2）智能提醒

实际示例：

Prompt示例：

"请为智能摄像头设置一个针对1岁左右宝宝的实时监控和警报机制，并添加个性化互动元素，当宝宝接近厨房危险区域时，自动通知家长并通过简单的声音提示宝宝远离。"

AI生成内容——智能提醒配置：

为了确保宝宝的安全，您可以激活AI助手的实时监控功能。该功能利用家中的智能摄像头，一旦检测到宝宝接近厨房危险区域，系统将立即通过手机应用发送紧急通知给家长，并同时播放温和但明确的声音提示："嘟嘟嘟"（类似玩具发出的声音），吸引宝宝的注意力并引导其离开。此外，屏幕上可以显示简单的动画，如一个笑脸变成皱眉的表情，帮助宝宝理解这种行为是不好的。为了提高互动性，可以设置宝宝每次听到提示音后，成功远离危险区域能获得一颗小星星，累积一定数量后可以解锁新的声音或动画奖励。

（三）食物过敏

1. 具体问题

食物过敏是婴幼儿常见的健康问题之一，尤其在初次尝试新食物时更容易出现。根据儿科医学研究，有6%～8%的儿童在3岁前会经历某种形式的食物过敏。常见的过敏原包括牛奶、鸡蛋、花生、坚果、鱼类和贝类等。食物过敏不仅可能导致皮肤反应（如红疹、瘙痒），还可能引发更严重的症状，如呼吸困难、呕吐、腹泻，甚至危及生命的过敏性休克。许多家长在初次给宝宝引入新食物时，缺乏足够的知识和准备，未能及时识别和应对潜在的食物过敏。因此，家长需要掌握正确的预防和处理方法，以保障宝宝的健康。

2. 具体场景

2岁的小乐第一次吃鸡蛋时，脸上出现了红疹，妈妈起初以为是蚊虫叮咬，未加重视。然而，过敏反应在第二天加剧，小乐的皮肤开始红肿，甚至出现呼吸困难。此时，家长才意识到小乐对鸡蛋过敏，但因缺乏相关知识，不清楚如何预防和处理。

● **问题表现**：小乐的妈妈在给小乐初次引入鸡蛋时，未能采取逐步尝试和观察的方法，导致在小乐出现红疹后未能及时将其识别为过敏反应。这种知识盲区导致家长无法及时识别和处理过敏症状，甚至可能延误治疗时机。

● **潜在原因**：许多家长在初次给宝宝引入新食物时，缺乏对食物过敏的基本了解，未能掌握逐步引入新食物和观察过敏反应的正确方法。

错误示范：

（1）盲目喂食新食物

表现：家长一次性给宝宝尝试多种新食物，没有观察是否存在过敏反应。

后果：无法及时识别过敏原，甚至可能导致严重过敏反应，威胁宝宝健康。

（2）忽视早期过敏反应

表现：家长认为皮肤红疹是小问题，没有注意观察和记录宝宝的身体反应。

后果：延误过敏症状的发现和干预时机，可能引发更严重的健康问题，比如过敏性休克等危及生命的状况。

3. AI能做什么？

（1）情景式教育与知识普及

AI可以通过家长的提问生成关于儿童食物过敏的知识，比如如何逐步引入新食物、如何观察和记录宝宝的过敏反应。AI还可以提供有趣的教育故事，帮助家长和宝宝理解食物过敏的危害及应对方法。

实际示例：

Prompt 示例：

"请为 2 岁的宝宝设计一个关于食物过敏的故事，帮助家长教导孩子认识食物过敏及其危害。"

AI 生成内容——故事标题：《小熊宝宝的草莓冒险》。

小熊宝宝第一次尝试吃草莓，妈妈觉得很高兴。可是小熊宝宝脸上开始冒红疹，妈妈立刻停下喂食草莓，抱起宝宝去看医生。医生告诉妈妈，宝宝的红疹是因为对草莓过敏。妈妈决定以后每次只给小熊宝宝尝试一种新食物，观察几天再换另一种。这样就能保护宝宝不受伤害。

（2）个性化提醒

AI 可根据宝宝的年龄和身体状况，建议家长如何逐步引入新食物。比如，通过提醒家长"一次只尝试一种新食物，并观察 72 小时"，帮助家长建立科学的喂养流程。

实际示例：

Prompt 示例：

"请为家长提供一条个性化的提醒，指导他们如何安全地给 2 岁的宝宝引入新食物。"

AI 生成内容——亲爱的家长，为了确保宝宝的安全，请记得每次只引入一种新食物，并仔细观察宝宝在接下来的 72 小时内是否有任何异常反应，如皮疹、呕吐或腹泻等。如果一切正常，可以继续尝试其他新食物；如果有任何不适，请立即停止并咨询医生。

（3）过敏反应监测与应急指导

通过健康手环等设备，AI 可以实时监测宝宝的身体变化，比如皮肤红疹、体温升高等。一旦发现异常，AI 会发出警报并提供紧急处理指导，如如何减轻症状或是否需要立即就医。

实际示例：

Prompt 示例：

"请设计一个针对 2 岁宝宝的食物过敏监测系统，帮助家长及时发现和应对过敏反应。"

AI 生成内容——监测系统名称：《过敏小卫士》。

这个智能系统利用健康手环监测宝宝的心率、体温和皮肤状态。一旦检测到异常情况，如皮肤红疹或体温升高，系统会立即通知家长，并提供详细的处理建议。例如，建议使用冷敷缓解红疹或立即联系医生。系统还会记录所有异常数据，方便家长与医生分享，以便更好地了解宝宝的健康状况。

✦ 二、如何读懂身体信号？从日常行为中洞察深层需求

（一）宝宝总是爱哭闹怎么办？

1. 具体问题

宝宝的哭泣是他们表达需求和不适的主要方式之一，尤其是在语言能力尚未发育完全的婴幼儿阶段。根据儿童发展心理学，婴儿通过哭泣传达饥饿、困倦、不适或其他情感需求。理解哭泣背后的具体原因对于父母来说至关重要，可以帮助他们及时回应宝宝的需求，建立安全感和信任。许多家长在面对宝宝持续哭泣时感到困惑和无助，不知道如何正确解读和应对。例如，当宝宝持续哭泣且常规安抚方法（如喂奶、换尿布）无效时，家长可能会尝试多种未经验证的方法，有可能会忽视宝宝的具体行为信号，延误对问题的正确判断和解决。

2. 具体场景

立夫是一位年轻的父亲，在育儿过程中遇到了许多困惑。一天晚上，他1岁的儿子小宇持续哭闹，立夫尝试喂奶、换尿布，但仍无法安抚小宇。无助之下，他决定同时寻求线上医生的帮助和人工智能育儿助手的建议，尝试找出解决问题的方法。

● **问题表现：** 立夫在面对1岁儿子小宇的持续哭闹时，由于缺乏对宝宝行为信号的深入观察和分析，未能准确判断小宇哭闹的真正原因，导致问题未能得到及时解决，甚至加剧了宝宝的不适感。

● **潜在原因：** 婴幼儿在语言能力尚未发育完全时，主要通过非语言方式（如表情、动作、声音）表达需求。许多家长面对宝宝哭闹时，往往忽视了这些细微

的行为线索，而是依赖经验或直觉进行判断。这种解读能力的不足，使得家长难以精准回应宝宝的需求，甚至可能误解其意图，导致问题复杂化。

错误示范：

（1）过度依赖单一渠道

表现：家长仅依赖网上搜索或家长论坛的非专业信息，尝试多种未经验证的方法安抚宝宝。

后果：错误的方法可能让宝宝的不适持续甚至加剧，延误对问题的正确判断和解决。

（2）忽视宝宝行为信号

表现：家长未仔细观察宝宝哭闹的具体表现（如咬手指或抓牙龈），无法有效判断哭闹可能的原因。

后果：忽视行为信号会导致问题持续，宝宝和家长都可能陷入更大的焦虑之中。

3. AI 能做什么？

（1）即时提醒与分析

AI 助手根据宝宝的年龄和行为模式，分析出小宇可能正处于出牙期，并提醒："请尝试冷藏的牙胶或柔软的磨牙玩具，帮助宝宝缓解牙龈不适。"

实际示例：

Prompt 示例：

"请为立夫提供一条即时提醒，帮助他理解并应对小宇可能的出牙不适。"

AI 生成内容——即时提醒：

亲爱的立夫，根据小宇的年龄和当前的表现，他可能正处于出牙期。建议您可以尝试使用冷藏的牙胶或柔软的磨牙玩具来帮助小宇缓解牙龈不适。这通常能有效减轻宝宝的不适感。

（2）知识普及

AI 通过推送适合小宇发育阶段的护理建议，向立夫解释出牙可能带来的不适，并提供如何缓解的具体方法。

实际示例：

Prompt 示例：

"请为立夫提供关于出牙期间护理的知识普及，帮助他更好地理解和应对小宇的不适。"

AI 生成内容——知识普及：

小宇现在可能正在经历出牙期，这是婴儿成长过程中的一个正常阶段，但可能会带来一些不适，如牙龈肿痛、流口水增多等。为了帮助小宇更舒适地度过这一时期，您可以：

使用冷藏的牙胶或柔软的磨牙玩具来缓解牙龈不适。

轻轻按摩小宇的牙龈，用干净的手指或湿润的纱布轻轻擦拭。

给予适量的冷敷，比如用冷毛巾轻轻敷在小宇的脸颊上。

（二）如何培养宝宝的规则意识？

1. 具体问题

建立规则意识是宝宝成长过程中的重要一步，尤其是在 0—3 岁的阶段，这一时期孩子正在建立自我控制和行为规范的基础。根据儿童心理学的研究，早期的行为规则教育对孩子的社会适应能力和情绪管理有着深远影响。许多家长在面对宝宝的具体行为时感到困惑，不知道如何有效地引导和建立规则意识。例如，宝宝在吃饭时不专心或不愿意按时睡觉，这些行为如果得不到适当的引导，可能会影响孩子的健康和生活习惯。此外，家长在执行规则时的一致性和及时反馈方面可能存在不足，导致孩子无法理解规则的重要性，甚至产生抵触情绪。

2. 具体场景

吃饭时的规则

乐乐刚满 2 岁，他在吃饭时常常不专心，有时玩弄食物，有时直接把食物丢到地上。每次当妈妈提醒他时，他都会笑着撒娇，似乎不在乎。妈妈感到困惑，不知道该如何让乐乐意识到吃饭时的基本规则。

● **问题表现**：乐乐在吃饭时表现出分心和不遵守规则的行为。

● **潜在原因**：乐乐可能尚未理解吃饭时应有的行为规范，或缺乏足够的引导和一致性。

睡觉的规则

毛毛已经 2 岁多了，晚上常常不愿意按时上床睡觉。虽然毛毛已经知道了晚上的睡前仪式，但每次睡前故事结束后，他依然要求喝水、去洗手间，甚至找借口不愿躺下休息。妈妈感到十分疲惫，因为她不知道如何让毛毛建立起睡觉的规则，并且坚持执行。

● **问题表现：** 毛毛在睡前表现出拖延和找借口的行为。

● **潜在原因：** 毛毛可能对固定的睡前程序缺乏认同，或者没有建立起对睡觉规则的理解和接受。

错误示范：

（1）规则不一致

家长在执行规则时不够一致。例如，在乐乐吃饭时，妈妈一会儿提醒他不许玩食物，一会儿又不管他，导致宝宝无法理解行为与规则之间的关系。规则的不一致会让宝宝感到困惑，无法理解何时该遵守规则、何时不必遵守。这会导致孩子产生不确定感，进而影响他们的行为规范化发展。

（2）忽视及时反馈

家长在孩子不遵守规则时没有及时给予反馈，或者只是简单地责骂，缺少具体的行为引导。孩子往往无法从单一的惩罚中理解规则的重要性，缺乏对规则行为的明确认知。长此以往，孩子可能会产生对规则的不信任，甚至表现出抵触情绪。

（3）没有培养自主遵守规则的意识

家长过于依赖外在控制，如不断用命令或强制手段要求孩子遵守规则。孩子在缺乏自主意识的情况下遵守规则，虽然暂时能够达成行为目标，但缺乏内在动机去遵守规则，长大后可能会产生反叛心理或缺乏自我控制能力。

3. AI能做什么？

（1）提供规则引导

AI 助手能够根据宝宝的年龄和发育阶段，给家长提供针对性的规则引导和教育建议。例如，AI 可以提醒家长如何在宝宝吃饭时保持规则一致性，避免让孩子感到困惑。

实际示例：

Prompt 示例：

"请为乐乐的妈妈提供一条关于吃饭规则的一致性建议。"

AI生成内容——规则引导：

亲爱的乐乐妈妈，为了帮助乐乐更好地理解吃饭时的规则，请尽量保持一致性的提醒和引导。例如，当乐乐开始玩玩具时，温和但坚定地告诉他："我们吃饭时不玩玩具哦。"如果他继续这样做，可以轻轻地拿走玩具或分散其注意力的物品，并再次解释规则。通过持续一致的行为引导，乐乐会逐渐明白并遵守这些规则。

（2）智能监控与反馈

通过宝宝的行为数据（如用餐时间、睡觉时间等），AI能够为家长提供实时反馈。当宝宝偏离规则时，AI会提醒家长及时给予反馈，并指导家长如何用温和而坚定的方式纠正宝宝的行为。

实际示例：

Prompt示例：

"请设计一个系统，帮助乐乐妈妈监测和记录乐乐的用餐行为，并提供实时反馈"。

AI生成内容——智能监控与反馈系统：

这个智能系统利用家中的摄像头实时监测乐乐的用餐行为。一旦检测到乐乐开始玩食物或把食物丢在地上，系统会立即通知妈妈，并提供详细的建议，如"请温和但坚定地提醒乐乐不要玩食物"。系统还会记录所有异常行为，方便妈妈跟踪乐乐的进步，并与医生分享，以便更好地了解乐乐的健康状况。

（3）情境化规则教育

AI可以通过设计适龄的情境故事或互动游戏帮助宝宝理解规则的意义。例如，AI可以为家长生成关于小动物遵守规则的故事，引导宝宝从故事情节中学习规则意识，帮助宝宝逐渐意识到规则对他们和他人的重要性。

实际示例：

Prompt示例：

"请为乐乐设计一个关于吃饭规则的互动故事。"

AI生成内容——情境化规则教育：

《小兔子乖乖吃饭》：小兔子乖乖看到餐桌上有好多美味的食物，非常高兴。可是它刚开始吃就忍不住玩起了胡萝卜。兔妈妈温柔地说："乖乖，我们吃饭时不玩食物哦。"小兔子乖乖听了妈妈的话，认真地吃完了饭，还得到了一颗小星星作为奖励。从此以后，小兔子乖乖每次吃饭都特别专心，再也不玩食物了。

（4）鼓励自主遵守规则

AI 不仅可以提供指导，还能够通过设置奖励机制帮助宝宝建立自主遵守规则的意识。例如，当宝宝按时吃饭或顺利上床睡觉时，AI 可以帮助家长进行积极的反馈，并通过小奖励鼓励宝宝自主遵守规则，逐渐养成好习惯。

实际示例：

Prompt 示例：

"请为毛毛设计一个睡前奖励机制，帮助他建立睡觉的规则。"

AI 生成内容——奖励机制：

亲爱的毛毛妈妈，为了让毛毛更好地遵守睡觉的规则，您可以尝试使用一个简单的奖励机制。每晚睡前，如果毛毛能够在听完故事后马上准备睡觉，并且不再找借口，就可以得到一个小贴纸。当集齐一定数量的小贴纸时，可以获得一份小礼物或一次特别的家庭活动。这样不仅能让毛毛获得成就感，还能让其逐渐内化睡觉的规则。

◆ 三、如何进行语言启蒙？

1. 具体问题

0—3 岁是宝宝语言启蒙的关键时期，这一阶段的语言学习对孩子的认知发展和社会交往能力有着深远影响。根据语言习得理论，婴幼儿通过大量的语言输入和互动来构建语言系统。然而，许多家长在语言启蒙过程中遇到挑战，如不知道如何提供足够的语言输入、如何处理宝宝的模仿行为以及应对表达瓶颈等。许多家长在面对宝宝的具体语言行为时感到困惑，不知道如何有效地引导和支持宝宝的语言发展。例如，宝宝开始模仿简单音节但发音不标准，或者因为表达不清楚而感到焦虑。这些问题如果得不到适当的引导，可能会影响宝宝的语言理解和表达能力。此外，家长在提供语言输入和互动方面可能存在不足，导致宝宝语言发展的延迟或困难。

2. 具体场景

宝宝开始模仿

小珊刚满 1 岁半，虽然还不会说话，但她已经能模仿父母发出的简单音节。一天，妈妈在给她读图画书时，小珊发出了"爸爸"或"妈妈"的声音，虽然发音不标准，但明显带有模仿的成分。妈妈很高兴，但也担心自己是否给予了足够的语言输入，是否能帮助小珊更快地学习和理解语言。

● **问题表现**：小珊能够模仿简单音节，但发音不标准。

● **潜在原因**：小珊正在尝试模仿成人语言，但需要更多的语言输入和互动来支撑她的语言发展。

宝宝遇到表达瓶颈

小凯已经 2 岁了，能够说出一些简单的词语，但有时候会因为表达不清楚而感到焦虑。每当他想要表达自己想要的东西时，他都会指着物品并发出一些不完整的词，妈妈则尽量耐心地去猜。虽然妈妈总是给予回应，但小凯似乎因为无法准确表达而变得沮丧。

● **问题表现**：小凯在表达需求时遇到困难，有时因表达不清而感到焦虑。

● **潜在原因**：小凯的语言表达能力尚未完全发展，需要更多的语言练习和情感支持来增强他的自信和表达能力。

错误示范：

（1）过度依赖模仿而忽略互动

家长可能过于依赖让宝宝模仿某些词或句子，而忽视与宝宝的互动性对话。比如，家长给宝宝重复简单词或句子，而宝宝没有机会实际运用这些语言进行表达。虽然宝宝能够模仿单词，但缺乏与父母的互动，无法从语言中获得更多的意义。这样可能限制了宝宝语言能力的发展，尤其是在理解和运用语言的能力上。

（2）没有提供足够的语言输入

家长没有与宝宝进行充分的语言交流，可能是因为宝宝还不会说话，家长认为不需要和宝宝多说话。宝宝语言学习的机会减少，可能导致语言发展的延迟。语言发展不仅依赖于听，还依赖于与他人的交流和互动。如果缺乏这些互动，宝宝的语言理解和表达能力可能受到影响。

（3）忽视情感支持与语言理解

家长过于关注宝宝模仿的准确性，而忽视宝宝在语言学习过程中的情感需求。例如，纠正宝宝发音错误时，语气过于严厉，导致宝宝因为无法准确表达而产生焦虑情绪。过度纠正会让宝宝在语言学习过程中产生压力和焦虑，从而影响其学习兴趣和信心。

3. AI 能做什么？

（1）提供语言互动建议

AI 助手可以根据宝宝的年龄、语言发展阶段和当前语言水平，为家长提供个性化的语言互动建议。例如，AI 可以建议家长在宝宝表达需求时多做引导，而不是直接代替宝宝表达需求。例如，宝宝指着杯子并说"哦"，AI 可以提示家长通过提问引导宝宝说出完整的句子："你想喝水吗？来，告诉妈妈你要水。"

实际示例：

Prompt 示例：

"请为小珊的妈妈提供一条关于如何引导小珊表达需求的建议。"

AI 生成内容——语言互动建议：

亲爱的小珊妈妈，当小珊发出"爸爸"或"妈妈"的声音时，您可以温柔地回应她，并用完整的句子重复她的话，如："你叫'妈妈'呢！妈妈在这里。"这样可以帮助小珊逐渐理解词汇的意义，并鼓励她继续尝试发音。同时，可以通过问问题引导她表达更多，如："你想要什么呀？"让她有机会尝试用更多的词汇表达自己的需求。

（2）语言学习游戏与练习

AI 可以设计适合宝宝年龄的语言学习游戏，比如"动物名字"配对、图卡学习、简单的儿歌互动等。通过这些游戏，宝宝可以在轻松愉快的氛围中学习语言，增强对语言的兴趣。

实际示例：

Prompt 示例：

"请为小珊设计一个适合她的语言学习游戏。"

AI 生成内容——语言学习游戏：

《动物朋友》：准备一套动物图卡，每张卡片上画有一个动物及其对应的名称。与小珊一起玩这个游戏时，您可以先展示一张卡片，然后说出动物的名字，如"这是小狗"。接着可以让小珊模仿动物的声音，如"汪汪"。随着她逐渐熟悉，可以尝试让她说出动物的名字。这不仅增加了语言学习的乐趣，还能帮助她更好地记忆新词汇。

（3）实时语言反馈

AI能够实时反馈宝宝的发音和语言表达。例如，在宝宝说出不标准的单词时，AI可以通过语音识别技术识别宝宝的发音，给予家长正确的语言发音示范和提示，帮助宝宝逐步纠正发音。

实际示例：

Prompt 示例：

"请为小凯设计一个实时语言反馈机制。"

AI 生成内容——实时语言反馈：

当小凯尝试说出某个单词时，AI可以通过语音识别技术分析他的发音，并立即向妈妈提供反馈。例如，如果小凯说"杯"而不是"杯子"，AI可以提示妈妈："小凯说了'杯'，我们可以说'杯子'，让他再试一次。"这种即时反馈可以帮助小凯逐渐改进发音，增强语言表达的信心。

（4）多样化语言输入

AI可以根据宝宝的语言学习阶段，提供多样化的语言输入。比如，通过播放适合宝宝年龄段的儿歌、故事、动画等，让宝宝在听的过程中自然吸收语言。AI还可以通过与宝宝的互动，鼓励宝宝使用更多的词和句子，促进语言的积累和运用。

实际示例：

Prompt 示例：

"请为小凯推荐一些适合他的语言学习资源。"

AI 生成内容——多样化语言输入：

为了帮助小凯更好地学习语言，您可以尝试使用以下资源：

播放适合小凯年龄段的儿歌和童谣，如《两只老虎》《小星星》，这些歌曲简单易懂，旋律欢快，容易吸引宝宝的注意力。

阅读有趣的图画书，选择那些有丰富插图和简单文字的故事书，如《好饿的毛毛虫》，让小凯在视觉和听觉的双重刺激下学习语言。

观看适合幼儿的动画片，如《小猪佩奇》，通过生动的角色和情景帮助小凯理解语言的实际应用。

✦ 四、如何系统化培养生活习惯？

1. 具体问题

0—3 岁是宝宝生活习惯和生存技能形成的关键时期，良好的习惯不仅有助于宝宝的健康成长，还能为未来的生活打下坚实的基础。根据行为心理学，早期的习惯养成对孩子的长期行为模式有着深远影响。然而，许多家长在引导宝宝养成这些习惯时遇到了挑战，如宝宝不愿意刷牙或难以遵守吃糖的规则等。家长在面对宝宝的具体行为时感到困惑，不知道如何有效地引导和支持宝宝养成良好的生活习惯。

2. 具体场景

刷牙的挑战

小涛是一位刚满 2 岁的宝宝，妈妈发现他开始不喜欢刷牙，每次拿起牙刷时，小涛就会摆手，甚至哭闹。妈妈多次耐心劝说，但每次都失败。为了让小涛养成刷牙的好习惯，妈妈开始烦恼：是否是自己的方法不对？如何才能让小涛愿意每天刷牙？

● **问题表现**：小涛抗拒刷牙，表现出哭闹和拒绝的行为。

● **潜在原因**：小涛可能还没有理解刷牙的重要性，或者刷牙的过程让他感到不适或无聊。

吃糖的规则

贝贝已经 3 岁了，虽然知道一些基本的规则，但每当看到糖果时，她都会央求妈妈给她一块。妈妈曾多次告诉她不能吃太多糖，但每次面对糖果时，贝贝总是忘记了这些规则，继续要求吃糖。妈妈感到十分头疼，担心吃太多糖会影响贝贝的健康，但又不知道如何让她自觉遵守规则。

● **问题表现**：贝贝难以遵守吃糖的规则，表现出央求和忘记规则的行为。

● **潜在原因**：贝贝可能还没有完全理解为什么不能吃太多糖，或者缺乏足够的替代品来满足她的需求。

错误示范：

（1）强制执行而缺乏理解

表现：家长在培养宝宝的生活习惯时，使用强制的手段。例如，强行让宝宝刷牙，或者每次见到糖果都直接拒绝宝宝，甚至没有解释原因。

后果：这种强制执行的方法虽然暂时能让孩子完成任务，但孩子对这些行为的理解非常有限。长久下来，孩子可能会对这些行为产生抵触情绪，反而无法形成良好的习惯。孩子也难以从中理解为什么要刷牙或不能吃糖，导致习惯无法内化。

（2）忽视故事或情境引导

家长过于强调规则的执行，而忽视通过故事或情境引导来帮助孩子理解这些规则的意义。例如，直接告诉孩子"刷牙是为了保护牙齿"，但没有通过生动的方式让孩子理解刷牙的过程和重要性。单纯的规则陈述难以引起孩子的共鸣，缺乏情感共鸣和内在动机的支持，孩子容易忘记规则的重要性，甚至对执行产生厌烦情绪。

（3）忽略正向激励和鼓励

家长在孩子完成某个习惯时，忽视对孩子的正向反馈和鼓励。例如，孩子刷牙后，家长没有及时表扬和鼓励，而是直接进入下一项任务。孩子可能因为缺乏及时的鼓励和表扬而感到自己的努力没有得到认可，从而失去对继续养成习惯的兴趣。正向激励的缺乏会影响孩子长期坚持好习惯的动力。

3. AI能做什么？

（1）提供情境故事和互动

AI可以为家长提供与孩子日常生活相关的情境故事和互动游戏。例如，AI可以生成关于"小兔子刷牙"的故事，讲述小兔子如何通过刷牙来保持牙齿健康，避免蛀牙和口腔问题。通过有趣的故事，宝宝不仅能理解刷牙的意义，还能在情感上与故事角色产生共鸣，激发他们学习的兴趣。

实际示例：

Prompt示例：

"请为小涛设计一个关于刷牙的互动故事。"

AI 生成内容——情境故事：

《小兔子爱刷牙》：小兔子每天早上起床后和晚上睡觉前都会认真刷牙。一天，小兔子遇到了一个小朋友，小朋友的牙齿有很多洞洞。小兔子告诉小朋友："我们每天都要刷牙哦，这样牙齿才会健康。"小朋友听了小兔子的话，也开始每天认真刷牙，牙齿变得又白又亮。从此以后，小兔子和小朋友一起快乐地刷牙，保持牙齿健康。

（2）定时提醒和提示

AI 助手可以根据宝宝的作息时间，提醒家长和宝宝刷牙、吃饭、睡觉等固定时间的活动。例如，AI 可以在宝宝吃过早餐后，自动提醒家长和宝宝："现在是刷牙时间啦！快去刷牙，保持牙齿健康！"这样有助于建立宝宝的日常规律，并在日常生活中自然养成好习惯。

实际示例：

Prompt 示例：

"请为小涛设计一个定时提醒机制，帮助他养成刷牙的习惯。"

AI 生成内容——定时提醒：

亲爱的小涛妈妈，为了让小涛逐渐养成刷牙的好习惯，您可以设置一个定时提醒机制。每到早晨起床和晚上睡觉，AI 都会温馨提醒："小涛，该刷牙啦！让我们一起保护牙齿吧！"同时，可以播放一段有趣的刷牙儿歌，吸引小涛的注意力，使刷牙过程更加愉快。

（3）个性化鼓励和反馈

AI 可以根据宝宝的表现给出实时的鼓励和正向反馈。例如，当宝宝完成刷牙后，AI 可以通过语音或视觉效果给予宝宝正面的激励："太棒了，你的牙齿真干净！继续保持！"通过即时的反馈，宝宝会感受到自己努力的成果，并增强内在动机。

实际示例：

Prompt 示例：

"请为小涛设计一个刷牙后的正向反馈机制。"

AI 生成内容——个性化鼓励：

当小涛完成刷牙后，AI 会立即回应："哇，小涛今天刷牙真认真，牙齿都变得闪闪发光啦！"并可以播放一段欢快的音乐或显示一张可爱的卡通图片作为奖励。这不仅能增强小涛的成就感，还能让他期待下次刷牙的时间。

（4）生动的教育视频与歌曲

AI可以通过播放教育视频、儿歌或动画，向孩子展示正确的刷牙方法、吃太多糖的危害等。这些视频和歌曲不仅能吸引宝宝的注意，还能通过轻松愉快的方式帮助孩子记住正确的行为。例如，通过动画角色演示"正确的刷牙方式"和"为什么不能吃太多糖"，帮助孩子理解背后的原因。

实际示例：

Prompt示例：

"请为贝贝推荐一些关于健康饮食的教育视频。"

AI生成内容——教育视频推荐：

为了帮助贝贝理解为什么不能吃太多糖，您可以播放一些适合幼儿的教育视频，如《甜甜的陷阱》。这个动画片讲述了小动物们因为吃了太多糖而导致牙齿疼痛的故事，最后它们学会了适量食用甜食。视频中还介绍了健康零食的选择，如水果和酸奶，可以帮助贝贝了解更健康的饮食选择。

✦ 五、如何培养宝宝的社交技能？

1. 具体问题

社交能力是宝宝全面发展的重要组成部分，良好的社交技能不仅有助于宝宝在童年时期建立健康的人际关系，还能为成年后的社会适应打下坚实的基础。根据儿童心理学的研究，早期的社交经验对孩子的自尊心、同理心以及解决问题的能力有着深远的影响。然而，许多家长在帮助宝宝培养社交技能时遇到了挑战，如宝宝不愿意主动与其他孩子接触或难以理解分享和轮流的概念。

2. 具体场景

场景一：与同龄宝宝的互动

小萱是一个刚满2岁的宝宝，每次和其他小朋友玩耍时，她总是显得有些害羞，不敢主动和其他孩子接触。尽管她喜欢看其他小朋友玩玩具，但每当有机会加入游戏时，她总是退缩，不敢与其他孩子分享自己的玩具。妈妈发现后，非常担心，认为小萱可能缺乏社交技能。她开始寻找方法，帮助小萱在社交场合中更加自信和活泼。

● **问题表现：** 小萱在与其他小朋友互动时表现出害羞和退缩的行为。

● **潜在原因：** 小萱可能还没有足够的社交经验和信心去主动接触其他孩子，或者不确定如何融入集体活动。

创新解决方案：

为了让小萱更好地融入群体，可以尝试创建一个"友谊日志"。这个日志可以记录小萱每天与新朋友互动的小故事或画作，鼓励她用图画表达自己当天的感受。通过这种方式，不仅可以增强她的表达能力，还可以让她逐渐习惯与他人交流的过程。同时，父母可以在家中模拟社交情境，比如举办小型家庭聚会、邀请亲戚家的孩子来家里玩，让小萱在一个熟悉且安全的环境中练习社交技巧。

场景二：分享和轮流的困难

小杰已经 3 岁了，每当有多个小朋友一起玩时，他总是非常不愿意分享自己的玩具。如果其他小朋友拿走他的玩具，他会哭闹或生气，拒绝和他们轮流玩。家长发现小杰在分享方面遇到困难，无法理解为什么别人拿走他的玩具后，他还要等着轮流玩，开始感到焦虑，担心小杰将来会缺乏团队合作精神。

● **问题表现：** 小杰在分享玩具时表现出强烈的占有欲和抗拒行为。

● **潜在原因：** 小杰可能还没有完全理解分享的意义，或者缺乏足够的指导来学习如何正确处理与他人共享物品的情况。

错误示范：

（1）过度保护，避免社交场合

表现：家长过于保护宝宝，不让他们与其他孩子互动，担心宝宝在社交场合中受伤害或被拒绝。

后果：过度保护会让宝宝错过学习社交技能的机会，缺乏与其他孩子交往的实践经验。宝宝可能会因此变得内向，害怕和人接触，难以适应集体生活和团队合作。

（2）过度干预和控制社交行为

表现：家长过于干涉宝宝与其他孩子的互动。例如，在宝宝与其他孩子分享玩具时，家长总是出面干预，帮宝宝强制分享，或者在宝宝遇到冲突时过早地插手解决问题。

后果：过度干预会让宝宝无法学会独立解决社交问题，缺乏通过自己努力获得社交经验的机会。宝宝可能会变得依赖父母来处理社交冲突，缺乏自信和解决问题的能力。

（3）忽视对社交规则的教育

表现：家长忽视教导宝宝一些基本的社交规则，如"请"和"谢谢"、分享和轮流等行为规范。

后果：宝宝缺乏对社交规则的理解，不知道如何在不同的社交情境中表现自己，容易与其他孩子发生冲突，甚至可能变得孤立，缺乏团队合作精神。

3. AI能做什么？

（1）提供社交技能教育

AI可以根据宝宝的年龄和发育阶段，提供关于基本社交技能的教育建议。例如，AI可以帮助家长设计适合宝宝的社交技能游戏，如通过角色扮演游戏帮助宝宝理解分享和轮流的概念。通过互动游戏，宝宝可以在模拟情境中学习如何与他人合作，如何表现出友善和礼貌。

Prompt示例：

"请为小萱设计一个角色扮演游戏，以帮助她理解和练习分享玩具。"

AI生成内容：

"欢迎来到'分享乐园'！今天我们要玩一个特别的游戏，叫作'玩具交换日'。小萱，你可以选择一件你最喜欢的玩具，然后我们一起去看看其他小朋友有什么好玩的东西。当你想玩别人的玩具时，可以先问：'我可以玩一下你的玩具吗？'如果他们同意了，你就可以玩一会儿，之后再把玩具还回去。现在，让我们试试吧！"

提示：AI会引导宝宝进行简单的对话练习，并在游戏中适时给予鼓励和反馈。

（2）情境化的社交故事

AI可以生成与宝宝日常生活相关的社交故事，通过故事中的角色和情节教会宝宝如何在实际生活中应用社交技能。例如，AI可以生成"分享玩具"的故事，讲述小动物如何学会分享玩具，并从中获得友情。通过生动的故事，宝宝能够更好地理解社交规则的意义。

Prompt 示例：

"请为 3 岁的宝宝生成一个关于分享玩具的社交故事。"

AI 生成内容：

"从前有一只小兔子叫跳跳，它最喜欢玩它的红色皮球。有一天，跳跳遇到了另一只小兔子，名叫蹦蹦。蹦蹦也想玩跳跳的皮球。起初，跳跳有点犹豫，但后来它想到了一个好主意——两个人一起玩！它们轮流踢球，玩得非常开心。从那天起，每当有新朋友来时，跳跳总是愿意分享它的玩具，因为它知道这样可以交到更多的好朋友。"

提示：故事结束后，AI 会询问宝宝："如果你是跳跳，你会怎么做呢？"并根据宝宝的回答继续展开讨论。

（3）实时反馈与社交引导

AI 可以通过分析宝宝与其他孩子互动时的行为，给家长提供实时反馈。例如，AI 可以识别宝宝是否主动分享、是否表达友善，并根据宝宝的行为提供建议，帮助家长引导宝宝学习如何主动交往、如何正确表达情感。AI 还可以提醒家长在社交场合中注意宝宝的情绪变化，及时采取适当的互动方式，例如，通过鼓励宝宝参与集体活动，增强宝宝的社交信心。

Prompt 示例：

"当宝宝与其他小朋友玩耍时，请提供实时反馈和社交引导。"

AI 生成内容：

当检测到宝宝主动分享玩具时："太棒了，小杰！你选择了分享你的玩具，这真是太好了！看看其他小朋友是多么高兴啊！"

当宝宝表现出友善行为时："哇，小萱刚才向新朋友微笑和打招呼了！她的笑容让大家都感到温暖。"

当宝宝情绪低落时："小杰看起来有点不开心。我们可以问问他是怎么回事，也许他需要一些帮助。"

提示：AI 会持续监控宝宝的情感状态，并在必要时建议家长采取行动，如提供安慰或引导宝宝表达自己的感受。

（4）模拟社交互动

AI 可以通过虚拟角色模拟与宝宝的社交互动，帮助宝宝练习和其他人交往的基本技能。例如，AI 可以模拟"向他人打招呼"或"轮流玩游戏"的情境，通过互动让宝宝熟悉这些社交规则。宝宝可以通过模拟互动，逐渐增强与他人交往的兴趣和能力。

Prompt 示例：

"请为小萱创建一个虚拟社交互动场景，帮助她练习打招呼和轮流玩游戏。"

AI 生成内容：

"你好，小萱！今天我们要玩一个有趣的游戏，叫作'问候圈'。我们会围坐在一起，每个人轮流说'你好'并介绍自己。现在轮到你了，你可以说：'嗨，我叫小萱，我喜欢画画。'"

提示：随着游戏的进行，AI 会逐步引入更复杂的互动元素，如轮流选择游戏项目或共同完成任务，同时给予宝宝积极的反馈和支持。

当我们问孩子，他们最希望家庭哪里能变得更好时，几乎所有孩子都会说："希望一家人能更快乐。"这个简单的愿望，却反映出一个深刻的问题：为什么孩子要主动提出这样的要求？

以前，我们以为只要满足孩子的物质需求，他们就能健康成长。但现在，我们发现，想要拥有一个幸福的家庭，需要全家人的共同努力。

为了孩子，也为了我们自己的幸福，让我们重新审视一下我们的家庭生活吧。

第六章

◆

学龄前阶段（4—6 岁）：如何为孩子奠定成长基石？

> 忙碌工作一天后回到家，你本想陪伴孩子，却因他们的情绪起伏而倍感疲惫，有时甚至被孩子的情绪牵着走。别担心，你并不孤单，许多家长也有类似的困扰。学龄前阶段（4—6 岁）是孩子情感、认知和社会行为发展的关键时期。这一阶段的孩子如同一张白纸，充满无限可能，但也容易受到外界影响而产生强烈的情绪反应。作为家长，我们不仅希望孩子能健康快乐地成长，更期待他们能够在这个过程中学会理解自己和他人的情感，培养好奇心和求知欲，掌握动手实践的能力。

序幕：认知是成长的基石

作为家长，你们是否也曾为孩子突如其来的情绪风暴而感到束手无策？

"昨天因为不给买玩具，3 岁的儿子在商场里大哭大闹，怎么劝都没用……"

"女儿上幼儿园第一天，从早哭到晚，老师说从未见过这么敏感的孩子……"

"儿子稍微受挫就会发脾气，摔玩具、打人，我该怎么办？"

这些场景是否让你感到熟悉？忙碌工作一天后回到家，你本想陪伴孩子，却因他们的情绪起伏而倍感疲惫，有时甚至被孩子的情绪牵着走。别担心，你并不孤单，许多家长也有类似的困扰。理解孩子的情绪特点，引导他们学会调节情绪，是帮助孩子健康成长的重要一步。

◆ 一、如何帮助孩子驾驭情绪的"过山车"？

（一）如何了解孩子情绪的"小宇宙"？

1. 具体问题

根据皮亚杰的认知发展阶段理论，4—6 岁的孩子处于前运算阶段，逻辑思维尚未成熟，因此难以理解和处理复杂的情绪。此时孩子正处于情感发展的关键时期，他们的情绪体验丰富且多变，犹如乘坐"过山车"。这一阶段的孩子开始意识到自己的情绪，并尝试用不同的方式表达这些情绪，但往往缺乏有效的情感管理技巧。家长和教育者需要理解孩子情绪的多样性及其背后的原因，以便提供适当的支持和引导。

2. 具体场景

5岁的甜甜在幼儿园午休时总是抱着小毯子不松手。当老师尝试收走毯子时，她会突然尖叫甚至抓挠他人。在家玩游戏时，如果拼图拼错了一块，她就会把整盒玩具掀翻。家长发现甜甜并非故意捣乱，而是对特定事物（如安抚物、任务完整性等）有强烈的情感连接。

● 问题表现：在社交场合中，甜甜难以控制自己的情绪，容易因小事而大发脾气。家长在安抚甜甜时感到无力，不知道如何有效地引导她表达和管理情绪。

● 潜在原因：处于前运算阶段的儿童尚未获得物体守恒的概念，认为安抚物消失即永久失去；同时，杏仁核对威胁信号的过度反应加剧了焦虑情绪。家长在安抚时过度关注行为纠正，未能触及情绪根源。

错误示范：

（1）忽视情感表达

忽视情绪表达的重要性。家长认为孩子的情绪不稳定是正常的，忽视了情感表达的重要性，导致孩子情感压抑。例如，当孩子哭泣时，家长简单地说"别哭了"，而不是询问原因或提供安慰。

（2）过度干预

强行纠正行为。家长过度干涉孩子的情感表达，试图强行纠正其行为，反而会让孩子感到被误解和不被尊重。例如，当孩子发脾气时，家长立刻责备或惩罚，而不是理解孩子的情绪来源并给予适当的引导。

（3）单一解决方案

只提供一种解决方法。家长总是采用同一种方法来应对孩子的情绪问题，如每次都给糖果作为安慰，这可能导致孩子依赖外部安慰，而非内在的情绪调节能力。

3. AI辅助方案

（1）情绪识别与表达练习

Prompt示例：

"设计一个互动游戏，帮助孩子识别和表达不同的情绪。"

例如，AI可以生成一个"情绪脸谱"游戏，让孩子通过选择不同表情的脸谱来表示自己当前的情绪（如开心、难过、生气）。AI会问孩子："你现在感觉怎么样？"然后让孩子指出对应的表情图，并引导孩子用简单的词语或图画描述自己的感受。AI 还可以提供一些常见的场景，如"当你看到喜欢的玩具时，你是什么样的心情"，帮助孩子将情绪与具体情境联系起来。

（2）情绪调节与放松训练

Prompt 示例：

"生成一系列简单的情绪调节练习，帮助孩子学会平静下来。"

例如，AI 可以推荐适合孩子年龄阶段的情绪放松练习，如深呼吸、数数、想象愉快的场景等。AI 可以指导孩子进行这些练习，如："让我们一起做五次深呼吸，吸气——呼气。"或者："闭上眼睛，想象你在一片美丽的花园里，周围都是你喜欢的小动物。"通过这种方式，帮助孩子学会在情绪激动时进行自我调节。

（3）情感日记与反思

Prompt 示例：

"生成一份情感日记模板，帮助孩子每天记录自己的情绪变化，并通过提问引导孩子反思情绪背后的原因。"

例如，AI 可以生成一个简单的情感日记，每天晚上让孩子用图画或简单的词语记录当天的情绪（如开心、难过、生气）。AI 还可以提出一些引导性问题，如："今天你最开心的事情是什么？""当你生气的时候，你是怎么做的？"通过这种方式，帮助孩子逐渐建立情感管理和自我反思的能力。

（二）如何做一名调和情绪的"魔法师"？

场景1：基础情绪的识别与表达

1. 具体问题

4—6 岁的孩子正处于情感发展的关键时期，他们开始意识到并尝试表达自己的情绪，但往往缺乏有效的方法和技巧。这一阶段的孩子需要学会识别基本情绪（如快乐、悲伤、愤怒、害怕等），并能够用适当的方式表达这些情绪。家长和教育者需要提供适当的引导和支持，帮助孩子理解不同情绪的意义，并学会健康的情绪表达方式。

2. 具体场景

二年级的乐乐写数学作业时，遇到不会的应用题会突然把本子扔掉。妈妈不理解该行为并选择进一步责骂，乐乐推开妈妈并且大喊："你根本不懂！"。事后才发现，原来班上多数同学都做对了这道题，而乐乐因做错该题而感到心理不平衡，并将情绪的宣泄点放在作业本上。

● **问题表现**：在面对挫折或冲突时，乐乐难以控制自己的情绪，容易发脾气。家长在安抚乐乐时感到无力，不知道如何有效地引导他表达和管理情绪。

● **潜在原因**：这个阶段的孩子开始进行社会比较，与周围的客体展开对比，锚定自身在周遭环境中的定位，但因其抗挫力还未成熟，所以情绪不稳定。

错误示范：

（1）忽视情绪教育的重要性

轻视情绪学习：家长认为情绪识别和表达是自然发展的过程，不需要特别教导，从而忽略了系统的情绪教育。例如，家长没有意识到通过日常互动和游戏可以有效帮助孩子理解情绪。

（2）过度保护与避免冲突

避免负面情绪：为了让孩子保持开心，家长总是试图避免任何可能引发负面情绪的情境。例如，不让孩子参与有挑战性的活动，以防他们失败而感到沮丧。这实际上剥夺了孩子学习应对负面情绪的机会。

（3）忽略情绪背后的原因

只看表面行为：家长只关注孩子外在的情绪表现，而忽略了探究其背后的原因。例如，当孩子生气时，家长只是责备他们的行为，而不去了解是什么触发了这种情绪。这使得孩子无法学会分析和理解自己的情绪来源。

3. AI辅助方案：基础情绪的识别与表达工具

（1）情绪故事时间

Prompt 示例：

"根据孩子的兴趣生成互动式情绪故事，帮助孩子在趣味中学习情绪表达。"

例如，AI可以根据孩子的兴趣（如喜欢动物或冒险故事）生成互动故事，帮助孩子在趣味中学习情绪表达。故事内容可以是小兔子看到小松鼠偷吃了苹果，但害怕告诉大象老师。AI会问孩子："如果你是小兔子，你会怎么做？为什么?"AI 根据孩子的回答进行反馈和情境延展，进一步引导讨论。通过寓教于乐的方式增强孩子的参与感，并帮助他们在虚拟情境中锻炼情绪表达能力。

（2）情绪卡片与角色扮演

Prompt 示例：

"生成一套情绪卡片，结合角色扮演活动，帮助孩子练习识别和表达不同情绪。"

例如，AI 可以生成一套情绪卡片，每张卡片上有一个表情图和对应的情绪词（如开心、难过、生气）。家长和孩子可以通过角色扮演活动，使用这些卡片模拟不同的生活场景，如："如果你在公园里丢了最喜欢的玩具，你会是什么样的心情?"通过这种方式，帮助孩子学会识别和表达不同的情绪。

（3）亲子情绪对话

Prompt 示例：

"设计亲子对话模板，促进家长和孩子之间关于情绪的交流。"

例如，AI 可以生成一些开放性问题，帮助家长与孩子进行深入的情绪对话，如："今天有没有什么让你特别开心的事情?""如果你感到不开心，你会怎么做?"家长可以根据这些问题与孩子展开讨论，帮助孩子表达自己的感受，并给予适当的建议和支持。这种对话不仅增强了亲子间的理解，还帮助孩子学会如何更好地表达和管理情绪。

场景 2：建立初步的自我认知

1. 具体问题

对于 4—6 岁的孩子来说，建立初步的自我认知是情感和社会性发展的重要组成部分。这个阶段，孩子逐渐意识到"我是谁"，并开始发展自我概念。这一阶段的孩子开始意识到自己是一个独立个体，并逐渐形成自我概念和自尊心。他们需要理解自己的优点和不足，学会接受和欣赏自己，同时也能够认识到他人的不同之处。家长和教育者在这一过程中扮演着关键角色，帮助孩子建立健康的自我形象。

2. 具体场景

小丽是 5 岁的女孩，最近在学校里表现出对自己缺乏信心。例如，在绘画课上，她总是担心自己的画不好看，不敢尝试新的技巧。在家里，小丽也常常说

"我不行""我做不到"，即使是一些简单的事情，她也常以"懒得做""不想做"为借口不去实际行动。家长希望帮助小丽建立自信，但不知道从何入手。

● **问题表现**：小丽对自己的评价过于依赖外部反馈，容易受到老师和同学的意见影响。在面对挑战时，小丽缺乏自信，容易产生负面情绪或退缩行为。家长试图通过表扬来增强小丽的自信，但效果有限，小丽仍然感到不安。

● **潜在原因**：儿童对自身能力与所处环境之间的关系缺少明确的认识，用抗拒行为逃避负面评价，存在认为自身能力不可修改的潜在意识。

错误示范：

（1）过度表扬

空洞的赞美：家长和教师常常使用笼统的表扬，如"你真棒!"，而不具体指出孩子做得好的地方。这种表扬虽然能暂时提升孩子的自信，但长期来看，孩子可能无法真正理解自己的优点，导致自信不稳定。

（2）忽视个体差异

不考虑个性特点：有些家长和教师在培养孩子的自我认知时，没有充分考虑到每个孩子的独特性和兴趣爱好，而是采用一刀切的方法。这可能导致孩子感到被忽视或误解，进而影响他们的自我认知。

（3）过分强调成就

只看重结果：家长和教师有时过于关注孩子的成绩和表现，而忽略了过程中的努力和进步。这让孩子觉得只有成功才是值得肯定的，从而忽视了自身的能力和价值。

3. AI辅助方案：建立初步的自我认知工具

（1）个性化的自我认知活动

Prompt 示例：

"设计一系列个性化的自我认知活动，帮助孩子了解自己的特点和能力。"

例如，AI可以生成一些适合孩子的自我认知活动，如"我的优点清单"，让孩子列出自己认为的优点，并用图画或简单的词语描述。AI还可以提供一些引导性问题，如："你喜欢做什么?""你最擅长什么?"通过这种方式，帮助孩子逐步建立起对自己的正面认知。

（2）正向反馈与鼓励

Prompt 示例：

"生成具体的正向反馈模板，帮助家长和教师给予孩子有针对性的鼓励。"

例如，AI 可以根据孩子的具体行为和表现，生成详细的正向反馈，如："今天你在画画时非常专注，而且勇敢地尝试了新的颜色搭配，这真的很棒！"通过具体的表扬，帮助孩子理解自己的努力和进步，而不是仅仅依赖结果。

（3）自我反思日记

Prompt 示例：

"生成一个自我反思日记模板，帮助孩子记录每天的感受和进步。"

例如，AI 可以生成一个简单的自我反思日记，每天晚上让孩子用图画或简单的词语记录当天的感受和进步。AI 还可以提出一些引导性问题，如："今天你做了什么让你感到骄傲的事情？""你学到了什么新东西？"通过这种方式，帮助孩子逐渐建立自我反思的能力。

场景 3：培养基本的情绪控制能力

1. 具体问题

对于 4—6 岁的孩子来说，培养基本的情绪控制能力是情感管理的重要组成部分。这一阶段的孩子开始意识到自己的情绪，并尝试用不同的方式表达这些情绪，但往往缺乏有效的情绪调节技巧。家长和教育者需要帮助孩子学会识别和管理自己的情绪，理解情绪的来源，并找到健康的方式来应对负面情绪。这不仅能提高孩子的心理韧性，还能促进其社会适应能力和人际关系的发展。

2. 具体场景

小刚是 5 岁的男孩，最近在幼儿园里经常因为小事发脾气。例如，当其他小朋友不愿意分享玩具时，他会突然大哭并抢夺玩具；在家里，如果父母没有立即回应他的要求，他会变得非常激动，甚至扔东西。尽管小刚平时是个活泼可爱的孩子，但他的情绪波动让家长感到困惑和担忧。每次面对这种情况，家长都试图安慰他，但效果不佳，小刚仍然难以平静下来。

● 问题表现：在社交场合中，小刚难以控制自己的情绪，容易因小事而大发脾气。家长在安抚小刚时感到无力，不知道如何有效地引导他表达和管理情绪。

● 潜在原因：这个阶段的孩子情绪调节能力尚未成熟，容易因外部刺激而产生强烈的情绪反应，同时缺乏有效的自我调节策略。

错误示范：

（1）忽视情绪调节训练

缺乏系统指导：家长和教师有时忽略了对孩子进行系统的情绪调节训练，认为情绪控制是自然发展的过程，从而错过了早期干预的机会。

（2）过度依赖外部奖励

依赖物质奖励：有些家长习惯用糖果或玩具作为奖励，以平息孩子的情绪。这种做法可能导致孩子依赖外部奖励，而非内在的情绪调节能力。

（3）简单压制情绪

强行制止情绪表达：家长有时会通过简单制止的方式，如"不要哭了"或"别生气"，来快速结束孩子的情绪爆发。这种方式虽然能暂时平息局面，但并没有真正帮助孩子学会如何管理和调节情绪。

3. AI辅助方案：培养基本的情绪控制能力的工具

（1）情绪温度计可视化工具

Prompt示例：

"生成一个互动式情绪温度计游戏，帮助孩子用颜色感知情绪强度。"

AI生成内容——AI提供一个可拖动的温度计界面，用红（生气）、黄（难过）、蓝（平静）三种颜色表示情绪。

使用方式：孩子通过滑动指针选择情绪颜色。AI提问："现在是什么颜色？比如，和小朋友争玩具时是红色吗？"AI根据孩子的选择提供建议："红色代表生气，可以试试深呼吸三次，让温度降到蓝色！"

（2）情境模拟

Prompt示例：

"根据孩子的年龄，生成一个虚拟情境，通过互动问答帮助孩子练习情绪控制。"

例如，AI可以生成一个情境模拟游戏，让孩子练习在不同情境下如何控制情绪。AI提供多种选择（如：告诉老师、原谅同学、自己清理），并通过互动问答帮助孩子理解不同选择的后果，从而学会权衡和判断。

✦ 二、如何帮助孩子专注完成任务？

（一）为什么孩子总是分心？

场景1：孩子的大脑正在"装修"

1. 具体问题

4—6 岁的孩子正处于认知和注意力发展的关键时期。这一阶段的孩子好奇心强，对周围环境充满兴趣，但他们的注意力持续时间较短，容易被外界干扰。家长和教育者常常发现，孩子在完成任务时容易分心，难以集中注意力。22% 的3—4 岁儿童的父母认为他们的孩子在屏幕时间和其他活动之间没有很好的平衡[1]。了解孩子分心的原因，并采取有效的应对策略，对于培养孩子的专注力至关重要。

2. 具体场景

小明是 5 岁的男孩，最近在家画画时总是分心。例如，当他在画房子时，他会突然停下来玩铅笔，或者跑到客厅看动画片。即使父母在一旁监督，他也很难保持专注，经常需要多次提醒才能回到任务上。他难以对当前所专注的任务保持一个持续的注意力，并对任务完成没有一个具体的概念。

● **问题表现**：小明在完成任务时容易被外界因素干扰，如玩具或电视声音。他难以长时间专注于单一任务，经常中途放弃或转移注意力。家长在监督小明时感到无力，不知道如何有效地引导他保持专注。

● **潜在原因**：这一阶段的孩子缺乏专注力的目标导向，并可能缺乏有效的专注力训练方法和环境支持。

错误示范：

（1）任务设置不合理

任务难度不合适：有些家长给孩子布置的任务过于简单或过于复杂，导致孩子要么觉得无聊，要么感到挫败，从而无法保持专注。

---

[1]　数据来源：Ofcom Children and parents: media use and attitudes report.

（2）缺乏正向激励

忽视积极反馈：有些家长在孩子完成任务时没有给予及时的正向反馈，未能给予足够的鼓励和支持，使得孩子缺乏动力。

（3）只关注结果

只表扬任务完成这一结果，忽略过程中的努力。例如，只说"画完了就好"，不认可孩子中途坚持的行为。

3. AI辅助方案：帮助孩子专注完成任务的工具

（1）环境优化建议

Prompt 示例：

"设计一个结合番茄工作法的互动计时工具，帮助孩子管理时间。"

AI生成内容：AI生成带卡通形象的计时器（如"番茄小熊"），设置25分钟专注时间＋5分钟休息时间。

使用方式：孩子点击"开始"，AI语音："专注时间开始！小熊会陪你一起画画，到时间会提醒你休息！"休息时AI播放放松音乐或引导孩子做简单拉伸。

实际例子：中途孩子想放弃，AI会温柔地提醒："还剩最后3分钟！坚持住，马上就能休息啦，你一定行！"

（2）任务分解与目标设定

Prompt 示例：

"根据孩子的年龄和能力，生成适合的任务分解和目标设定指南。"

例如，AI可以根据孩子的年龄和能力水平，将大任务分解成多个小步骤，并设定具体的目标，如："今天我们要一起完成一幅画，每画完一只小动物休息五分钟。"通过这种方式，帮助孩子逐步建立完成任务的信心和成就感。

（3）正向行为强化

Prompt 示例：

"生成具体的正向反馈模板，帮助家长和教师给予孩子有针对性的鼓励。"

例如，AI可以根据孩子的具体行为和表现，生成详细的正向反馈，如："你今天非常专注地完成了这幅画，这真的很棒！"通过具体的表扬，帮助孩子理解自己的努力和进步，增强他们的自信心和动力。

（4）专注力训练游戏

Prompt 示例：

"设计一系列专注力训练游戏，帮助孩子在游戏中练习集中注意力。"

例如，AI 可以生成一些适合孩子的专注力训练游戏，如"找不同"、"拼图"或"听指令做动作"。这些游戏不仅能提高孩子的注意力，还能让他们在趣味中学习如何更好地控制自己的注意力。

场景 2：电子产品，是"好朋友"还是"大魔王"？

1. 具体问题

在当今数字化时代，电子产品如智能手机、平板电脑和电视等已经成为孩子生活中不可或缺的一部分。对于 4—6 岁的孩子来说，电子产品既可以作为学习和娱乐的工具，也可能成为分散注意力和影响发展的因素。家长和教育者需要了解电子产品的双刃剑效应，并采取适当的措施来引导孩子正确使用电子产品。

2. 具体场景

小华是 5 岁的男孩，最近在家常常沉迷于平板电脑上的动画片和游戏。即使父母提醒他该去画画或玩耍，他也总是不愿意放下手中的设备。在幼儿园里，小华也表现出注意力不集中的问题，在课堂上经常走神。此外，他的睡眠时间也因为晚上玩电子产品而缩短，导致白天精神不佳。家长希望找到一种平衡，既能让孩子享受电子产品的乐趣，又能避免其负面影响。

● 问题表现：小华过度依赖电子产品，减少了与家人和其他孩子的互动时间。在面对非电子屏幕的任务时，小华难以集中注意力，容易分心。

● 潜在原因：孩子对于自身的行为缺少自控力，常以"快乐"情绪为单一目标导向来分配注意力，导致无法完全认识到客体的其他价值所在。

错误示范：

（1）忽视合理使用

放任自流：有些家长认为电子产品可以暂时安抚孩子，因此没有设立合理的使用时间和内容限制，导致孩子过度依赖。

（2）一刀切禁用

极端限制：另一些家长则选择完全禁止孩子使用电子产品，这不仅剥夺了孩子接触现代科技的机会，也可能引发孩子的逆反心理。

（3）缺乏监督

无人监管：有些家长虽然给孩子提供了电子产品，但没有进行有效的监督，使得孩子可能接触到不适合的内容或长时间沉迷其中。

（4）错误示范行为

家长自身榜样不佳：如果家长自己也频繁使用手机或其他电子产品，孩子很可能会模仿这种行为，认为这是正常的使用方式。

3. AI辅助方案：合理使用电子产品的策略

（1）设定使用规则

Prompt示例：

"生成一份详细的电子产品使用规则，帮助家长为孩子设定合理的使用时间和内容。"

例如，AI可以生成一份适合孩子的电子产品使用规则，如："每天最多使用电子产品30分钟，主要用于学习和有益的游戏。""睡前一小时不使用电子产品，以保证充足的睡眠。"通过这种方式，帮助家长为孩子设定明确的界限。

（2）筛选优质内容

Prompt示例：

"推荐适合孩子年龄的优质教育资源和应用程序。"

例如，AI可以根据孩子的年龄和兴趣，推荐一些优质的教育资源和应用程序，如教育类动画片、互动学习游戏等。这些内容不仅能提供娱乐，还能促进孩子的认知发展和提高孩子的学习能力。

（3）定时提醒与奖励机制

Prompt示例：

"生成一个定时器和奖励机制，帮助孩子在规定时间内合理使用电子产品。"

例如，AI可以推荐使用定时器，帮助孩子设定一个合理的时间段来使用电子产品，并在完成后给予适当的奖励，如："如果你使用电子产品能按规定，我们可以一起去公园玩。"通过这种方式，帮助孩子建立时间管理和自我约束的能力。

（4）替代活动建议

Prompt示例：

"生成一系列替代活动建议，帮助孩子在不使用电子产品时保持活跃和对其他活动感兴趣。"

例如，AI 可以生成一些适合孩子的替代活动建议，如户外运动、手工制作、阅读书籍等。这些活动不仅能丰富孩子的生活，还能促进他们的身体和心智发展。

（二）如何集中孩子注意力？

场景 1：简单任务的完成能力

1. 具体问题

对于 4—6 岁的孩子来说，培养简单任务的完成能力是建立专注力的重要一步。这一阶段的孩子开始具备理解并执行简单指令的能力，但他们的注意力持续时间仍然较短，容易被外界干扰。根据耶克斯–多德森定律，任务难度与动机之间存在倒 U 形关系。如果任务过于简单或过于复杂，孩子可能会感到无聊或挫败，从而失去兴趣和专注力。因此，选择适合孩子能力水平的任务至关重要。因此，家长和教育者需要通过适当的引导和支持，帮助孩子逐步提高完成简单任务的能力，从而为更复杂的任务打下基础。

2. 具体场景

小美是 5 岁的女孩，最近在家做简单的拼图时总是无法坚持到最后。她常常在中途停下来玩其他玩具，或者跑去客厅看动画片。即使父母在一旁监督，她也很难保持专注，经常需要多次提醒才能回到任务上。同时，家长也不知道如何有效地引导她专注于完成任务。

● **问题表现**：小美在完成简单任务时容易被外界因素干扰，如玩具或电视声音。她难以长时间专注于单一任务，经常中途放弃或转移注意力。家长在监督小美时感到无力，不知道如何有效地引导她保持专注。

● **潜在原因**：任务的趣味性和适度的挑战性是保持孩子专注力的关键。如果任务过于单调或缺乏互动性，孩子可能会失去耐心，转而寻找更有趣的活动。

错误示范：

（1）过度干预

频繁打断：有些家长为了让孩子集中注意力，会频繁打断并提醒孩子，这反而会增加孩子的焦虑感，导致他们更难专注于任务。

（2）忽视环境优化

未减少干扰：家长有时没有意识到环境中的干扰因素对孩子注意力的影响，如电视开着、玩具随意摆放等，这些都会分散孩子的注意力。

（3）任务设置不合理

任务难度不合适：有些家长给孩子布置的任务过于简单或过于复杂，导致孩子要么觉得无聊，要么感到挫败，从而无法保持专注。

（4）缺乏正向激励

忽视积极反馈：有些家长在孩子完成任务时没有提供及时的正向反馈，未能给予足够的鼓励和支持，使得孩子缺乏动力。

3. AI辅助方案：提高简单任务完成能力的工具

（1）家庭任务完成挑战赛

Prompt示例：

"根据孩子的年龄和能力，生成合适的家庭任务完成挑战赛。"

AI生成内容：AI提供可打印的积分榜模板，家长贴在冰箱或墙上。

使用方式：每完成一个小任务（如"整理书包""擦桌子"），孩子就可获得1颗星星贴纸，集满5颗可兑换"家庭电影之夜"。

AI语音提示："妈妈刚刚帮你贴了一颗星星！离电影之夜只剩2颗星星啦！"

实际例子：小美完成拼图后，AI建议："把星星贴纸贴在魔法任务栏，爸爸的'洗碗任务'星星比你多一颗哦！"通过这种方式，帮助孩子逐步建立起完成任务的信心和成就感。

（2）任务进度可视化工具

Prompt示例：

"设计一个用积木或乐高展示任务进度的系统。"

AI生成内容：AI提供任务进度模板（如"每读完一个绘本，就搭一块积木"），家长用积木搭建"进度塔"。

使用方式：孩子每完成一个步骤，家长和孩子就一起搭一块积木，完成后塔会"长高"。

AI语音提示："进度塔已经到第三层了，再搭一层就能看到塔顶的宝藏啦！"

实际例子：小美读绘本时打开平板，AI 说："进度塔现在只有两块积木，快继续读绘本让塔变高吧！"并通过具体的表扬，帮助孩子理解自己的努力和进步，增强他们的自信心和动力。

场景 2：基本指令的执行能力

1. 具体问题

对于 4—6 岁的孩子来说，基本指令的执行能力是发展专注力和自律性的重要组成部分。这一阶段的孩子开始具备理解并执行简单指令的能力，但他们的认知和语言技能仍在发展中，容易受到外界干扰或误解指令。孩子在前运算阶段的逻辑思维尚未成熟，难以处理复杂的指令，因此需要家长和教育者提供清晰、具体的指导和支持。

2. 具体场景

小莉是 5 岁的女孩，最近在家听从父母的基本指令时总是出现问题。例如，当父母告诉她"请把玩具收好"时，她常常忘记或者只做了一半就跑去玩别的东西。在学校里，她也经常因为分心而未能按时完成老师布置的任务。小莉这种对指令执行不佳的情况让家长和老师感到担忧。

● **问题表现**：小莉难以理解基本的指令，如"先穿袜子再穿鞋"。在执行指令时容易分心，无法持续关注指令内容。对于不熟悉或新的指令，表现出困惑或抗拒。执行指令时缺乏持久性，容易中途放弃。

● **潜在原因**：任务难度需介于儿童独立完成水平与潜在发展水平之间。现实中家长常根据生理年龄而非实际能力设置任务，导致任务挑战性不足（引发无聊）或超出认知负荷（导致挫败）。

错误示范：

（1）指令过于复杂

例如，"请你先把书包整理好，再去洗手，然后吃点心"这样的多步骤指令对于 4—6 岁的孩子来说过于复杂，孩子可能会记不住所有的步骤，导致无法正确执行。应将复杂的指令分解成简单的、一步一步的指示。

（2）忽视反馈机制

例如，家长没有确认孩子是否理解指令，就直接让孩子去执行。忽略对孩子理解程度的确认，可能导致孩子在执行过程中出现困惑或错误。及时的反馈可以帮助孩子更好地理解和执行指令，增强他们的信心。

（3）频繁改变指令

例如，在孩子执行过程中不断更改要求，如："先这样做，不对，现在换一种方式。"频繁改变指令会使孩子感到困惑，无法专注于当前任务，最终导致指令执行效果不佳。

（4）缺乏一致性

例如，有时说"饭前要洗手"，有时又说"这次不用洗了"。规则不一致会使孩子感到混乱，不知道该遵循哪种指令，从而降低他们对指令的信任度和执行意愿。

3. AI辅助方案：提高基本指令执行能力的工具

（1）简化指令

Prompt示例：

"生成简化的指令模板，帮助家长和教师用简洁明了的方式传达指令。"

例如，AI可以根据孩子的年龄和理解能力，生成简化的指令模板，如："先穿袜子，再穿鞋。""请把玩具放进箱子里。"通过这种方式，确保孩子能够清楚理解每个步骤。

（2）分步引导

Prompt示例：

"设计一个分步引导程序，帮助孩子逐步完成多步骤任务。"

例如，AI可以生成一个分步引导程序，将复杂的任务分解成多个简单的步骤，并逐步引导孩子完成，如："第一步，请把书放在桌子上；第二步，请把铅笔放进文具盒。"通过这种方式，帮助孩子逐步建立完成多步骤任务的信心和能力。

（3）视觉辅助工具

Prompt示例：

"生成一系列视觉辅助工具，如图片、卡片或图表，帮助孩子更好地理解和执行指令。"

例如，AI可以生成一些适合孩子的视觉辅助工具，包括图片、卡片或图表，展示每个步骤的具体操作，如："穿上袜子"的图片配上相应的文字说明。

通过这种方式，帮助孩子更直观地理解指令。

（4）互动式练习游戏

Prompt 示例：

"设计互动式练习游戏，帮助孩子在游戏中练习执行指令。"

例如，AI 可以生成一些互动式练习游戏，如"听指令做动作"，让孩子在游戏中练习执行简单的指令，如："当我说'跳'，你就跳起来。"通过这种方式，帮助孩子在趣味中学习如何更好地理解和执行指令。

（三）如何用 AI 定制任务表？

场景：制定有针对性的任务表

1. 具体问题

对于 4—6 岁的孩子来说，定制化任务表可以帮助他们更好地理解任务、养成规律的生活习惯，并逐步提高专注力和自我管理能力。然而，传统的任务表可能过于通用，无法充分考虑到每个孩子的个性特点和发展需求。AI 技术可以根据孩子的年龄、兴趣、认知水平等因素，生成个性化、动态调整的任务表，从而更有效地支持孩子的成长。

2. 具体场景

小明是 5 岁的男孩，最近家长发现他很难按时完成日常任务，如整理玩具、刷牙洗脸等。虽然家长已经尝试使用简单的任务表，但效果不佳，小明仍然经常忘记或不愿意执行任务。家长希望通过 AI 定制一个更适合小明的任务表，以提高他的专注力和自律性。

● **问题表现**：小明难以记住和按时完成多个日常任务。对于单调的任务表，小明感到无聊，缺乏动力。家长难以持续跟踪任务完成情况，及时调整任务难度和类型。

● **潜在原因**：传统的任务表缺乏个性化和趣味性，无法激发孩子的兴趣和动力。传统任务表往往用成人的逻辑设计（如"整理玩具""按时刷牙"），没有把任务和孩子喜欢的元素结合起来。比如针对喜欢动物的孩子，如果把"整理玩具"改成"帮熊猫宝宝建个整洁的家"，孩子会更愿意参与。

错误示范：

（1）目标设定不现实

例如，给孩子设定了过高的期望，一天内完成过多的任务或要求孩子执行超出其年龄和能力范围的任务。这可能导致孩子感到压力大，甚至产生抵触情绪。应根据孩子的年龄、兴趣和能力来设定适当的目标，确保每个任务都是可实现的，并且在孩子的能力范围内。

（2）缺乏灵活性

例如，任务表过于僵化，没有考虑到突发情况（如家庭聚会、孩子生病等），导致孩子感到压力大或无法适应。设计时应考虑一定的弹性，允许偶尔的调整或例外，让孩子知道即使有时候不能按照计划行事，也没有关系。

（3）忽略孩子的参与

例如，家长单方面决定所有任务，没有给孩子选择的机会，使得孩子对任务缺乏兴趣或动力。鼓励孩子参与到任务表的设计中来，让他们自己挑选某些任务或奖励，能增强他们的责任感和积极性。

3. AI 辅助方案

（1）个性化任务生成

Prompt 示例：

"根据孩子的年龄、兴趣和认知水平，生成个性化的任务表。"

例如，AI 可以根据小明的兴趣（如喜欢动物）生成个性化的任务表，如："今天的小任务：像小兔子一样快速整理玩具。"通过这种方式，使任务更加有趣，吸引孩子的注意力。

（2）动态调整任务难度

Prompt 示例：

"根据孩子的任务完成情况，动态调整任务难度和类型。"

例如，AI 可以实时监控小明的任务完成情况，如果发现他轻松完成了当前任务，可以适当增加任务难度；反之，如果任务过于困难，AI 会自动简化任务。通过这种方式，确保任务始终具有挑战性但不过于复杂。

AI 定制任务表示例（见表 6-1、表 6-2）

孩子信息

姓名：小明

年龄：5 岁

兴趣爱好：动物、绘画、户外活动

表 6-1　每日任务表

时间段	任务名称	任务描述	完成情况	奖励机制
7:00—7:30	起床与洗漱	像小兔子一样快速起床，刷牙洗脸，整理床铺		完成后获得一颗星星贴纸
8:00—8:15	早餐时间	和家人一起吃早餐，饭后清理自己的餐具		完成后获得一个小动物贴纸
9:00—9:30	绘画时间	选择喜欢的动物主题进行绘画		完成后可以获得家长的一次表扬
10:00—10:30	户外活动	在小区花园里观察并记录看到的小动物		完成后可以获得一次户外玩耍时间
12:00—12:30	午餐时间	吃完午餐后帮忙收拾餐桌		完成后可以获得一个可爱的小玩具
14:00—14:30	午休时间	安静午睡，醒来后整理床铺		完成后可以获得一次故事时间
16:00—16:30	整理玩具	把玩过的玩具放回原处，保持房间整洁		完成后可以获得一次额外的游戏时间
18:00—18:30	晚餐时间	吃完晚餐后帮助家人收拾碗筷		完成后可以获得一次亲子阅读时间
19:00—19:30	自由活动	可以选择自己喜欢的活动，如看书、画画或玩积木		
20:00—20:30	准备睡觉	洗澡换睡衣，整理明天要穿的衣服		完成后可以获得一次睡前奖励

表 6-2　每周总结

日期	总体完成情况	表现亮点	改进点	下周计划调整
2025-06-30				
2025-07-07				
2025-07-14				

特别奖励机制

每周之星：如果一周内所有任务都按时完成，可以获得"每周之星"徽章。

周末特别活动：连续两周表现优秀，可以获得一次特别的家庭活动，如去动物园或游乐场。

愿望清单：每完成一定数量的任务，可以选择一件心愿物品或体验。

使用说明

任务描述：每个任务都有简短而清晰的描述，确保孩子能够理解并执行。

完成情况：每天晚上可以和孩子一起回顾当天的任务完成情况，并在表格中标记完成状态（√/×）。

奖励机制：根据孩子的完成情况给予即时奖励，增强他们的成就感和动力。

动态调整：根据孩子的表现和反馈，适时调整任务难度和类型，确保任务始终具有挑战性但不过于复杂。

✦ 三、如何培养孩子的沟通能力？

（一）怎样锻炼口语表达能力？

场景 1：亲子故事时光：让语言在温暖中萌芽

1. 具体问题

对于 4—6 岁的孩子来说，口语表达能力是其沟通能力和社交技能发展的基础。通过与父母共同参与故事时光，孩子不仅能够提高词汇量，增进对语法结构的理解，还能增强情感交流和想象力。根据布鲁纳的语言习得理论，儿童需要在丰富且有意义的语言环境中学习语言。然而，很多家长不知道如何有效地利用这一时间段来促进孩子的语言发展。

2. 具体场景

小丽是 5 岁的女孩，最近妈妈发现她在家不太愿意说话，即使是在玩耍时也很少主动表达自己的想法。为了改善这种情况，妈妈希望通过每天的亲子故事时光，鼓励小丽多开口说话，并提高她的口语表达能力。

错误示范：

（1）选择不适合的故事书

例如，选择了一些过于幼稚或复杂的书籍，如《小蝌蚪找妈妈》或《百科全书》。不适合孩子年龄和认知水平的故事书可能导致孩子失去兴趣或感到困惑。应选择适合孩子年龄和发展水平的书籍，既能吸引孩子的注意力，又能挑战他们的理解能力。

（2）讲故事方式单调

家长总是用同样的语调和节奏讲故事，缺乏变化。单调的讲述方式容易使孩子感到无聊，难以集中注意力。可以通过改变语调、添加表情和手势，使故事更加生动有趣，吸引孩子的注意。

（3）缺乏互动环节

家长只是单纯地读故事，没有提问或邀请孩子参与。缺乏互动会让孩子觉得故事是单向的信息传递，而不是双向的交流。应设置互动环节，如提问、猜测故事情节或角色扮演，鼓励孩子积极思考和表达。

（4）忽视孩子的反馈

家长没有关注孩子的反应，继续按计划讲完故事。忽视孩子的反馈可能导致他们对故事失去兴趣。应时刻关注孩子的反应，适时调整讲述方式或内容，确保故事符合孩子的兴趣和需求。

（5）过分强调正确答案

当孩子回答问题时，家长总是纠正孩子的错误，而不给予肯定。过分强调正确答案可能打击孩子的自信心，抑制他们的表达意愿。应更多地鼓励和表扬孩子的尝试，帮助他们建立自信。

3. AI辅助方案

（1）选择适合的故事书

Prompt 示例：

"根据孩子的年龄、兴趣和发展水平，推荐适合的故事书。"

例如，AI 可以根据小丽的兴趣（如喜欢动物）推荐一些生动有趣的故事书，如《彼得兔》或《彩虹鱼》。这些书不仅能吸引孩子的注意力，还能通过丰富的插图和情节激发他们的想象力和表达欲望。

（2）创造互动式讲故事体验

Prompt 示例：

"设计互动环节，让孩子参与到故事中来。"

例如，在讲故事的过程中，可以设置一些互动环节，如提问、猜测故事情节或角色扮演，如："你觉得接下来会发生什么呢？""如果你是小兔子，你会怎么做？"通过这种方式，鼓励孩子积极思考和表达自己的观点。

（3）鼓励孩子复述故事

Prompt 示例：

"引导孩子用自己的话复述故事，以增强语言表达能力。"

例如，每次讲完一个故事后，可以鼓励小丽用自己的话复述一遍。这不仅能加深她对故事内容的理解，还能锻炼她的语言组织能力和表达能力。如果遇到困难，家长可以适时给予提示和帮助。

（4）引入开放性讨论

Prompt 示例：

"提出开放性问题，引导孩子进行深层次的思考和讨论。"

例如，在故事结束后，可以提出一些开放性的问题，如："你最喜欢故事中的哪个部分？为什么？""如果你遇到同样的情况，你会怎么处理？"通过这种方式，鼓励孩子表达自己的想法和感受，同时也能培养批判性思维能力。

（5）结合日常生活

Prompt 示例：

"将故事中的情节与现实生活联系起来，帮助孩子理解并应用所学知识。"

例如，可以选择一些与日常生活相关的故事，如《我爱我家》或《上学第一天》，并通过讨论将故事中的情境与现实生活联系起来，如："我们家也有像故事里一样的温馨时刻呢！"通过这种方式，帮助孩子更好地理解和应用所学的知识，增强实际生活中的语言表达能力。

场景2：语言表达深度培养

1. 具体问题

对于4—6岁的孩子来说，语言表达的深度不仅限于简单的词汇和句子结构，还包括理解复杂的情感、描述抽象的概念以及进行批判性思考。通过有针对性的语言活动，可以逐步提升孩子的语言表达深度，帮助他们更准确地表达自己的想法和感受，并与他人进行更有意义的交流。

2. 具体场景

小华是 5 岁的男孩，家长发现他在描述事情时常常语无伦次，缺乏逻辑性和连贯性。虽然他能说出一些单词和短句，但在表达复杂情感或经历时显得力不从心。为了帮助小华提升语言表达的深度，家长希望通过一系列有针对性的活动来促进他的语言发展。

● 问题表现：小华难以描述复杂的情感或经历，如："我今天很开心，因为……"表达时缺乏逻辑性和连贯性，容易跳跃式叙述。对抽象概念的理解和表达能力有限，无法清晰传达自己的观点。

● 潜在原因：孩子的认知发展尚未完全成熟，难以理解和表达复杂的情感和抽象概念。缺乏逻辑思维的训练，导致表达时缺乏条理性和连贯性。

错误示范：

（1）过于强调正确答案

当孩子尝试表达复杂情感时，家长总是纠正孩子的错误，而不给予肯定。过分强调正确答案可能打击孩子的自信心，抑制他们的表达意愿。应更多地鼓励和表扬孩子的尝试，帮助他们建立自信。

（2）忽视情感表达的重要性

家长只关注孩子是否能准确描述事实，而忽视了情感表达。情感表达是语言表达深度的重要组成部分。应鼓励孩子表达自己的情感和感受，帮助他们更好地理解自己和他人。

（3）缺乏逻辑引导

家长没有引导孩子按照一定的逻辑顺序讲述事情。缺乏逻辑引导可能导致孩子的表达混乱。应通过提问和提示，帮助孩子厘清思路，逐步构建有条理的表达方式。

（4）过早地引入抽象概念

家长试图让孩子立即理解复杂的抽象概念，如时间、空间等。过早地引入抽象概念可能会让孩子感到困惑。应循序渐进，先从具体的物体和情境入手，逐渐过渡到抽象概念。

3. AI辅助方案

（1）运用五感描述物体特征

Prompt 示例：

"引导孩子使用五感来描述物体特征。"

AI 辅助方案：

多媒体资源：AI 可以提供丰富的多媒体资源，如图片、音频和视频，帮助孩子更好地理解五感的概念，并通过互动练习加深印象。

感官体验游戏：AI 可以设计感官体验游戏，让孩子通过触摸、闻味、听声音等方式，学习如何用语言描述不同的感觉。

（2）学习比喻和类比的表达方式

Prompt 示例：

"引导孩子使用比喻和类比来丰富表达。"

AI 辅助方案：

比喻生成器：AI 可以根据孩子的输入生成有趣的比喻，如"月亮像一个大银盘挂在天上"，并通过例子帮助孩子理解比喻的作用。

类比练习题：AI 可以提供类比练习题，让孩子将抽象概念与熟悉的事物联系起来，如"时间像流水一样流逝"，并通过即时反馈帮助孩子掌握类比的表达方法。

（二）怎样训练优秀的逻辑思维？

场景：结构化表达能力薄弱

1. 具体问题

4—6岁的孩子处于前运算阶段，他们的思维开始从具体形象向符号化转变。他们在表达时缺乏逻辑性和连贯性，容易跳跃式叙述，难以按照事件发生的顺序清晰讲述事情的经过。同时，孩子在表达复杂内容时，无法有效地整理想法，导致表达混乱。

2. 具体场景

5岁的小明在表达时，常常从一个话题突然跳到另一个话题，使得家人难以跟上他的思路。小明没有接受过如何按逻辑顺序组织语言的指导，也没有明确的叙事框架来帮助他整理思路。

● **问题表现**：小明在讲述假期经历时，常常跳跃式叙述，难以保持逻辑连贯性。

● **潜在原因**：缺少结构化的表达指导，没有明确的叙事框架。

错误示范：

（1）忽视结构化表达

家长没有引导小明使用结构化的表达方式，导致他的发言显得杂乱无章，难以被其他人理解。

（2）过度干预

家长过多地纠正小明的表达，可能会打击他的自信心，使他不敢主动表达。

（3）简单粗暴的批评

家长直接责备小明："你怎么总是说不清楚？"这种批评不仅伤害了他的自尊心，还可能让他因为害怕犯错而不敢再尝试表达。

3. AI辅助方案：思维导图生成器

Prompt 示例：

"提供一个简单易用的思维导图生成器，帮助孩子直观地看到内容的结构。"

例如，在准备讲述"我的暑假"时，AI帮助小丽绘制思维导图，中心主题为"我的暑假"，延伸出几个分支，如"旅行""学习""家人时间""娱乐活动"等，再在每个分支下添加具体细节（见图6-1）。

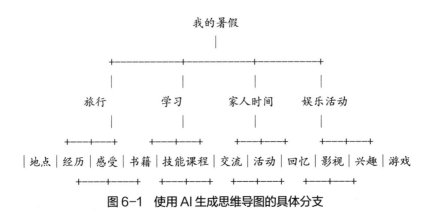

图6-1 使用AI生成思维导图的具体分支

（三）如何提升孩子的倾听与理解能力？

场景 1：主动倾听训练

1. 具体问题

对于学龄前的孩子来说，主动倾听是锻炼有效沟通的基础。然而这一阶段，孩子在对话中经常出现容易分心，未能专注于对方的讲话的情况；并且听取信息后难以复述或总结主要内容，这表明没有真正理解。此外，在多人对话中，孩子难以轮流发言，打断别人讲话的情况频繁发生。

2. 具体场景

小明在家中与父母对话时，常常被电视或其他玩具吸引，未能专注于父母的讲话。无法记住父母说的内容，导致需要重复解释。

● 问题表现：小明在对话中容易被外界事物吸引，如玩具或电视，导致注意力分散。无法复述或总结父母的话，表明他没有真正理解对话内容。

● 潜在原因：缺乏倾听技巧的训练，导致孩子不知道如何有效地接收和处理信息。家庭对话模式可能存在问题，如家长语速过快或内容过于复杂，超出孩子的理解能力。

错误示范：

（1）忽视环境因素

家长在与孩子对话时，没有控制周围的干扰因素，如电视声音或手机通知，使得孩子难以专注于对话。

（2）简单粗暴的批评

家长直接责备小明可能使其对沟通产生抵触情绪。

（3）代替孩子解决问题

家长发现小明分心后，直接替他说出答案，剥夺了他练习倾听的机会。

3. AI 辅助方案

（1）情境模拟与角色扮演

Prompt 示例：

"创建一个虚拟家庭对话场景，让孩子练习专注于对话。"

例如，AI 提供一个虚拟的家庭对话场景，设定为"晚餐时间的聊天"，并提醒孩子在对话中保持专注，同时提供即时反馈，如："你刚才做得很好，一直看着妈妈说话。"

（2）专注力训练游戏

Prompt 示例：

"设计互动游戏，帮助孩子提高专注力和倾听能力。"

例如，AI 设计一个简单的互动游戏，如"谁记得最多"，家长和孩子轮流讲述一段简短的故事，然后互相提问，看看谁能记住更多细节。

场景 2：理解能力提升

1. 具体问题

孩子在理解和处理信息时面临的主要问题是难以理解复杂的句子和抽象的概念，在对话中经常误解对方的意思，导致沟通不顺畅。在阅读或听故事时，他们无法抓住主要内容和关键信息，理解隐含意思和非字面表达的信息存在困难。此外，在多人对话中，孩子难以跟上话题转换，容易迷失讨论的方向，并且需要频繁提问来澄清内容，这不仅影响交流的流畅性，也使得他们在面对复杂信息时感到困惑和不安。

2. 具体场景

小明在家中听到父母说"我们待会儿再讨论"，他误以为是"我们现在就不讨论了"。晚餐时间，父母继续讨论周末去公园，小明没有回应，因为他认为这件事已经不再讨论了。父母发现后询问，才知道小明误解了他们的意思。

● **问题表现：**小明听不懂隐含意思，如"待会儿再讨论"被理解为"现在就不讨论了"。家长解释复杂句子时，小明容易分心或失去兴趣。

● **潜在原因：**家长在日常对话中未能充分阐释复杂句子或隐含信息，孩子缺乏足够的练习机会来理解这些表达方式。

错误示范：

（1）忽视解释细节

家长或教师在与孩子交流时，没有充分解释复杂句子或隐含意思，导致孩子产生误解。

（2）简单粗暴的批评

家长直接责备孩子："你怎么总是听不懂？"这种批评不仅会伤害孩子的自尊

心，还可能让他们对沟通产生抵触情绪。

（3）代替孩子思考

家长发现孩子误解后，直接替他们说出正确答案，剥夺了孩子练习理解的机会。

3. AI辅助方案

（1）阅读理解训练游戏

Prompt 示例：

"设计互动游戏，帮助孩子提高阅读理解能力。"

例如，AI 设计一个阅读理解游戏，如"找关键信息"，孩子需要在故事中找出关键人物、事件和地点，并回答相关问题。AI 会根据孩子的表现提供即时反馈和改进建议。

（2）互动式故事讲解

Prompt 示例：

"创建一个虚拟讲故事环境，帮助孩子理解故事背后的意义。"

例如，AI 模拟一个真实的讲故事场景，设定为"童话故事时间"，孩子可以在听完故事后回答关于故事的问题，如："这个故事告诉我们什么道理?"AI 会根据孩子的回答提供进一步的解释和引导。

（3）关键词识别训练

Prompt 示例：

"设计关键词识别练习，帮助孩子在阅读中抓住重点。"

例如，AI 提供一段简短的故事，孩子需要标记出其中的关键信息，如人物、地点、事件等。AI 会根据孩子的标记情况提供即时反馈和改进建议，帮助孩子逐步提高阅读理解能力。

场景 3：情感共鸣培养

1. 具体问题

孩子在情感共鸣方面的主要问题是难以识别和理解他人的情绪，缺乏分享感受和表达同理心的能力。他们可能无法准确感知他人的情感状态，也不知道如何适当地回应和支持他人。此外，孩子在面对负面情绪时，往往不知道如何处理自己的情感反应，这影响了他们的人际关系和社交技能的发展。

2. 具体场景

小明在学校看到同学小华因为丢失了心爱的玩具而哭泣，但他只是站在一旁，不知道该如何安慰小华。回家后，小明告诉父母："小华今天哭了，但我什么也没做。"

● **问题表现**：小明未能识别到小华需要安慰和支持，缺乏情感共鸣的能力。

● **潜在原因**：家长在日常生活中没有引导孩子关注他人的情绪变化，也没有教导他们如何表达同情和支持。

错误示范：

（1）忽视情感教育

家长在日常生活中没有重视情感教育，忽视了对孩子情感共鸣能力的培养。

（2）简单粗暴的批评

当孩子未能表现出情感共鸣时，家长直接责备："你怎么这么冷漠？"这种批评不仅会伤害孩子的自尊心，还可能让他们更加难以表达情感。

（3）代替孩子解决问题

家长发现孩子不知所措时，直接替他们解决问题，剥夺了孩子学习处理情感的机会。

（4）过度保护

家长总是试图避免让孩子接触负面情绪，使得孩子缺乏应对复杂情感的经验。

3. AI 辅助方案

（1）识别他人情绪的练习

Prompt 示例：

"为孩子设计一个虚拟情境，设定为'学校操场'。"

在这个情境中，孩子会遇到不同情绪（如开心、难过、生气等）的同学，并被提示观察他们的表情和行为，猜测他们的情绪状态，如："你看到小华在哭，你觉得她现在是什么心情？"

（2）同理心游戏

Prompt 示例：

"创建互动式同理心游戏，让孩子通过角色扮演来体验他人的情感。"

例如："你现在是小丽，你的表哥刚刚告诉你他在学校遇到了麻烦，你会怎么回应他？"AI会根据孩子的回答提供即时反馈，帮助他们更好地理解和表达同理心。

（3）情感反馈训练

Prompt 示例：

"设计情感反馈训练模块，帮助孩子学会正确处理和表达自己的情感。"

例如，AI可以提供一系列情景，如："如果你和朋友发生了争执，你会怎么做？"并根据孩子的选择提供改进建议，如："当你感到生气时，试着深呼吸，然后平静地表达你的感受。"

（4）善用AI生成注意事项（见表6-3）

表6-3　善用AI生成注意事项

家长注意事项	避免的做法
1. 给予空间：让孩子有自主交往的机会	1. 强迫孩子与人交往
2. 耐心等待：不同孩子社交节奏不同	2. 过分纠正说话方式
3. 以身作则：展示友善的态度	3. 给予过多社交要求
4. 及时鼓励：肯定孩子的社交尝试	4. 对比不同孩子的表现
5. 创造机会：提供更多交友环境	5. 批评孩子的害羞表现

沟通能力的培养是一个渐进的过程，需要家长的耐心引导和持续陪伴。记住，每个孩子都是独特的个体，我们的目标不是培养一个能说会道的"小大人"，而是帮助孩子找到属于自己的表达方式，让他们能够自信、从容地与这个世界对话。

◆ 四、如何激发孩子的求知欲望？

"我完全不知道他对什么感兴趣，感觉他对什么都没兴趣，每天过得浑浑噩噩。"我的一位朋友向我诉苦。每个孩子生来就是小小的探索家，他们的眼睛里闪烁着对世界的好奇。然而，在成长的过程中，这份好奇心可能会逐渐消退。作为父母和教育者，我们如何保护并培养孩子与生俱来的探索精神？

（一）如何配合孩子探索世界？

1. 具体问题

孩子在成长过程中，可能会逐渐失去对周围世界的好奇心，不再主动探索新事物。这种现象可能是由于缺乏鼓励和支持，或是因为孩子在探索过程中遇到挫折而感到失望和畏惧。此外，过于保护或限制孩子的探索行为也可能抑制他们的好奇心。

2. 具体场景

小明曾经非常喜欢观察大自然，常常问父母关于植物和动物的问题。但随着时间推移，他变得越来越被动，不再主动去了解新的事物。当父母带他去公园时，他只是机械地跟随，不再像以前那样充满好奇地提问。

● **问题表现**：小明不再主动探索新事物，失去了对世界的兴趣。

● **潜在原因**：家长没有持续鼓励和支持小明的好奇心，或者在他提出问题时未能给予足够的重视和解答。

错误示范：

（1）忽视问题

家长或教师对孩子的问题不感兴趣或不耐烦，例如回答："这个问题以后再说。"这会让孩子觉得自己的问题不被重视。

（2）缺乏耐心

家长或教师在回答孩子问题时缺乏耐心，未能提供详细的解释，使得孩子感到困惑和失望。

3. AI 辅助方案

（1）提问激励游戏

Prompt 示例：

"设计互动游戏，鼓励孩子提出问题并寻找答案。"

例如，"小小探索家"游戏，孩子可以通过提出问题来解锁新的科学知识，并通过实验验证答案。

（2）即时反馈和鼓励

Prompt 示例：

"通过语音助手提供即时反馈和鼓励，帮助孩子克服提问中的困难。"

例如，当孩子提出一个问题时，AI 会说："这是一个很棒的问题！让我们一起来寻找答案吧。"

（3）提问记录与奖励机制

Prompt 示例：

"为孩子设计一个提问记录工具，记录他们每天提出的问题，并设定奖励机制。"

例如，每周提出最多问题的孩子可以获得小奖品，以激励他们保持提问的习惯。

（二）如何培养孩子主动的问题思维？

1. 具体问题

孩子在成长过程中可能会逐渐失去主动提问的习惯，不再积极寻求答案。梅耶的信息加工模型指出，有效的理解涉及选择性注意、编码和存储信息的过程。如果孩子在提问时得不到满意的回应，他们可能会逐渐失去对信息加工的兴趣。如果孩子的提问习惯没有得到充分发展，可能会影响他们在语言智能和其他方面的潜力发挥。

2. 具体场景

小华在学校里曾经是一个喜欢提问的学生，但随着时间推移，他变得越来越沉默，不再像以前那样频繁举手发言。当老师讲解新知识时，他也不再像以前那样积极提问。

● 问题表现：小华不再主动提问，失去了对知识的追求。

● 潜在原因：老师在课堂上未能充分关注每个学生的问题，或者回答得不够详细，使得小华感到提问无用。

错误示范：

（1）忽视问题

家长或教师对孩子的问题不感兴趣或不耐烦，例如回答："这个问题以后再说。"孩子会觉得自己的问题不被重视，逐渐减少提问。

（2）缺乏耐心

家长或教师在回答孩子问题时缺乏耐心，未能提供详细的解释，使得孩子感到困惑和失望。孩子觉得提问无用，逐渐失去提问的兴趣。

3. AI辅助方案

提问激励游戏

Prompt 示例：

"设计互动游戏，鼓励孩子提出问题并寻找答案。"

例如，"小小科学家"，孩子可以通过提出问题来解锁新的科学知识，并通过实验验证答案。

具体操作：AI 可以根据孩子的年龄和兴趣，生成一系列有趣的问题，如："为什么天空是蓝色的？""植物为什么会进行光合作用？"每解决一个问题，孩子就可以获得虚拟奖励，激励他们继续提问。

（三）如何调动孩子动手实践的兴趣？

1. 具体问题

自我决定理论指出，内在动机（如好奇心和求知欲）对于长期的学习和发展至关重要。如果孩子在实践中遇到挫折且得不到适当的指导，他们的内在动机可能会减弱。孩子在成长过程中可能会逐渐失去对手动实践的兴趣，不再积极参与实践活动。此外，过于强调理论学习而忽视动手实践也可能抑制孩子的实践兴趣。

2. 具体场景

小丽在学校里很少有机会参与手工课或科学实验，回到家后也没有足够的材料进行实践。因此，她逐渐失去了对手动实践的兴趣，更喜欢看电视或玩电子设备。

● 问题表现：小丽不再积极参与实践活动，失去了对手动实践的兴趣。

● **潜在原因**：学校和家庭未能提供足够的动手实践机会，使得孩子缺乏实践经验和成就感。

错误示范：

（1）忽视实践机会

家长或教师忽视动手实践的重要性，过于强调理论学习，导致孩子失去对实践的兴趣。或当孩子在实践中犯错时，家长或教师直接责备："你怎么又把东西弄坏了？"孩子缺乏实践经验，难以将理论知识应用到实际生活中。

（2）过度保护

家长总是试图避免让孩子接触新事物或冒险，使得孩子缺乏实践的机会和勇气。

3. AI辅助方案

（1）即时反馈和鼓励

Prompt示例：

"通过语音助手提供即时反馈和鼓励，帮助孩子克服实践中的困难。"

例如，当孩子遇到难题时，AI会说："你已经做得很好了！再试试这个方法。"

具体操作：AI可以设置一个"实践日志"，记录孩子的每一次实践经历，并定期总结孩子的进步和成就，增强孩子的自信心和成就感。

理论支持：根据动机理论，即时反馈和鼓励可以增强孩子的内在动机，促使他们更愿意尝试和探索。

（2）实践任务管理工具

Prompt示例：

"为孩子设计一个实践任务管理工具，设定每日或每周的小任务，如'今天我们要做一个纸飞机'。"

具体操作：AI可以生成详细的实践计划，包括所需工具、步骤指南和安全提示。完成后，AI会生成一份成就报告，表扬孩子的实践精神，并建议下一次可以尝试的新任务。

理论支持：根据元认知策略，实践任务管理工具可以帮助孩子学会自我监控和调节，提高学习效果。

第七章

小学阶段（7—12 岁）：如何
培养和巩固学习兴趣？

"

　　随着孩子步入小学阶段，他们开始了一段新的学习旅
程。在这个关键时期，孩子们不仅需要学习知识，而且需
要培养正确的价值观、基础品德，以及发现和培养自己的
兴趣特长。

"

序幕：价值与兴趣的种子

　　在一个阳光明媚的下午，小梅和妈妈在公园的沙坑边玩耍。小梅捡到了一只不属于她的闪亮发卡，她的眼睛里闪烁着犹豫的光芒。妈妈温柔地蹲下来，目光与女儿齐平："小梅，如果你是发卡的主人，你会希望它被怎样对待呢？"……

　　"再来一次，这次要更准确。"小雨的肩膀微微下垂，她多想告诉妈妈，她更喜欢画画，而不是无休止地练习小提琴……

　　这样的日常瞬间，看似平凡，却是塑造孩子价值观的关键时刻。在这个阶段，孩子们面临着无数的选择，每一次选择都是价值观形成的机会。那么，如何在不牺牲孩子快乐童年的前提下，培养他们的责任感、同理心和坚韧不拔的精神，同时避免走入教育的误区，就显得尤为重要。

✦ 一、如何引导孩子树立正确的价值观？

（一）如何引导孩子遵循基础品德？

场景1：诚信意识淡薄

1. 具体问题

　　在儿童发展的前习俗水平阶段，诚信作为一个道德观念正在快速嵌入孩子的认知框架中，但并未在这个年龄段的孩子心中完全内化。他们的行为更多受到外界规则和期望的影响，而非内在的道德原则。这意味着孩子更倾向于关注行为的直接后果，而不是其背后的道德价值。这种认知局限使得他们难以全面理解诸如撒谎带来的长期负面影响，如破坏信任关系、损害个人信誉等。因此，当面临可能带来惩罚的或尴尬的情境时，孩子可能会选择撒谎以逃避责任，而未能充分认识到诚实的重要性及其带来的长远益处。

2. 具体场景

果果是小学三年级学生，他在一次数学测试中没有完成题目，但在老师检查时谎称自己忘带试卷。家长后来得知实情后非常担忧，认为孩子缺乏诚信意识，但又不知如何正确引导。

- 问题表现：果果为了避免惩罚选择撒谎，而没有意识到诚信的重要性。
- 潜在原因：孩子可能害怕被责备，或者不清楚撒谎的后果和诚实的价值。

错误示范：

（1）简单粗暴的批评

家长发现孩子撒谎后，直接责骂："你怎么又撒谎了！太让我失望了！"这种批评只会让孩子更害怕承认错误，形成新的撒谎习惯。

（2）漠视问题的严重性

家长不重视撒谎行为，例如，对孩子说："没关系，下次别撒谎就好了。"这种态度会让孩子以为撒谎是一件无关紧要的事情。

（3）以暴制暴

家长通过揭穿谎言并公开羞辱孩子，例如，当着其他人的面说："你就会撒谎，连这点小事都不敢承认！"这会损害孩子的自尊心，导致更多的消极行为。

3. AI 辅助方案

设计情境教学案例：根据社会学习理论，通过观察故事中角色的错误行为及后果，孩子能够意识到诚实的重要性。AI 可以帮助家长生成贴近生活的情境故事，帮助孩子理解道德观念。

实际案例：果果撒谎后，家长请求 AI 工具设计一个关于"诚信"的故事。

Prompt 示例：

"请为小学三年级孩子设计一个帮助他们理解撒谎后果的故事。"

AI 生成内容——故事标题：《小兔子莉莉的诚实之旅》

在一个美丽的森林里，住着许多快乐的小动物。其中有一只活泼可爱的小兔子名叫莉莉。莉莉最喜欢的事情就是在森林里收集各种各样的野花，用来装饰她的家。

一天，森林里的动物们决定举办一场盛大的"友谊节"。为了庆祝这个特别的日子，大家分工合作准备各种活动。莉莉被分配到负责收集野花，用来装饰友谊节的场地。她非常高兴地接受了任务，并答应一定会按时完成。可是，当天下午突然下起了大雨。莉莉担心野花会被淋坏，于是她躲在一棵大树下等雨停。等她再次出发时，天色已经很晚了，她没能收集到足够的野花。回到家里，莉莉感到非常内疚，害怕让朋友们失望。

第二天早上，当其他小动物问起野花的事情时，莉莉的心跳得很快。她一时冲动，告诉朋友们说："昨天我在路上遇到了一只大灰狼，它把我的篮子弄丢了。"大家都非常担心，纷纷安慰莉莉，表示可以重新寻找野花。然而，莉莉的好朋友小松鼠发现了真相。原来，小松鼠在莉莉家附近的草丛里找到了那个装满野花的篮子。小松鼠没有当场揭穿莉莉，而是悄悄地把篮子带回了莉莉的家。

那天晚上，莉莉独自一人在家时，看到了放在门口的篮子，心里充满了愧疚。她意识到自己的谎言不仅让自己感到不安，还让朋友们为她担心。经过一番思考，莉莉决定向大家坦白。

第三天，莉莉勇敢地站在所有小动物面前，红着脸说："对不起，我昨天撒谎了。其实我没有遇到大灰狼，只是因为下雨没来得及收集野花。我感到非常抱歉。"

令莉莉惊讶的是，所有的朋友都微笑着原谅了她。小猴子说："我们都知道你不是故意的，重要的是你现在承认了错误。"从那以后，莉莉明白了诚实比任何美丽的事物都要珍贵。每当她想起那次经历，就会提醒自己要做一个诚实的人。

场景 2：责任感不足

1. 具体问题

认知发展理论指出，7—12 岁的孩子虽然已经具备了一定的逻辑思维能力，但他们对抽象概念的理解仍然有限。责任感作为一个较为抽象的概念，可能还未完全内化为孩子的个人行为准则。因此，孩子可能会缺乏明确的责任分工和对后果的理解，导致频繁忘记带回做家庭作业的书本或文具。他们对不负责任行为的后果缺乏明确的认识，未能意识到这些行为会带来长期的影响。此外，由于尚未内化责任感，孩子往往依赖外部提醒（如家长或老师的督促）来完成任务，而未能主动承担责任。

2. 具体场景

小兰是小学二年级学生，放学后经常忘记带回做家庭作业的书本或文具，导致作业无法完成。家长提醒多次，但孩子总是觉得无所谓，认为这些事情不重要。

在一个温馨的家庭中，住着一位活泼可爱的小女孩叫小兰。她家的阳台上种满了各种各样的植物，每到花开时节，整个阳台都弥漫着淡淡的花香。妈妈认为这是一个很好的机会来培养小兰的责任感，于是安排她负责每天给这些植物浇水。

起初，小兰非常高兴地接受了这项任务，她觉得照顾植物既有趣又充满成就感。然而，随着时间的推移，新鲜感逐渐消退，加上学校里有更多吸引她的活动和朋友间的玩耍，小兰开始对浇水这件事变得漫不经心。终于，在一个忙碌的一周后，因为贪玩忘记了浇水的任务。

几天后，妈妈发现阳台上的植物叶子开始枯黄，有些甚至已经凋谢了。妈妈把小兰带到阳台，让她看看那些因缺水而渐渐失去生机的植物。这时，小兰才意识到自己忘记浇水了，并感到非常难过和自责。

妈妈没有责怪小兰，而是温柔地说："宝贝，每件事情都有它的重要性，就像这些植物需要定期的水分才能健康成长一样，我们每个人在生活中也承担着不同的责任。"接着，妈妈和小兰一起讨论了为什么植物需要定期浇水，并鼓励小兰思考如何避免将来再次发生类似的情况。

在妈妈的帮助下，小兰决定制定一个简单的日程表来提醒自己完成每天的任务。她在日历上标记出浇水的日子，并设置了手机闹钟作为额外提醒。此外，小兰还向妈妈承诺会更加注意自己的日常任务，学会对自己的行为负责。

通过这次经历，小兰学会了责任感的重要性。她明白了每个人都有自己的责任，而负责任不仅仅是完成一项任务那么简单，它关系到他人以及周围环境的健康与发展。同时，这个过程也让小兰懂得了如何面对错误并从中学习成长。借助AI辅助工具提供的虚拟场景，家长可以帮助孩子更好地理解抽象概念如责任感，并找到实际可行的方法来增强孩子的责任感。这种方法不仅能够促进孩子的个人发展，还能帮助他们建立起积极的生活态度。

实际示例：

Prompt 示例：

"请生成一个关于责任感的虚拟场景，适合小学二年级孩子。"

AI 生成内容——故事标题：《小兰忘记浇花的故事》

在一个温馨的家庭中，小兰负责每天给阳台上的植物浇水。一天，她因为贪玩忘记了这个任务。几天后，妈妈发现植物开始枯萎。这时，小兰才意识到自己忘记浇水了。妈妈没有责怪她，而是和她一起讨论为什么植物需要定期浇水，并鼓励小兰制定一个简单的日程表来提醒自己。

场景 3：缺乏同理心

1. 具体问题

小学阶段的孩子处于道德发展的前习俗水平，更多地关注行为的直接后果和个人利益，而不是他人的感受或社会规范。因此，孩子可能尚未充分发展出同理心，难以站在他人的角度思考问题并感知自己行为的后果。这种缺乏同理心的表现，可能导致孩子在无意中伤害他人后，无法理解对方的感受，甚至拒绝道歉。

2. 具体场景

小乐是小学四年级学生，他在操场上与同学玩游戏时，无意中推倒了一个小朋友，对方摔倒后哭了，小乐却表示："我又不是故意的，为什么要道歉？"

● 问题表现：孩子无法站在他人的角度思考问题，对自己的行为后果缺乏感知。

● 潜在原因：孩子的同理心尚未充分发展，对他人的情绪缺乏敏感度。

错误示范：

（1）忽略引导

当孩子推倒同伴并拒绝道歉时，家长选择忽视："算了，别管了，小孩子嘛，推一下没事。"这种态度无法帮助孩子认识到自己的错误。

（2）嘲讽孩子

当孩子无法共情时，家长用讽刺的语气说："你这样没人会喜欢你的！"这种方式会伤害孩子的自尊心，使他们更加冷漠。

（3）强迫式道歉

家长直接命令孩子："你必须道歉，不然就别回家了！"强迫行为并未让孩子真正意识到自己的错误，只是表面服从，内心仍然抗拒。

3. AI辅助方案

通过AI设计情境，让孩子体验他人感受（如被推倒的小朋友的情绪），帮助孩子从他人视角理解自己行为的影响。

实际示例：

Prompt示例：

"设计一个四年级孩子的同理心角色扮演场景。"

AI生成内容——故事标题：《操场上的意外》

在一个阳光明媚的下午，小乐和同学们正在操场上玩追逐游戏。突然，他不小心撞到了小明，小明摔倒在地上，开始哭泣。通过AI生成的情境，小乐被邀请扮演小明的角色，亲身体验摔倒后的感受。在这个过程中，AI引导小乐思考小明当时的心情，如害怕、疼痛和委屈等。随后，小乐回到自己的角色，重新经历这个事件，并尝试理解为什么小明需要安慰和支持。通过这种角色扮演，孩子不仅能够更深刻地理解他人的感受，还能学会如何表达关心和同情。AI可以帮助生成类似的情境，让孩子在安全的环境中练习同理心，逐步提高他们对他人情绪的敏感度。

（二）如何提升孩子的人际交往思维？

场景1：是非判断能力薄弱

1. 具体问题

根据道德发展理论，这一阶段的孩子主要依赖外部规则和权威来判断对错，尚未形成自己内在的道德原则。因此，当面临复杂的道德困境时，孩子可能会感到迷茫，不知道如何做出正确的选择。

2. 具体场景

果果在家中发现弟弟偷偷拿了妈妈的钱买零食，却不知道该如何处理。他担心如果告诉妈妈，弟弟可能会被责骂；但如果不告诉，心里又觉得不舒服。果果选择默不作声，结果妈妈发现钱少了后责怪全家，让果果感到愧疚却又无所适从。

● **问题表现：**果果缺乏是非判断能力，回避冲突。

● **潜在原因：**果果缺少如何在类似情况下做出是非判断的指导。例如，家庭没有明确的规则或对道德行为的讨论，使得果果在面对道德困境时感到迷茫。

错误示范：

（1）简单粗暴、无建设性的指责

家长在发现孩子无法正确判断是非时，直接责备"你连这点儿对错都不懂？真是笨！"这种语言不仅会伤害孩子的自尊心，还可能让孩子因为害怕犯错而不敢主动表达自己的想法。

（2）漠视错误

家长对孩子的错误是非判断不加以重视，例如："还小，慢慢长大就懂了。"这种态度会让孩子失去在早期建立是非观念的机会，错过塑造道德意识的关键期。

3. AI 辅助方案

帮助培养孩子的社会认知与是非判断能力。

（1）情境模拟与角色扮演

Prompt 示例：

"根据孩子的年龄设计情境问题，生成一个虚拟情境，通过互动问答帮助孩子练习是非判断。"

例如：小明看到同学偷偷拿了别人的玩具，他应该怎么做？AI 提供多种选择（如：告诉老师、和同学沟通、不理会）。通过情境模拟让孩子直观理解不同选择的后果，从而学会权衡和判断。

（2）行为记录与反馈

Prompt 示例：

"生成一份关于果果的行为的分析报告，分析他在发现弟弟拿钱后选择沉默的原因，并提供引导建议。"

例如：通过日常记录孩子的行为，生成个性化的行为分析报告。家长输入孩子最近的行为事件（如"果果发现弟弟拿了钱但没有告诉妈妈"）。AI 可以根据行为分析道德判断背后的原因，并提供科学的引导建议，例如："果果选择沉默可能是因为担心冲突。建议通过角色代入游戏，让他理解诚实的重要性。"帮助家长更好地了解孩子的行为动机，同时为指导孩子提供具体方法。

（3）互动式道德故事

Prompt 示例：

"根据孩子的兴趣（如喜欢动物或冒险故事）生成互动故事，帮助孩子在趣味中学习是非判断。"

AI 故事内容：

例如：小兔子看到小松鼠偷吃了苹果，但害怕告诉大象老师。AI 会问孩子："如果你是小兔子，你会怎么做？为什么？"AI 根据孩子的回答进行反馈和情境延展，进一步引导讨论。通过寓教于乐的方式增强孩子的参与感，并帮助他们在虚拟情境中锻炼是非判断能力。

场景 2：人际交往技能欠缺

1. 具体问题

根据心理社会发展理论，这一阶段的孩子正处于"勤奋对自卑"的发展阶段，他们不仅关注自己的成就和能力，还开始逐渐重视与他人的关系。然而，由于缺乏适当的指导和支持，孩子在面对复杂的人际交往情境时可能会表现出不确定性和焦虑。

2. 具体场景

小兰在亲戚聚会上，总是默默地坐在角落里玩玩具。当表哥表姐试图与她搭话时，她只是点点头或者低声应付，很快就回避了交流。家长发现后强行让小兰与其他孩子玩耍，但她变得更加拘谨，甚至哭闹、拒绝参与。

● 问题表现：

小兰在家庭社交场合中表现出不愿交流、不敢主动表达的行为；在与亲戚的孩子互动时，沉默寡言，无法融入活动。

● 潜在原因：

孩子缺乏与陌生人交往的经验，或者没有掌握合适的沟通技巧；家长对孩子的社交能力期望过高，未能提供足够的支持。

错误示范：

（1）强迫孩子社交

家长看到孩子不愿主动与同学交流时，直接命令："快点去和他们说话！不然以后没朋友！"这种强迫行为只会让孩子对社交产生抗拒和不适感。

（2）批评孩子内向

家长对孩子的内向性格感到不满，甚至公开批评："你就是太不合群了！"这种做法可能会进一步削弱孩子的社交信心，导致他们更加害怕与人交流。

（3）代替孩子解决问题

家长发现孩子在人际交往中遇到困难时，总是主动代为解决。例如，孩子和同学争吵时，家长直接替孩子道歉："他不是故意的，你别生气。"这会剥夺孩子学习自己处理人际关系的机会。

3. AI 辅助方案：家长教育与支持工具

（1）家长教育与支持工具

Prompt 示例：

"请生成一份针对小学三年级家长的指南，帮助他们在孩子不愿与他人交流时提供适当的支持。指南应包括如何逐步引导孩子适应社交环境的具体步骤，例如：'不要强迫小兰立刻融入活动，可以先通过陪伴她一起玩耍，逐步让她适应环境。尝试使用过渡策略，比如以小兰带了最喜欢的玩具作为话题，让她主动展示或讲解给其他孩子听。'帮助家长避免错误示范，同时建立更有效的陪伴和引导方式。"

（2）社交技能培训

Prompt 示例：

"请为小学三年级的孩子设计一个互动练习模块，教他们如何进行自我介绍。例如：'嗨，我叫小兰，我喜欢画画。你呢？'内容包括微笑、眼神接触、简单介绍自己的名字和兴趣爱好，并附带实际对话示例。"

（3）虚拟社交情境模拟

Prompt 示例：

"请为小学三年级的孩子生成一个虚拟社交情境，设定为'在公园遇见新朋友'。例如：如果孩子说：'你喜欢踢足球吗？'，AI 可以回应：'是的，我也喜欢踢足球。我们一起去踢一会儿吧！'提示孩子如何开始对话（如问对方喜欢什么游戏），并根据孩子的回答提供反馈和扩展对话的机会。"

场景3：团队合作意识不足

1. 具体问题

在家庭和集体活动中，孩子可能表现出明显的团队合作意识不足。他们往往只关注完成自己的任务，而忽视了对他人需求的支持和协作的重要性。这种行为反映出孩子未能理解团队合作的真正意义，即通过互相支持和共同努力来实现共同目标。此外，孩子可能未能体验到团队合作带来的成就感和意义，导致他们在面对需要合作的任务时缺乏积极性和责任感。

2. 具体场景

周末，小乐和父母、妹妹一起准备晚餐。每个人负责一部分工作：爸爸切菜，妈妈炒菜，小乐和妹妹摆碗筷。但小乐只负责摆自己的餐具，对妹妹的部分毫不关心，甚至当妹妹忙不过来时，他也没有伸出援手。晚餐结束后，妈妈问小乐为什么不帮助妹妹，小乐说："我完成了自己的任务，为什么还要帮她？"

● 问题表现：小乐没有意识到家庭合作需要互相支持，而非完成自己的部分就算结束；缺乏团队意识，对他人的需求和任务不关心。

● 潜在原因：家长在日常家庭活动中未能强调团队协作的重要性，更多关注孩子是否完成"自己的事"。孩子未体验到团队合作带来的成就感和意义。

错误示范：

（1）只强调个人成绩，忽视团队合作的重要性

家长只注重孩子的个人成绩，忽视团队协作。例如，孩子在小组任务中未参与其他成员的工作，家长却只关心他说："你完成自己的部分就好了，别管别人。"这会让孩子更加忽视团队目标的重要性。

（2）过度责备团队矛盾

当孩子在团队中发生矛盾时，家长过度责备："你为什么不能好好和别人合作？"这种做法可能会让孩子产生挫败感，认为团队合作是一件难以完成的任务。

3. AI辅助方案：培养团队合作意识

（1）情境模拟与角色扮演

Prompt 示例：

"请为小学三年级的孩子设计一个虚拟情境，设定为'家庭厨房大作战'。在这个情境中，每个家庭成员都有特定的任务，如切菜、炒菜、摆碗筷等。让小

乐选择不同的角色，并通过互动问答帮助他理解每个成员的责任和相互支持的重要性。例如，当小乐扮演'摆碗筷'的角色时，AI 可以提前提示'如果你看到妹妹忙不过来，你可以怎么做？'并提供几种选择，如'帮她一起摆'或'教她更快的方法'。"

（2）团队任务管理工具

Prompt 示例：

"请为家庭晚餐活动设计一个团队任务管理表格，明确每个成员的责任，并设定完成时间和奖励机制。例如，为小乐和妹妹分别分配'摆碗筷'的任务，并设置计时器。完成后，利用 AI 生成一份简单的成就报告，表扬他们的合作精神，并建议下一次可以尝试互换任务，以增强他们的团队合作体验。例如：'小乐和妹妹今天都出色地完成了自己的任务！下次我们可以试试交换任务，看看谁做得更好。'"

（3）互动式合作故事

Prompt 示例：

"请为小学三年级的孩子生成一个关于团队合作的互动故事，帮助他们在趣味中学习团队合作。故事设定为'拯救魔法森林'，其中每个角色都有独特的技能，只有通过合作才能成功。例如，小兔子擅长找食物，小松鼠擅长爬树，小熊擅长搬运重物。AI 可以通过提问引导孩子思考如何利用每个角色的优势来解决问题。例如：'如果森林里有一棵倒下的大树挡住了路，小兔子和小松鼠能做什么？'根据孩子的回答，AI 可以继续延展故事情节，进一步强化团队合作的重要性。"

（三）如何建立一个健康的得失观念？

场景 1：成功观念偏差

1. 具体问题

在当今竞争激烈的环境中，孩子们往往被灌输一种狭隘的成功观念，即只有取得最高成绩或超越他人才能算作成功。这种观念不仅影响孩子的心理健康，还可能阻碍他们对自身潜力的探索和成长。具体表现为孩子忽视个人进步的重要性，过度关注结果而非努力的过程，导致在面对无法立即达到的目标时感到失望，从而失去动力和信心。家庭和学校环境如果过于强调排名和比较，会进一步强化这种错误的成功观念。孩子未能形成成长型思维，无法接受失败的过程和价值，这会影响他们的长期发展和个人幸福感。

2. 具体场景

果果是小学五年级学生，认为只有拿到第一名才能算成功。在一次考试中，果果考了班级第三名，虽然成绩很好，但他却非常沮丧，甚至拒绝参加接下来的竞赛准备，因为他觉得"无论如何都无法赢过第一名"。

● 问题表现：果果将成功简单地等同于超越他人，忽视了个人进步的重要性；对无法达到的目标感到失望，从而失去动力。

● 潜在原因：家庭或学校过于强调排名；孩子未能形成成长型思维，无法接受失败的过程和价值。

错误示范：

（1）过度强调结果，忽视努力的过程

家长将注意力集中在孩子的名次上，例如一味地询问："你为什么没考第一？"而不是关注孩子在学习过程中的付出和成长。这种行为会让孩子误以为成功的唯一衡量标准就是结果，而忽视努力和个人进步的重要性。

（2）以他人作为比较标准，制造竞争压力

家长拿孩子的成绩与同学进行比较，例如说："隔壁的孩子次次第一，你为什么不能像他一样？"这种比较会让孩子感到自卑，导致过度关注竞争和他人的评价，失去对个人目标和成长的关注。

（3）忽视孩子的情绪和心理需求

家长在孩子表达对第三名的不满时，轻描淡写地回应"考第三没什么大不了"，或转移话题而不去正视孩子的情绪。

这种行为会让孩子觉得自己的感受被忽视，难以释放情绪，也无法正确理解失败的意义和价值。

3. AI辅助方案

（1）个性化成长记录与反馈

Prompt 示例：

"请生成一份适合果果的个性化成长报告，展示他在过去一个月的学习进展，特别突出数学考试的进步情况。报告应包括每次考试的具体分数变化，并附带建议。"

例如："果果这次数学考试进步了10分，说明他在这一阶段的学习非常有效。请表扬他的努力，让他知道进步本身就是一种成功。建议您与果果一起回顾他的学习方法，看看哪些地方做得好，哪些地方还可以改进。"

（2）互动式成长故事

Prompt 示例：

"请生成一个关于成长型思维的互动故事，适合果果这样的小学五年级学生。"

例如，《小明的数学之旅》。背景设定：小明是一名五年级的学生，非常喜欢数学，但总觉得自己必须每次都考第一名才算成功。一次期中考试后，小明只考了第三名，感到非常沮丧。小明回到家后，向爸爸倾诉了他的烦恼。爸爸没有责备他，而是鼓励他："你知道吗，小明，每一次进步都是值得骄傲的。让我们一起来看看你这次考试中做对的地方和需要改进的地方。"爸爸和小明一起复习试卷，发现了几个常见的错误类型。爸爸提议："我们可以把这些错题整理成一个笔记本，每天练习几道类似的题目，这样下次遇到类似的问题就不会错了。"在接下来的几周里，小明每天都坚持练习，并逐渐发现自己不再害怕那些曾经困扰他的题目了。他还学会了如何更好地管理时间和安排复习计划。期末考试来临，小明虽然有些紧张，但他知道自己已经做了充分的准备。考试结束后，他感到比以前更有信心。成绩公布后，小明的成绩有了显著提高，虽然不是第一名，但他非常高兴，因为他明白了进步本身就是一种成功。他还意识到，通过不断的努力和反思，他可以在未来取得更大的成就。AI 会给出问题："你觉得小明最值得骄傲的是什么？如果你是小明，你会怎么做来继续提升自己？"根据果果的回答，AI 提供反馈和扩展讨论的机会。

（3）目标设定助手

Prompt 示例：

"请为果果生成一个任务管理表格，帮助他设定和跟踪个人目标。"

例如，当果果设定了一个学习新乐器的目标时，AI 可以通过历史数据分析提醒家长："果果已经练习吉他两周了，进步明显。请鼓励他继续坚持下去，并考虑为他安排一次小型表演，让他感受到成就感。请帮助果果制定一个简单的日程表来跟踪他的练习进度，比如每天练习 30 分钟，并记录每次练习的内容和感受。"

场景 2：竞争心态不健康

1. 具体问题

在现代社会中，孩子们常常被置于高度竞争的环境中，这种环境可能导致他们形成不健康的竞争心态。根据心理学家 Carol Dweck 的成长型思维理论，过于关注输赢的孩子往往发展出固定型思维，认为能力和智力是固定的，从而害怕失败并回避挑战。相反，具备成长型思维的孩子则相信通过努力可以不断提升自己的能力，更愿意接受失败作为学习的一部分。

2. 具体场景

小兰是小学三年级学生，在体育课上与同学比赛跑步时，总是尽全力超越其他人，但当她输了比赛，就会生气地说对方"要赖"，甚至拒绝与同学说话。

● 问题表现：小兰在竞争中过于注重输赢，缺乏对合作和友谊的理解；失败后表现出强烈的挫败感和攻击性行为。

● 潜在原因：家长或成长环境中过多强调竞争而忽视合作；缺乏引导，无法让孩子正确看待输赢。

错误示范：

（1）过度强调输赢

家长在孩子的比赛中只关注成绩，比如赛后询问："你赢了吗？为什么没跑过其他人？"或者直接评价："输就是不够努力。"让孩子将比赛结果与个人价值过度绑定，认为只有赢才值得被认可；将输赢绝对化，把失败视为对孩子个人能力和形象的否定，强化孩子对比赛结果的执念。

（2）忽视孩子对失败的情绪反应

孩子因为输了比赛而生气，家长却随意回应："至于吗，不就是个游戏嘛？"或"你这点输不起怎么能长大？"让孩子感到自己的情绪被忽视，难以从失败中获得情感支持。孩子可能因此积累负面情绪，进一步强化对失败的恐惧和对对手的敌意。

（3）强化对手的"对立性"

家长用比较的方式激励孩子，例如说："下次你一定要超过他，否则你就太丢人了！"或贬低其他孩子："他只是运气好而已。"将对手视为竞争的障碍，通过贬低对手或鼓励不当行为，强化孩子在竞争中的对立感。

3. AI 辅助方案

（1）情绪管理训练

Prompt 示例：

"请设计一个适合小兰的情绪管理训练计划，帮助她在失败后更好地处理情绪。"

例如，AI 可以引导小兰进行深呼吸练习，教她如何用积极的语言进行自我对话，例如："这次我尽力了，下一次我会更好。"此外，AI 还可以建议家长和孩子一起讨论比赛中的感受，帮助孩子理解每个人都有输赢的时候，重要的是从中学习。

（2）情境模拟与角色扮演

Prompt 示例：

"请设计一个虚拟情境，让小兰扮演不同的角色，体验各种竞争情况。"

例如，在一个虚拟的运动会上，小兰可以选择不同的角色，如运动员、裁判或观众，了解每个角色的责任和相互支持的重要性。通过互动问答，帮助她理解不同角色在比赛中的作用，学会尊重对手和欣赏他人。

✦ 二、如何培养孩子的学习习惯？

（一）如何培养孩子的自主学习能力？

场景 1：孩子对学习不主动，不懂得提前预习，复习效率低下

1. 具体问题

在小学阶段，许多孩子面临自主学习能力不足的问题，具体表现为缺乏预习和复习的有效方法，导致学习效率低下。根据自我决定理论，孩子的内在动机是影响其学习积极性的重要因素。当孩子感到自己能够掌控学习过程（自主性）、有能力完成任务（胜任感）并且学习能与他人建立联系（关联感）时，他们更有可能主动参与学习。然而，如果这些需求得不到满足，孩子可能会表现出学习不主动、依赖外部奖励或惩罚来驱动学习的行为。

2. 具体场景

在小学阶段，孩子面临以下学习问题：

● **预习问题**：孩子缺乏预习的意识，无法明确预习的重点和方法，导致课堂学习与预习内容脱节。

● **复习问题**：复习时常常采取机械重复的方式，忽略了知识的薄弱点，导致复习效率低下，难以达到知识巩固的效果。

● **潜在原因**：孩子学习不主动其实是因为内在动机不足。自我决定理论认为，只有当孩子觉得自己能掌控学习（自主性）、能够做好（胜任感），并且学习能和他人建立联系（关联感）时，他们才会真正主动地学习。这就是为什么我们要设计奖励机制，让孩子在完成作业后感到"我做到了！"这种成就感。

错误示范：

（1）完全替代孩子进行学习安排

家长直接替孩子制订学习计划，告诉孩子"按照我说的做就行"，不让孩子参与计划的制订，也不解释学习任务的意义。

（2）忽视孩子的成就感和情绪

当孩子完成了一次预习时，家长随意评价："这本就是你应该做的事情。"忽视孩子的努力。

（3）一味指责孩子效率低下

家长看到孩子复习效率低时直接批评："你怎么这么笨？这么简单的内容复习了还记不住！"

3. AI辅助方案：生成个性化学习计划

（1）生成个性化学习计划

Prompt示例：

"为小乐设计一个个性化的预习与复习计划，帮助他掌握学习重点并提高复习效率。"

根据孩子的学习进度和兴趣，AI可以设计个性化的预习与复习计划。通过分析孩子的作业、学习成绩，AI可以帮助孩子分析薄弱环节，并有针对性地提供学习建议。例如：

预习建议： AI 可以根据教材内容，为孩子推荐预习的重点和方法，如阅读相关章节、观看视频讲解等。

复习策略： AI 可以根据孩子的测试结果，指出需要重点复习的知识点，并提供多样化的复习资源，如练习题、在线测验等。

（2）家智协同反馈系统

Prompt 示例：

"通过家长的即时反馈帮助小乐了解自己的学习进展，并给予表扬和鼓励。"

AI 可以通过即时反馈帮助孩子了解自己的学习进展。例如，在完成预习或复习任务后，AI 可以给予表扬和鼓励，帮助孩子建立自信和成就感。此外，AI 还可以记录孩子的学习数据，生成详细的报告供家长参考。

场景2：孩子不会合理安排作业时间，经常拖延

1. 具体问题

许多孩子面临时间管理问题，具体表现为无法有效地安排作业时间，经常将时间浪费在次要任务上，而重要的学习任务要么拖延到最后一分钟，要么无法高效完成。这不仅影响了孩子的学习效率，还可能导致焦虑和压力增加。根据自我效能理论（Self-Efficacy Theory），孩子的自我效能感，即对自己完成任务能力的信心，也会影响其时间管理行为。当孩子感到自己有能力高效完成任务时，他们会更愿意主动规划时间；反之，如果孩子缺乏这种信心，他们可能会倾向于拖延或逃避任务。

2. 具体场景

● **问题表现：** 孩子缺乏对时间的整体观念，容易受到干扰，导致时间分配不合理。

● **潜在原因：** 未掌握如何将复杂任务分解为可执行的小目标，因而产生拖延行为。

面对这样的问题，孩子需要优先处理重要任务，避免把时间浪费在低效事务上。通过合理规划时间，高效完成重要任务，帮助孩子养成科学的时间管理习惯。

错误示范：

（1）强制安排所有作业时间

家长将孩子的学习时间完全固定化，例如："下午4点到5点必须完成所有语文作业，5点到6点完成数学作业，按照我的计划做，不准更改。"剥夺孩子对时间分配的掌控感，忽视其自身的学习节奏和精力高峰期；孩子可能因反感家长的过度干涉而变得更加拖延，甚至不愿主动开始任务。

（2）单纯责备孩子拖延

当孩子没有按时完成作业时，家长批评："你怎么总是拖拖拉拉？这么简单的作业都做不好，还能指望你干什么！"直接指责会让孩子感到焦虑和无助，甚至对学习任务产生厌恶情绪；孩子可能因为害怕批评而隐瞒自己的问题，但并没有实际解决时间管理上的困难。

（3）不提供具体的任务分解指导

当孩子面对较复杂的学习任务感到无从下手时，家长只是说："你自己看着办，早点写完就行。"孩子没有学会如何将复杂任务分解为小目标，可能因为感到任务繁重而进一步拖延；缺乏指导会让孩子陷入被动，孩子更加无法高效完成作业任务。

3. AI辅助方案

（1）个性化时间管理工具

Prompt 示例：

"请为孩子生成一份个性化的每日学习日程表，考虑孩子的日常活动和学习进度。建议将一天分为多个时间段，每个时间段专注于特定任务，如预习、复习或自由阅读。"

例如，时间段划分：AI可以建议将一天分为多个时间段，每个时间段专注于特定任务，如预习、复习或自由阅读。

优先级排序：AI可以帮助孩子识别最重要和最紧急的任务，确保他们首先处理这些任务，避免拖延。

（2）任务分解与目标设定

Prompt 示例：

"针对孩子的大型项目或复杂任务，请生成详细的分步指南，帮助孩子逐步完成任务。每个步骤应明确具体的目标和截止日期，并提供相应的资源链接或提示。"

例如，分步指南：对于较大的项目，AI 可以提供详细的分步指南，帮助孩子逐步完成任务。

短期目标：AI 可以帮助孩子设定每日或每周的短期目标，增强成就感和动力。

（3）即时反馈与激励机制

Prompt 示例：

"设计一个即时反馈系统，当孩子按时完成任务时，给予表扬或虚拟奖励。记录孩子的学习数据，生成详细的进展报告供家长参考，以便家长更好地支持孩子。"

例如，当孩子按时完成任务时，AI 可以给予表扬或引导家长奖励，增强其自信心和自我效能感。

进度跟踪：AI 可以记录孩子的学习数据，生成详细的报告供家长参考，帮助他们更好地支持孩子。

（二）如何个性优化孩子的学习方法？

场景 1：记忆方法单一，效率不高

1. 具体问题

孩子记忆效率低下的原因在于缺乏科学的记忆策略。根据艾宾浩斯遗忘曲线理论，人类的记忆随着时间逐渐衰退，但在遗忘临界点进行复习可以有效延长记忆时间。此外，多感官记忆法（Multisensory Learning）可以通过视觉、听觉、触觉等多种通道刺激大脑，提升记忆效果。结合多种感官的学习方式能显著提高信息的保留率和理解深度。

● 记忆效率低：孩子在短时间内背诵了内容，但很快就会忘记，复习时又要从头再来。

● 记忆兴趣不足：机械重复枯燥无趣，孩子缺乏记忆的主动性。

2. 具体场景

许多孩子在记忆单词、诗句或历史知识点时，依赖机械重复的方法，结果不仅费时费力，还容易遗忘，难以形成长期记忆。小明是小学四年级学生，正在学习语文的古诗《清明》（杜牧）。他每天机械背诵诗句，但总是记不住"借问酒

家何处有，牧童遥指杏花村"，觉得古诗太难了。他的家长希望找到更有效的记忆方法帮助小明背诵古诗，并且在考试时能够灵活运用。

错误示范：

（1）过度依赖机械重复

家长和老师让孩子反复背诵，不提供其他记忆技巧或工具，例如："你再读几遍就会记得了。"这种方式不仅耗时，还容易让孩子感到厌烦，降低学习兴趣。

（2）忽视兴趣和动机

当孩子对记忆任务表现出抵触情绪时，家长简单地责备："你怎么这么懒？这都不愿意背！"这种批评忽视了孩子的内在动机，未能激发他们的学习兴趣。

（3）缺乏多样化的记忆方法

家长只提供单一的记忆方式，例如："你就照着书上的内容背吧。"这种方式忽略了孩子不同的学习风格，未能充分利用多感官记忆法和其他有效的记忆策略。

3. AI辅助方案：帮助孩子建立智能记忆训练系统

智能记忆训练系统

Prompt 示例：

"请根据遗忘曲线为四年级学生背诵杜牧的《清明》制订一周的复习计划。"

具体内容：

生成复习计划：让 AI 基于遗忘曲线制定复习时间表。

例如表 7-1：

表 7-1 AI 基于遗忘曲线所生成的复习时间表

时间	活动描述
第1天上午	学习并背诵整首《清明》，尝试理解每句的意思
第1天下午	通过提问检测记忆效果，如让孩子解释诗句含义
第2天	复习前一天学的内容，重点强化前两句
第3天	重点复习容易忘记的句子，特别是"借问酒家何处有，牧童遥指杏花村"
第5天	回顾整首诗，检测整体熟练度，解决剩余疑难
第7天	进行最终复习，确保所有诗句都能流利背诵

制作个性化记忆卡片：通过 AI 生成诗句配图、配音和关键解释，帮助孩子通过多感官记忆法加深印象。

场景 2：笔记杂乱，缺乏系统性

1. 具体问题

笔记杂乱的核心问题在于缺乏知识结构化的思维能力和笔记技巧。具体表现为以下几点：

一是信息零散。孩子的笔记缺乏核心知识点，记录的内容冗长且无重点。二是难以复习。翻看笔记时，孩子难以快速找到关键知识，导致复习效率低下。根据知识图谱理论，信息之间的关联性越强，记忆和理解的效果越好。将课堂知识以结构化的形式呈现，既能帮助孩子抓住重点，也能提高复习效率。此外，认知负荷理论指出，通过减少不必要的信息处理负担，可以帮助学生更有效地学习。因此，培养孩子的笔记技巧，使其能够系统化地整理信息，对于提高学习效率至关重要。

2. 具体场景

小红是小学五年级学生，正在学习《地球的构造》。她在课堂上记录了很多笔记，但内容零散，比如"地壳是最外层，地核很热"，没有形成系统性。家长想帮助她整理课堂笔记，提升复习效率。许多孩子在课堂上习惯"听一句，记一句"，虽然看似记录了大量内容，但笔记没有条理性和逻辑性，最终难以用来有效复习。

错误示范：

（1）过度依赖原始笔记

家长让孩子直接使用课堂笔记进行复习，不提供进一步整理的指导："你就照着笔记复习吧。"这种方式忽视了笔记的条理性和逻辑性，无法有效帮助孩子抓住重点。

（2）忽视笔记技巧培训

当孩子抱怨笔记难以复习时，家长简单地责备："你怎么记这么多没用的东西？"这种批评未能教会孩子如何有效做笔记，反而可能降低他们的自信心。

（3）不提供结构性工具

家长只提供纸笔，不引入任何结构性工具或方法："你随便记吧，只要能记住就行。"这种方式忽略了科学的笔记技巧，如思维导图、表格等，未能充分利用这些工具来增强记忆效果。

3. AI辅助方案：建立AI笔记助手

生成条理清晰的笔记和复习资料

Prompt示例：

"根据以下笔记内容，生成一个关于地球构造的知识图谱：地壳是最外层，地幔位于地壳下，地核是最热的一层。"

生成知识结构图：让AI工具根据孩子的课堂笔记整理成结构化图表。例如，可以生成如下结构图，见图7-1：

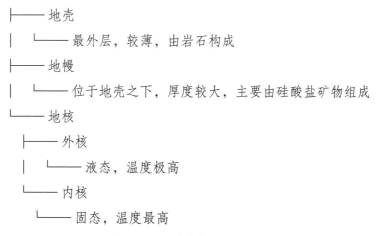

图 7-1 AI生成的地球构造图

整理核心知识点：AI可以根据教材和课堂笔记，提炼出每个主题的核心知识点，并以简洁明了的方式呈现。例如："地壳是最外层，较薄，由岩石构成；地幔位于地壳之下，厚度较大，主要由硅酸盐矿物组成；地核分为外核和内核，外核是液态，温度极高，内核是固态，温度最高。"

生成复习提纲：AI可以帮助生成详细的复习提纲，包括每个知识点的简要说明和相关练习题。例如：

1. 地壳

　●定义：最外层，较薄，由岩石构成

　●练习题：地壳的主要成分是什么？

2. 地幔
- 定义：位于地壳之下，厚度较大，主要由硅酸盐矿物组成
- 练习题：地幔的主要特征有哪些？

3. 地核
- 外核：液态，温度极高
- 内核：固态，温度最高
- 练习题：区分地核的外核和内核。

✦ 三、如何发现孩子的兴趣特长？

（一）如何深度挖掘孩子的天赋潜力？

场景 1：难以识别孩子的天赋

1. 具体问题

许多家长在孩子成长过程中发现，虽然孩子在某些活动中表现出一定的优势，但他们难以判断这些表现是否意味着天赋。这种困难主要表现在：

- **观察能力有限**：家长日常观察的视角单一，容易忽略孩子在非学术领域的潜能。

- **天赋表现模糊**：孩子可能在玩游戏、搭积木、讲故事时表现出潜在优势，但家长无法准确地将这些表现与某一领域的天赋相关联。

- **干扰因素多**：外界的教育压力和标准化的成绩评价体系，使家长难以关注孩子个性化的优势领域。

孩子天赋识别困难的原因在于缺乏科学的多维观察和评估工具。根据加德纳的多元智能理论，每个孩子都可能在语言、逻辑、空间、音乐等智能方面具有特长。通过系统评估，家长可以全面了解孩子的潜在能力。

2. 具体场景

果果今年 11 岁，从 3 岁开始就表现出对钓鱼的浓厚兴趣。他不仅喜欢实地钓鱼，还对渔具和鱼的品种有深入了解，能够流利地讲解相关知识，展现出较强

的语言表达能力。然而，他的成绩不理想，特别是数学科目比较薄弱，这让家长对他的天赋领域感到困惑，不确定是否应该支持他往钓鱼方向继续发展。

● **问题表现**：将孩子短暂的热情误认为天赋，忽视持续性的专注行为。受家庭资源限制，导致孩子潜在的音乐/美术天赋无法展现。

● **潜在原因**：①将天赋窄化为学科成绩或显性技能；②缺乏持续性观察记录工具；③社会环境过度强调全面发展，导致差异化优势被压制。

错误示范：

（1）忽视非学术领域的潜力

家长只关注孩子的学术成绩，忽视了他们在其他领域的潜力："你还是把注意力放在学习上吧，这些爱好以后再玩。"

（2）过度依赖标准化成绩

家长过于看重标准化考试成绩，忽略了孩子的个性和特长："你的数学成绩这么差，怎么可能擅长钓鱼呢？"

（3）缺乏系统的观察和评估

家长没有系统地观察和记录孩子的行为，无法准确判断孩子的天赋领域："我感觉他好像挺喜欢钓鱼的，但这算不算天赋呢？"

3. AI 辅助方案

Prompt 示例：

"为果果设计一个基于多元智能理论的评估工具，帮助家长全面了解他的潜在能力。"

具体内容：

● **建立观察日志**：建议家长每天花几分钟记录果果的兴趣活动和表现，包括钓鱼时的行为、使用的语言、解决问题的方式等。例如：

"今天果果花了两个小时研究如何调整钓竿，展示了他对细节的关注和动手能力。"

● **智能评估问卷**：AI 可以根据加德纳的多元智能理论，设计一份简短的智能评估问卷，涵盖语言、逻辑、空间、音乐、身体运动、人际交往、自我认知等多个维度。家长可以每月填写一次，记录孩子的进步和发展情况。

● **生成智能报告**：AI 可以根据收集的数据生成详细的智能发展报告，帮助家长了解果果的优势领域和发展趋势。例如：

"果果在语言智能和自然观察智能方面表现出色，建议进一步培养这两个方面的技能。"

场景 2：兴趣评估缺乏科学依据

1. 具体问题

兴趣评估的核心问题在于家长难以获取全面、长期的兴趣变化数据。首先，评估方法过于主观。家长基于孩子的日常行为和短时间内的偏好做出判断，容易高估某些短期兴趣而忽视长期兴趣。例如，孩子可能在某个阶段对某种活动表现出极大热情，但这并不一定意味着它是长期的兴趣所在。根据发展心理学家加德纳的多元智能理论，每个孩子都有多种智能领域，兴趣也可能是多变且复杂的，因此需要更全面的评估方法。其次，忽略潜在兴趣。由于缺少多样化的尝试机会，孩子可能未接触到足以激发兴趣的活动。家长可能会局限于自己熟悉或感兴趣的领域，限制了孩子接触其他领域的可能性。

2. 具体场景

许多家长尝试为孩子发现兴趣，但往往依据直觉判断，而不是系统化评估。例如，小明的家长注意到他对机器人表现出浓厚的兴趣，便立即报名了多个机器人课程。然而，几周后小明的兴趣迅速消退，转而对绘画产生了兴趣。家长感到困惑，不知道如何更好地帮助孩子找到真正的兴趣所在。

● **问题表现：** 仅通过行为频率或显性成果判断兴趣强度，忽视兴趣的认知深度（如知识整合能力）与情感投入度，将阶段性探索行为固化为长期兴趣定位，忽略发展心理学中兴趣发展的非线性特征。

● **潜在原因：** 家长将自身价值观或补偿心理投射至评估过程，导致兴趣识别偏离儿童真实需求。家庭/社会环境提供的试错机会不足，导致潜在兴趣因缺乏触发条件而未被激活。

错误示范：

（1）依赖直觉判断

家长根据自己的经验和感觉来判断孩子的兴趣："我觉得你对绘画挺感兴趣的。"这种方式忽视了系统的评估方法，可能导致家长对孩子真正兴趣的误解。

（2）短视的单一观察

家长只关注某一时刻的表现，未能持续跟踪孩子的兴趣变化："上周你说喜欢机器人，这周怎么又说喜欢音乐了?"这种方式忽略了兴趣的动态性和多样性。

（3）限制探索范围

家长局限于自己熟悉的领域，限制了孩子的尝试机会："我们家没人学过乐器，你就别学了。"这种方式可能会错过孩子在其他领域的潜力和发展机会。

3. AI辅助方案

（1）建立AI兴趣评估助手

Prompt示例：

"设计一套基于多维度的兴趣评估问卷，涵盖艺术、科学、体育等多个领域。"

具体内容：

● **多维度评估**：AI可以根据多个领域设计详细的评估问卷，帮助家长全面了解孩子的兴趣倾向。

● **动态跟踪**：AI可以定期提醒家长记录孩子的兴趣变化，生成趋势报告，帮助家长更好地理解孩子兴趣的动态发展。

● **个性化推荐**：根据评估结果，AI可以推荐适合孩子的活动或课程，提供多样化的尝试机会。

（2）持续观察与反馈机制

Prompt示例：

"建立一个长期兴趣跟踪系统，每月更新孩子的兴趣变化并提供改进建议。"

具体内容：

● **定期评估**：AI可以设置定期评估的时间节点，确保持续跟踪孩子的兴趣变化。

● **反馈与调整**：根据每次评估的结果，AI提供具体的改进建议，帮助家长调整培养策略。

（3）多样化尝试平台

Prompt示例：

"为孩子设计一系列跨领域的体验活动，如编程工作坊、音乐课程、户外探险等。"

具体内容：

● **丰富体验**：AI可以推荐各种跨领域的体验活动，帮助孩子广泛接触不同领域，发现潜在兴趣。

● **反馈收集：** 通过活动后的反馈收集，AI 可以帮助家长了解孩子的真实感受和兴趣变化。

场景 3：培养方向选择困难

1. 具体问题

培养方向选择困难的根源在于缺乏有针对性的兴趣评估工具和长期反馈机制。根据天赋发展阶段理论，孩子的特长培养需要经历发现、发展和深化三个阶段，每个阶段都需要科学的评估与调整方法。具体问题包括：

● **选择过多：** 面对绘画、编程、音乐等多种可能性，家长难以判断哪一领域最适合孩子长期发展。这种多样性虽然提供了丰富的选择，但也增加了决策难度。研究表明，过多的选择可能导致"选择过载"，使家长和孩子都感到焦虑和不确定。

● **缺乏验证手段：** 即使孩子在某一领域表现出兴趣，家长也难以确定是否值得深入培养。兴趣可能只是短暂的热情，而非持久的动机。

● **外界影响干扰：** 家长常受到"热门特长"或社会趋势的影响，而忽略了孩子的个性化需求。社会心理学研究指出，外部压力和社会期望可以显著影响家长的决策过程。当家长过于关注外界标准时，可能会忽视孩子的独特兴趣和潜力，导致无法注意到孩子的实际需求以及选择不符合孩子的发展路径。

2. 具体场景

在为孩子选择发展方向时，家长往往面临难以抉择的困境。例如，小红对绘画、编程和音乐都表现出兴趣，但家长不知道哪个领域最适合她长期发展。此外，面对众多选择，家长感到困惑，不确定如何做出最佳决策。

错误示范：

（1）盲目跟风

家长根据社会潮流选择特长："现在编程很热门，你就学编程吧。"这种方式忽视了孩子的个人兴趣和潜在能力，可能导致孩子失去动力。

（2）过度分散精力

家长让孩子同时尝试多个领域，如绘画、编程和音乐："你什么都试试，看看喜欢什么。"这种方式容易分散孩子的精力，难以专注于某一领域的深入发展。

（3）忽视内在动机

家长仅凭外在表现来判断孩子的兴趣："你看你画画不错，就学画画吧。"这种方式未能深入了解孩子的内在动机，可能导致选择不适合孩子的方向。

3. AI辅助方案

（1）个性化培养指南书

Prompt示例：

"生成结合孩子兴趣和实际条件的可执行培养方案，包含具体资源推荐。"

具体内容：

三步决策法：①输入「每周可用时间+预算」（例如：每周3小时，月均500元）：AI可以根据多个领域设计详细的评估问卷，帮助家长全面了解孩子的兴趣和能力倾向。②自动匹配方案：基础版：观看《鱼类生态纪录片》（免费，每周1小时）。进阶版：参加钓鱼夏令营（本地3个营地可选，费用300—800元）。③生成《家庭行动计划表》："7月：改造阳台小鱼缸 | 8月：拜访渔具手艺人 | 9月：撰写观察日记"。④动态跟踪：AI可以定期提醒家长记录孩子的兴趣变化，生成趋势报告，帮助家长更好地理解兴趣的动态发展。⑤个性化推荐：根据评估结果，AI推荐适合孩子的活动或课程，提供多样化的尝试机会。

（2）能力迁移实验室

Prompt示例：

"设计将核心能力延伸至其他领域的可行性方案。"

具体内容：

● **从钓鱼中提取可迁移能力：**

观察力→推荐植物标本制作课程

耐心度→建议尝试围棋入门

● **生成对比表：**

当前方向	迁移方向	适配度	试错成本
钓鱼	生态摄影	非常好	手机即可
钓鱼	户外急救	一般	需培训证

案例说明：

当果果家长使用该方案时，会获得：

【本月行动清单】

低成本尝试：

1. 参加公园观鱼活动（免费，本周六上午 10 点）

2. 阅读《小鱼的大世界》（图书馆可借）

【能力延伸建议】

从钓鱼到生态保护：

1. 拍摄池塘生物链（培养观察记录能力）

2. 制作"保护水资源"手抄报（衔接学校作业）

（二）如何选择适合孩子的培养方向？

场景 1：培养进度把控不当

1. 具体问题

根据维果茨基的最近发展区理论，孩子在学习新技能时，需要在现有能力和潜在能力之间找到适当的挑战。如果任务难度过高，超出孩子的实际能力范围，可能会导致挫败感和使孩子失去信心。

学习进度失衡：训练时间占据了孩子的大部分休息时间，父母忽略了兴趣培养和放松的必要性。研究表明，过度训练可能导致心理疲劳和动机下降。此外，心流理论指出，当任务难度与个人能力相匹配时，人们更容易进入专注和享受的状态。因此，合理的进度安排有助于保持孩子的学习兴趣和积极性。

2. 具体场景

小琪是一名小学五年级学生，表现出极大的音乐天赋，尤其擅长弹钢琴。然而，在学习的过程中，她经常被安排参加高难度的比赛和表演，导致她压力过大，甚至对练琴产生了抗拒情绪。产生这种问题的原因主要是：

● **任务难度过高**：父母希望小琪能尽早脱颖而出，过快安排高难度曲目。

● **学习进度失衡**：训练时间占据了小琪大部分的休息时间，父母忽略了兴趣培养和放松的必要性。

错误示范：

（1）揠苗助长式培养

家长强制要求短期内完成高难度目标："这首曲子必须两周内练熟！"忽视技能发展的阶段性特征，导致孩子因无法达标而产生自我怀疑。

（2）单向任务轰炸

只布置练习任务却不解释意义："每天练琴 3 小时，不用问为什么。"缺乏目标感和成就反馈，削弱孩子的内在动机。

（3）机械化执行

完全按照考级大纲推进："今年必须通过八级考试。"忽视根据孩子状态进行动态调整，使学习过程失去灵活性。

3. AI 辅助方案

（1）个性化进度规划

Prompt 示例：

"根据小琪的当前能力和兴趣水平，生成一个个性化的钢琴学习进度表。"

具体内容：

● **难度适配：**AI 可以根据小琪的当前能力和兴趣水平，生成适合的练习曲目和任务难度，确保任务既具有挑战性又不会过于困难。

● **进度跟踪：**AI 可以定期评估小琪的学习进展，调整练习内容和难度，确保学习进度合理且循序渐进。

● **休息建议：**AI 可以提醒家长合理安排小琪的休息时间，确保她有足够的放松机会，避免过度训练带来的负面影响。

（2）心理健康支持

Prompt 示例：

"设计一套心理健康支持系统，帮助小琪应对学习压力。"

具体内容：

● **情绪监测：**AI 可以通过日常互动了解小琪的情绪状态，及时发现并缓解她的压力和焦虑。

● **放松活动推荐：**AI 可以推荐适合小琪的放松活动，如冥想、户外运动等，帮助她在紧张的学习之余得到充分的放松。

● **心理辅导**：AI 可以提供心理辅导资源或建议，帮助小琪建立积极的心态和应对策略。

场景 2：过度培养导致厌倦

1. 具体问题

高频率的训练剥夺了孩子的自由时间，造成心理疲劳。研究表明，适度的休息和娱乐对于维持长期的学习动力至关重要。过度训练不仅可能导致身体上的疲劳，还会引发心理上的压力和焦虑，影响孩子的心理健康和学习效果。

2. 具体场景

小天是小学四年级学生，对围棋表现出浓厚兴趣。然而，家长为他安排了密集的培训班和比赛计划，导致他在短时间内对围棋失去了热情。例如，每周多次的高强度训练和频繁的比赛使小天感到疲惫不堪，原本的兴趣逐渐变成了负担。

错误示范：

（1）过度安排

家长为了让孩子取得好成绩，频繁安排高强度训练和比赛："这次比赛很重要，你必须多加练习。"这种方式忽视了孩子的心理承受能力和兴趣维护，可能导致孩子产生厌倦情绪。

（2）忽视多样化

家长只关注专业技能的提升，忽略了其他方面的培养："你先把围棋练好，其他的事情以后再说。"这种方式容易导致训练模式单一，缺乏多样性和趣味性，影响孩子的学习兴趣。

（3）缺乏沟通

家长单方面决定孩子的训练计划，不与孩子充分沟通："我已经给你报名了培训班，你得好好准备。"这种方式忽视了孩子的意见和感受，可能会降低孩子的参与感和自主性。

3. AI 辅助方案

（1）合理规划时间

Prompt 示例：

"为小天设计一个兼顾围棋训练和学业的时间表，确保两者都能得到充分重视。"

具体内容：

● **均衡分配：** AI 可以根据小天的日常作息和学业安排，生成一个科学的时间表，确保围棋训练和学业时间得到合理分配。

● **灵活调整：** AI 可以定期评估小天的学习进展，根据实际情况调整训练和学习时间，确保灵活性和适应性。

（2）多样化培养

Prompt 示例：

"推荐一系列多样化的围棋相关活动，如观看职业比赛、参加围棋俱乐部等。"

具体内容：

● **丰富体验：** 通过多样化的活动，如观看职业比赛、参加围棋俱乐部或线上对弈平台，增加小天的围棋体验，帮助他保持新鲜感和兴趣。

● **社交互动：** 鼓励小天与其他围棋爱好者互动，增强社交乐趣和竞争动力，促进其全面发展。

（三）如何分配时间以兼顾兴趣和学业？

场景 1：时间分配失衡

1. 具体问题

当课外活动占用过多时间时，孩子的精力和注意力就会受到影响，导致他们在学业任务上的表现不尽如人意。研究表明，过度分散注意力和缺乏足够的休息会影响孩子的学习效率。这不仅影响孩子当前的学习成绩，还可能削弱其自信心和学习动力。此外，时间管理不当可能会使孩子感到压力过大，影响他们的心理健康和长远发展。长期的时间冲突和压力可能会导致焦虑、疲劳等问题，影响孩子的整体幸福感和生活质量。

2. 具体场景

小涵是小学三年级学生，喜欢跳舞，家长为她报了一个周末舞蹈兴趣班，希望培养她的特长。然而，最近学校布置的作业量增加，她在完成作业和上舞蹈课之间难以兼顾，经常因为赶作业而错过舞蹈练习，或者因舞蹈课占用时间过多而草率地完成作业。随着这种情况的持续，小涵不仅在学校的成绩有所下滑，对舞蹈的兴趣也开始减弱。

错误示范：

（1）不合理的日程安排

家长不合理地切割孩子的自由时间，"放学先写 1 小时作业，6 点上舞蹈课，8 点回来继续补作业"，使得孩子常在车上啃面包当晚餐，数学作业本上沾了油渍被老师批评，连续三天这样安排后，孩子舞蹈课压腿时睡着，作业漏写三页课文抄写。孩子因赶进度降低作业质量，兴趣练习时注意力分散，形成"两头都做不好"的恶性循环。

（2）单向决策盲区

不与孩子讨论直接删减睡眠/娱乐时间，用"为你好"拒绝调整课程量的请求。导致孩子产生抵触情绪，出现"故意磨蹭""假装生病"等消极反抗行为。

3. AI 辅助方案

合理规划时间

Prompt 示例：

"为小涵设计一个兼顾学业和舞蹈的时间表，确保两者都能得到充分重视。"

智能时间沙盘

Prompt 示例：

"模拟小涵未来两周的体能曲线，设计动态调整的学业舞蹈时间表"

● **生物节律适配：** 匹配孩子注意力峰值时段，将数学等需高专注力的作业安排在上午 9—11 点

● **疲劳预警系统：** 当作业错误率上升时，自动插入 15 分钟舞蹈放松环节

● **社交保护机制：** 自动锁定每周五放学后 2 小时为"不可侵占的朋友时间"。

场景 2：压力管理不当

1. 具体问题

面对多重任务，孩子的注意力被分散，难以专注于一个目标，结果导致各项任务的进展都变得缓慢。研究表明，过多的任务压力会导致认知负荷过重，影响孩子的学习效率和专注力。这不仅影响孩子当前的任务完成质量，还可能削弱孩子的自信心和学习动力。因练习不如预期，孩子可能出现频繁的情绪波动，如哭泣或抗拒训练。情绪管理能力对于孩子的心理健康和学业表现至关重要。如果孩子无法有

效管理自己的情绪，可能会陷入负面循环，进一步影响他们的学习效果和兴趣。

2. 具体场景

小琪是小学四年级学生，既要准备即将到来的校内语文朗诵比赛，又需要完成英语口语练习。面对双重任务，小琪变得焦虑，每天都在家中练习至睡前，但效率低下，情绪波动大。任务压力叠加使她难以专注于一个目标，结果两项进展都缓慢。因练习不如预期，小琪出现频繁哭泣的现象，甚至出现抗拒训练的倾向。

错误示范：

（1）忽视情绪支持

家长只关注任务完成情况，忽视了孩子的情绪状态："你再多练几次就好了。"这种方式忽视了孩子的情感需求和支持，可能导致情绪问题加剧。

（2）过度强调成果

家长过于注重比赛和练习的结果，忽略了过程中的努力和进步："这次比赛很重要，你必须取得好成绩。"这种方式增加了孩子的心理负担，可能导致他们感到更大的压力和焦虑。

（3）缺乏合理规划

家长没有帮助孩子合理安排时间，导致任务堆积："你先把作业做完再去练习。"这种方式忽视了时间管理和优先级设置的重要性，可能导致孩子在多个任务之间疲于奔命。

3. AI 辅助方案

（1）压力可视化监控

Prompt 示例：

"为小琪设计一个兼顾语文朗诵和英语口语练习的压力管理手册，确保多任务管理能力得到充分锻炼。"

具体内容：

● **第一步：** 让孩子用红黄绿便签标记任务难度：红色："这段朗诵总卡壳，需要妈妈陪练"绿色："英语对话我能独立完成"▶家长行动：优先处理红色标签任务，绿色任务减少干预。

● **第二步：** 5 分钟冷静协议▶执行规则：当孩子出现摔笔/咬指甲等压力信号时：家长主动说："我们先暂停 5 分钟"提供选择："喝酸奶听音乐，还是看两集动画短片？"倒计时 3 分钟预告："还有 3 分钟，继续哦。"

● **第三步**：成果反脆弱训练

▶实战技巧：故意制造小失误：家长读错稿让孩子纠正场景模拟：突然关掉背景音乐练习抗干扰能力反向激励："如果现在放弃，我们就去吃火锅庆祝解脱"（用幽默化解对抗）

（2）情绪管理支持

Prompt 示例：

"为小琪提供情绪管理策略，帮助她应对练习中的压力。"

具体内容：

● **情绪识别**：教小琪识别和表达自己的情绪，了解不同情绪背后的原因。

● **放松技巧**：教授小琪一些简单的放松技巧，如深呼吸、冥想等，帮助她在紧张时放松心情。

● **积极反馈**：鼓励家长给予小琪更多的积极反馈，认可她的努力和进步，而不仅仅是最终的成绩。

● **设立小目标**：将大目标分解成小目标，每完成一个小目标就给予表扬，增强成就感和自信。

场景 3：社交能力欠缺

1. 具体问题

在集体任务中表现出逃避心理，无法融入团队氛围。通过观察和模仿他人的行为，孩子可以学会如何有效地与他人合作。缺乏协作意识不仅影响当前的任务完成质量，还可能削弱孩子未来在职场和社会生活中的适应能力。长期的社交回避可能导致孩子在学校和生活中感到被孤立，影响他们的心理健康和自信心。教育学家强调，良好的社交关系有助于孩子建立积极的自我认同和归属感。

2. 具体场景

小乐是小学二年级学生，喜欢独自玩乐高积木，并能搭建出复杂的模型。但在学校的集体活动中，他总是沉默寡言，不愿与同学合作完成任务。老师反馈，小乐缺乏团队协作能力，甚至在小组讨论时选择不参与，逐渐成为班级中的"隐形人"。

● **倾向单独活动**：孩子更喜欢独立完成任务，忽视与他人互动的重要性。

研究表明，社交技能对于孩子的全面发展至关重要，能够促进其情感、认知和社会适应能力的发展。如果孩子长期倾向于单独活动，可能会错失许多重要的社会学习机会。

● **缺乏协作意识**：在集体任务中表现出逃避心理，无法融入团队氛围。

错误示范：

（1）忽视社交需求

家长只关注孩子的学术成绩或特长发展，忽视了社交能力的培养："只要你把作业做完就好，玩什么无所谓。"这种方式忽视了孩子的情感需求和社会适应能力的发展，可能导致孩子在社交方面的问题加剧。

（2）单一关注个人成就

家长过于强调个人成就，忽略了团队合作的重要性："你自己做得好就行了，不用太在意别人。"这种方式容易让孩子形成以自我为中心的观念，忽视团队合作的价值，导致他们难以融入集体环境中。

（3）缺乏引导和支持

家长没有为孩子提供足够的社交机会和指导，导致孩子在面对集体活动时感到困惑和不安："你去学校自己多跟同学玩就好了。"这种方式忽视了孩子需要逐步适应和学习的过程，可能导致他们更加退缩。

3. AI辅助方案

Prompt示例：

"通过具体情境模拟，帮助小乐理解团队合作的重要性。"

具体内容：

● **角色扮演家庭会议**：每周设定一次"家庭会议"，让小乐和其他家庭成员一起讨论家庭事务，如周末活动计划或家务分工。每次会议结束后，大家一起总结每个人的意见和贡献，让小乐感受到团队决策的重要性。

● **共同完成家庭任务**：选择一些日常的家庭任务，如整理房间、准备晚餐等，让小乐与其他家庭成员一起完成。例如，可以让小乐负责摆餐具，父母负责烹饪，最后大家一起享用成果。过程中，家长可以适时表扬小乐的合作精神。

第八章

初中阶段（13—15 岁）：如何
培养独立思考能力？

"

当孩子们跨过青春期的门槛，13 至 15 岁的初中阶段
成为他们成长历程中的一个新篇章。在这个充满变化和探
索的时期，孩子们的自我意识开始觉醒，他们的思考逐渐
从依赖走向独立。面对这个关键时期，现代父母的教育视
野更加宽广，他们意识到，教育的真谛远不止于成绩单上
的数字，而是关乎孩子品格的塑造、个性的打磨以及心理
健康的守护。

"

序幕：叛逆中的挑战

13 岁的李晓天站在书桌前，手中的笔在纸上胡乱涂鸦，他的数学作业一片空白。他的眼神中闪烁着不服输的光芒，心中却是一片迷茫。

"晓天，你这样子是要拖到什么时候？"妈妈的声音从门外传来，带着一丝焦急。

李晓天不耐烦地回了一句："我知道自己在做什么，不用你管。"

妈妈走进房间，看到儿子的态度，叹了口气："你这是在浪费时间，你知道吗？"

李晓天瞪大了眼睛，声音提高了几分："我就是不想按你们说的做，我有自己的想法。"

妈妈坐在床边，试图平静地沟通："但是，你总得有个度，不能因为叛逆就放弃学习。"

这个对话，透露出初中阶段孩子们内心的叛逆——他不想被规则束缚，却又不知道如何正确地表达自己的独立。在这个转折点上，青春期的叛逆成了他独立思考能力成长的催化剂。

本章将深入探讨如何在初中阶段这个充满叛逆的时期，引导孩子正确地表达自我，培养独立思考的能力。我们将讨论如何在性教育、心理健康教育中找到平衡，以及如何激发孩子的自主学习动力，帮助他们规划学业，让叛逆成为他们成长的助力，而不是阻力。

◆ 一、如何帮助孩子调整和转变思维？

场景 1：依赖性思维

1. 具体问题

孩子的学习和发展是通过与他人互动并在社会环境中进行的。从小学到初中，学生不仅面临课程内容和难度的显著变化，还必须适应新的教学风格、学习方法以及社交环境。对于许多孩子来说，这种转变可能导致他们产生依赖性思维，即习惯于等待老师或同学提供答案，而不是主动思考，解决问题。研究表明，约 40% 的学生在这一阶段会经历学习适应困难。这种依赖性不仅影响学习成绩，还阻碍了独立思考和问题解决能力的发展。此外，根据皮亚杰的认知发展理论，青少年期的孩子正处于形式运算阶段，具备了抽象思维的能力。因此，培养独立思考和解决问题的能力对于这一阶段的孩子尤为重要。

2. 具体场景

小明是初中一年级的学生，他在课堂上总是习惯性地等待老师给出答案，从不主动思考。当老师提出问题时，他常常只是低头不语，等待同学或老师的提示。家长注意到，在做家庭作业时，小明也常常抄袭同学的答案，而不是自己思考解决方法。每当家长询问他为什么不独立思考时，小明总是说："我不知道怎么做，别人做得快。"这种依赖性思维让他在学习上缺乏主动性和自信，遇到问题时总是依赖他人帮助。尽管家长不断鼓励他要自己动脑筋，但小明始终无法克服这种依赖行为，导致学习效果差，缺乏解决问题的能力。家长感到焦虑，却不知如何帮助小明培养独立思考的能力。

● **问题表现：**小明习惯于依赖他人，缺乏独立思考和解决问题的能力。

● **潜在原因：**孩子可能害怕犯错，或者没有被鼓励去独立思考和探索。

错误示范：

（1）过度指导

每当小明遇到问题时，家长总是直接给出答案，而不是鼓励他自己去思考。这种做法会让孩子习惯于依赖他人，而不是培养他解决问题的能力。

（2）忽视问题

有些家长可能认为"小明还年轻，依赖性思维会随着年龄的增长自然而然好转"。这种忽视问题的态度，可能导致孩子养成依赖他人的习惯，影响其长期的发展。

（3）压力过大

有些家长对孩子成绩的要求过高，导致孩子在遇到困难时，担心犯错或无法达到父母的期望，选择通过抄袭来避免失败。这种方式并不能帮助孩子培养独立思考的能力，反而可能造成他们缺乏自信。

3. AI 辅助方案：设计思维挑战

随着人工智能技术的发展，家长可以利用 AI 来帮助孩子培养独立思考的能力。AI 可以根据孩子的年龄和能力，设计出富有挑战且符合孩子认知发展的任务，从而激发他们的好奇心和探索欲。

Prompt 示例：

"请为初中一年级学生设计一个培养独立思考能力的任务。"

AI 生成内容：

给初一学生发放一些雪糕棍、轻黏土、棉线等材料。要求每人独立构思，设计一座心目中最坚固又美观的桥梁模型，思考如何利用手头材料实现造型与承重的平衡，限时 30 分钟。过程中学生得自己琢磨结构、解决材料拼接难题，最后分享搭建思路，以此激发自主思考，提升动手实操的思维能力。

场景 2：缺乏自我表达

1. 具体问题

根据社会学习理论，儿童通过观察和模仿他人来学习行为模式。从小学到初中，学生不仅面临课程难度的提升，还必须适应新的社交互动和课堂参与要求。这种转变可能导致一些学生在集体讨论中表现出明显的社交焦虑。青少年在新环境中可能会因为害怕被评判而选择沉默。长期的沉默不仅影响学术表现，还可能削弱自信心和影响社交技能的发展。

2. 具体场景

小华是初中二年级的学生，每次班级讨论时，她总是默默地坐在角落里，不敢发表自己的观点。虽然老师和家长都鼓励她参与，告诉她"你有很好的想法，可以说出来"，但每当轮到她发言时，她的心跳就加速，手心冒汗，话到嘴边又说不出口。她害怕自己说错话或被同学嘲笑，因此总是选择沉默。即使是简单的问题，她也会犹豫很久，最终选择不发言。家长看到她这种情况，时常安慰她，"不要紧张，试着说说看"，但这些话并没有帮她减轻焦虑，反而让她觉得自己总是无法达到别人期望的标准。小华感到自己在集体中很难被接纳，逐渐产生了自我怀疑，认为自己不够聪明或不值得发言。

● **问题表现**：孩子在集体讨论中缺乏自我表达的勇气和能力。

● **潜在原因**：孩子可能担心被评判或不被接受，对自己的意见缺乏信心。

错误示范：

（1）强迫发言

家长和老师强迫小华在班级讨论中发言，这会增加她的焦虑感。

（2）负面评价

当小华不愿意发言时，家长或老师给予负面评价，例如："你太害羞了，这样不行。"

（3）忽视个体差异

家长和老师没有考虑到小华的个性和舒适度，一味要求她改变。

3. AI辅助方案：模拟表达环境

在当今科技环境下，AI可以为孩子提供一个无压力的模拟环境，帮助孩子在安全、没有评判的空间中练习自我表达。这种方法可以缓解小华的紧张情绪，帮她逐步建立起自信心。

Prompt示例：

"请生成一个适合初二学生的虚拟讨论环境，帮助她练习自我表达。"

AI生成内容：

创建一个"星际探索"虚拟讨论组，设定场景为人类即将登陆未知星球，组员都是小探险家。抛出话题"登陆星球首先准备什么"，让初二学生参与。鼓励小华抛开顾虑，大胆设想，不管是高科技装备，还是特殊联络方式，大家都畅所欲言。在这新奇又科幻的情境里，让小华沉浸式锻炼表达，分享独特想法，倾听他人观点。

场景 3：缺乏逻辑推理能力

1. 具体问题

在初中阶段，学生的思维能力正从具体的形象思维向抽象的逻辑思维过渡（皮亚杰的认知发展理论）。这一转变需要逐步引导和支持，但许多学生在这个过程中遇到了困难。特别是在写作和表达中，学生往往难以组织思路，导致文章结构松散、观点跳跃。这种逻辑推理能力的不足不仅影响了他们的写作质量，还可能削弱他们在其他学科中的表现。由于缺乏系统的训练和具体的指导，学生难以掌握如何构建清晰的思路和合理的论证结构。他们更多依赖直觉和经验来表达思想，而非系统性的逻辑论证，这使得他们在面对复杂的任务时感到困惑和无助，进而影响自信心和学习动力。

2. 具体场景

小刚是初中三年级的学生，最近在写作文时总是出现逻辑混乱的情况。每当老师布置写作任务时，他总是把脑海中的各种想法一股脑儿地写下来，结果文章结构松散，观点没有条理。比如在写关于"环保"的作文时，他先写了自己对环境污染的感受，又突然谈起了自己去旅游时看到的风景，最后又跳到一些解决方法，整篇文章看上去毫无关联。每次交上作业后，老师都会指出他的逻辑不清，提醒他要注意思路的连贯性。但小刚总是茫然不解，不知道如何改进。回到家，家长也看到了他的困扰，但只是简单地告诉他："你要认真思考，再写出来。"但是小刚依然没有掌握有效组织思路的方法。他没有得到具体的指导，依然习惯性地把自己的一堆想法胡乱堆积在文章中，缺乏清晰的思路和合理的论证结构。每当他看到其他同学文章写得既流畅又有条理时，他便不禁产生自卑感，觉得自己在写作上总是处于一个瓶颈期。

- **问题表现**：孩子在写作和表达中缺乏逻辑性和条理性。
- **潜在原因**：孩子可能没有被教导如何组织思路和构建逻辑论证。

错误示范：

（1）简单批评

家长和老师只是指出小刚的作文逻辑混乱，但没有提供具体的改进方法。

（2）忽视过程

家长和老师只关注结果，而忽视了小刚在构建逻辑过程中的努力。

（3）过度干预

家长和老师替小刚重写文章，而不是引导他自己发现和解决问题。

3. AI 辅助方案：逻辑推理训练

AI 可以为孩子提供丰富的逻辑推理训练任务，帮助他们理解如何构建清晰的思路，掌握逻辑论证的方法。这不仅能提高孩子的写作能力，还能增强他们在其他学科中的思维能力。

Prompt 示例：

"请为初中三年级学生设计一个逻辑推理训练游戏。"

AI 生成内容——游戏名称：《推理小侦探》

准备一些简单案件描述卡片，如"教室的花瓶碎了，现场有支铅笔，小明常带铅笔来"等。让学生分组，抽取卡片后限时讨论，推理出可能的"嫌疑人"及理由，最后每组派代表阐述，大家评判对错。这个游戏既有趣又能训练逻辑推理能力，很适合初三学生哦。

✦ 二、如何进行青春期性教育？

场景 1：性知识认知不足

1. 具体问题

在儿童从童年向青春期过渡的过程中，身体和心理的变化是不可避免的。根据埃里克森的心理社会发展理论，青春期是个体自我认同形成的关键时期，而性知识的认知和理解对于这一过程至关重要。然而，许多家庭和学校缺乏系统的性教育，导致孩子在面对这些变化时感到迷茫和尴尬。研究表明，缺乏正确的性知识可能导致青少年产生不必要的焦虑和误解，影响他们的心理健康和发展。因此，在这个阶段提供适当的性教育不仅是必要的，还是帮助孩子顺利渡过青春期的重要手段。

2. 具体场景

小刚是初中一年级的学生，最近他发现自己的身体开始发生一些变化——声音变得低沉，体毛也开始长出来。每当他在镜子前看到这些变化时，他都感到既尴尬又困惑。他听到同学们在聊类似的话题，但总是觉得不太敢参与，因为他不清楚这些变化到底意味着什么。小刚曾试图向父母询问，但每次想开口时，他总是因为害羞或担心父母不理解而选择沉默。家里也很少谈论这些话题，父母从未主动向他解释过青春期的生理变化和心理波动。随着时间的推移，小刚越来越感到困惑，甚至听信了部分同学关于青春期的错误说法。由于缺乏正确的性知识，他对这些生理和心理的变化感到迷茫，也开始担心自己是否与其他同学不同。最终，他选择回避与任何人讨论这些问题，导致他对性知识的认知非常有限，陷入了自我困扰中。

● 问题表现：缺乏对青春期变化的基本了解和正确态度。

● 潜在原因：家庭和学校缺乏系统的性教育，使得小刚在面对性知识时感到迷茫和尴尬。

错误示范：

（1）回避问题

家长发现孩子对性知识有疑问时，选择回避话题，例如："你还小，不需要知道这些。"

（2）错误引导

家长用迷信或错误的观念解释性知识，例如："这些都是自然发生的，不用去深究。"

（3）过度保护

家长过度保护孩子，不允许他们接触任何性相关信息，导致孩子无法获得正确的性知识。

3. AI 辅助方案：提供科学的性教育信息

（1）知识普及与问答互动

AI 提供青春期变化的科学解释和常见问题解答，帮助孩子理解自己的身体和心理变化。AI 根据孩子的年龄设计问答内容。

Prompt 示例："青春期身体会有哪些变化？"

AI 生成内容：青春期身体变化多。男生会出现喉结突出、声音变粗、长出胡须等特征，肌肉也逐渐发达。女生乳房隆起、骨盆变宽、皮下脂肪增多，开始出现月经初潮。此外，男女生身高都会快速增长，汗腺、皮脂腺分泌也更旺盛，还易长青春痘等。

（2）行为记录与反馈

通过对孩子的行为和疑问的日常记录，生成个性化的教育报告。帮助家长更好地了解孩子的需求，同时为指导孩子提供具体方法。家长输入孩子最近的行为事件，AI 根据行为分析背后的原因，并提供科学的引导建议。

Prompt 示例：

"小刚对自己的身体变化感到困惑。"

AI 生成内容：

作为家长，要主动和小刚耐心沟通，坦诚聊聊青春期身体变化的知识，用温和的语气解答他的疑问。分享自己的青春期经历，让他知道这很普遍、正常。尊重他的感受，鼓励他积极参加有益的活动，转移注意力，若情况严重，可陪他咨询专业医生。

（3）互动式教育故事

生成符合孩子兴趣的互动故事，帮助孩子在趣味中学习性知识。AI 根据孩子的兴趣（如喜欢科学或探索）生成故事内容。

Prompt 示例：

"小刚在探索自己的身体变化时，发现了一些新奇的事情。"

AI 会问孩子："如果你是小刚，你会怎么做？为什么？"AI 根据孩子的回答进行反馈和情境延展，进一步引导讨论。通过寓教于乐的方式增强孩子的参与感，并帮助他们在虚拟情境中实践对性知识的理解。

场景 2：性别角色认同模糊

1. 具体问题

青春期不仅是生理变化的关键时期，还是孩子开始探索自我身份和性别角色的重要阶段。青春期是形成性别认同的关键窗口，当这些性别角色与他们的个人兴趣和感受不一致时，许多孩子可能会对社会上既定的性别角色产生疑问。研究表明，性别刻板印象会对青少年的心理健康和发展产生负面影响，导致他们自尊心下降、焦虑增加以及其他一些行为问题。如果孩子在这个时期缺乏适当的指导和支持，他们可能会感到困惑、压抑，甚至影响其自尊心和心理健康。因此，提供科学的、开放的性别平等教育对于帮助孩子建立健康的性别认同至关重要。

2. 具体场景

小兰是初中二年级的学生，最近她开始对性别角色产生疑问。在学校里，男孩子们经常一起踢足球，而女孩子们则多玩跳绳或做手工。小兰觉得自己也很喜欢踢足球，却总是被同学们告知："女孩子不适合玩足球。"她感到非常困惑，认为自己与周围的女孩子不同，但又无法理解这种性别分工的原因。一天，她向父母提起这个问题，问为什么女孩子不能像男孩子一样玩足球。家长听后并未深入解释，而是简单地回应："这是传统，女孩子玩别的更合适。"小兰听后心里有些不解，虽然没有再追问，但这种回答并没有帮助她厘清性别角色的概念。她感到困惑和压抑，因为无法理解社会上对男女角色的不同期待，也不知道是否应该遵循这些传统观念。缺乏父母的引导和对性别平等的讨论，小兰对性别角色的认同变得更加模糊。

- **问题表现**：小兰对性别角色有疑惑，也缺乏深入的理解和认同。

- **潜在原因**：社会和家庭对性别角色的刻板印象，限制了孩子对性别平等和多样性的认识。

错误示范：

（1）强化性别刻板印象

家长告诉孩子"男孩应该坚强，女孩应该温柔"，这种刻板印象限制了孩子的个性发展。

（2）忽视孩子的疑惑

家长对孩子的性别角色疑惑不以为意，认为"长大了自然就明白了"。

（3）避免讨论

家长避免与孩子讨论性别角色问题，认为这是成人话题。

3. AI 辅助方案：提供性别平等教育

为家长提供性别平等的教育指导和个性化建议，帮助他们更好地支持孩子的性别认同发展。帮助家长避免错误示范，同时建立更有效的陪伴和引导方式。

Prompt 示例：

"小兰对性别角色有疑问，我该怎么解释？"

AI 生成内容：

"不要简单地用传统观念解释性别角色，可以通过讨论不同文化中的性别角色，让孩子理解性别平等的重要性。例如，分享一些女性运动员的故事，展示她们在体育领域的杰出成就，帮助小兰认识到性别不应该成为限制个人兴趣和能力的因素。"

"尝试使用故事和案例，让孩子看到不同性别角色的多样性和平等性。"

场景3：性健康意识缺乏

1. 具体问题

青春期是孩子身体和心理快速发展的时期，也是他们开始对性健康产生疑问的时期。然而，许多孩子在这个时期缺乏正确的性健康知识，容易受到错误信息的影响，导致困惑和不安。如果孩子没有得到适当的指导和支持，可能会形成错误的观念，影响他们的身心健康。因此，提供系统的、科学的性健康教育对于帮助孩子建立健康的性观念和自我保护意识至关重要。

2. 具体场景

小乐是初中三年级的学生，随着年龄的增长，他开始对身体和性健康产生疑问。最近，他在学校听到了一些关于性健康的谣言，比如"如果接吻就会怀孕"或"得了性病就无法治愈"，这些说法让他感到困惑和不安。由于家长从未主动和他谈论过性健康问题，小乐不知道这些信息是真是假，也不敢向老师或同学求证。他的同学们有时以开玩笑的形式谈论这些话题，小乐虽然心里有疑问，但由于害怕被嘲笑，他选择了沉默。家长看到小乐的情绪变化，觉得他开始变得沉默寡言，但却没有意识到这可能与他性健康的困惑有关。由于缺乏正确的性健康知识，小乐对自己的身体和性健康产生了很多误解，甚至觉得这些话题是禁忌，不能与家人沟通。

- **问题表现**：小乐缺乏对性健康的正确认识和自我保护意识。
- **潜在原因**：缺乏系统的性健康教育，使得小乐在面对性健康问题时感到迷茫和不安。

错误示范：

（1）忽视性健康教育

家长认为性健康是孩子长大后自然就了解的事情，忽视了早期教育的重要性。

（2）传递错误信息

家长用错误的信息回答孩子的性健康问题，例如："性病都是由不检点的行为引起的。"

（3）过度保护

家长过度保护孩子，不允许他们接触任何与性健康相关的信息，导致孩子无法获得正确的性知识。

3. AI 辅助方案：提供性健康教育资源

AI 提供与性健康相关的科学知识和常见问题解答，帮助孩子理解性健康的重要性。AI 根据孩子的年龄设计问答内容。AI 提供多种选择和解释，帮助孩子理解不同预防措施的效果和重要性。

Prompt 示例：

"请为初中三年级学生设计一个关于如何预防性传播疾病的问答互动。"

AI 生成内容：

问：性传播疾病有哪些？

答：性传播疾病包括艾滋病、淋病、梅毒等，它们可以通过不安全的性行为传播。预防方法包括使用安全套、定期进行体检等。

问：避孕方法有哪些？

答：避孕方法有很多种，包括避孕药、避孕套、宫内节育器等。每种方法都有不同的效果和适用情况，选择时需要根据个人情况做决定。

问：为什么了解性健康很重要？

答：性健康不仅关乎身体健康，还涉及心理健康。了解性健康可以帮助你做出更明智的决定，预防疾病并保护自己。

◆ 三、如何进行心理健康教育？

（一）培养健康的心理素质

场景 1：应对压力的能力不足

1. 具体问题

初中阶段的孩子正处于身心快速发展的时期，学业压力逐渐增大，社交关系也变得更加复杂。这一阶段是孩子心理素质形成的关键期。青少年的情绪调节能力和应对策略直接影响其心理健康和学习表现。许多孩子在这个时期缺乏有效的压力管理和情绪调节能力，容易感到焦虑和沮丧。如果孩子没有得到适当的指导和支持，可能会形成负面的情绪模式，影响他们的心理健康和学习状态。因此，提供系统的、科学的情绪管理和压力应对教育对于帮助孩子建立健康的心理素质至关重要。

2. 具体场景

小刚是初中一年级的学生，随着学科内容逐渐增多，作业量和考试压力也在增加。他经常在放学后感到心情沉重，焦虑不断。有时，数学题目做不出来，他会感到无力和沮丧；周五的考试总是让他心情紧张，晚上睡觉前常常翻来覆去，担心第二天成绩不好。但每当他试图向父母表达这些压力时，父母总是简单地说："你要坚强，别总想着这些，学习要有耐心。"小刚并没有得到有效的情绪支持，反而觉得自己的困扰不被理解。面对成绩的波动和不断增多的任务，他不仅不知道如何表达自己的压力，而且没有学到有效的应对方法。即便他有时觉得难以承受，还依然默默忍受，压力逐渐积累，影响了他的情绪和学习状态。

● **问题表现**：缺乏应对压力和情绪管理的能力。

● **潜在原因**：缺少如何在压力下进行自我调节和寻求帮助的指导。例如，家庭和学校没有提供足够的心理健康教育和支持系统。

错误示范：

（1）忽视情绪

家长在发现孩子情绪低落时，简单地忽略，认为"小孩子哪有那么多烦恼"。

（2）压力加码

家长对孩子的成绩和表现施加更多压力，例如："你必须考好，不然将来怎么办？"

（3）缺乏沟通

家长不与孩子进行有效沟通，不了解孩子的内心世界，导致孩子感到孤立无援。

3. AI辅助方案：提升情绪管理和压力应对能力

情绪管理是青少年健康成长中的重要技能，尤其是在面对学业、社交和家庭压力时。AI 可以为孩子提供个性化的情绪识别与表达训练，帮助他们有效应对压力。以下是针对不同情绪管理技巧的扩展 Prompt 指令，帮助家长通过 AI 引导孩子提高情绪管理能力。

Prompt 示例 1：

"请为初中生设计一个关于如何识别和表达焦虑情绪的训练模块。"

AI 生成内容：

问：当你感到焦虑时，你的身体有哪些反应？

选项：

1. 手心出汗

2. 心跳加速

3. 无法集中注意力

AI 解释：焦虑常常伴随生理反应，如手心出汗、心跳加速等。了解这些信号能帮助你及时识别焦虑情绪，进而采取应对措施。

Prompt 示例 2：

"请为初中生设计一套情绪卡片，帮助他们识别和表达情绪。"

AI 生成内容：

卡片一：愤怒——"我感觉我的心跳加速，脸红，想大声喊叫。"

卡片二：悲伤——"我感觉有些孤单，眼睛很沉重，甚至不想与人说话。"

卡片三：焦虑——"我的思维跳跃很快，手心冒汗，感觉很紧张。"

情景对话：

问："当你感到焦虑时，你会怎么做？"

选项：

1. 深呼吸

2. 和朋友谈谈

3. 停下来做些冥想

场景 2：自我认同感缺失

1. 具体问题

青春期是"同一性和角色混乱"的关键阶段，孩子们需要通过探索不同的角色和兴趣来建立稳固的自我认同感。然而，许多孩子在这个过程中缺乏足够的支持和指导，导致他们对未来感到迷茫，难以明确自己的兴趣和长处。研究表明，缺乏自我认同感不仅会影响孩子的心理健康，还可能阻碍其学术和社会发展（Kernis，2003）。因此，提供系统的自我认同教育对于帮助孩子建立积极的自我认知至关重要。

2. 具体场景

小兰是一名初中二年级的学生，她对自己的身份和未来方向感到迷茫。她不确定自己的兴趣和长处在哪里，也担心自己无法满足家长和老师的期望。家长注意到小兰的迷茫，却只是告诉她要"听话"，并没有提供探索自我的指导。

● **问题表现**：小兰对自己的能力和未来感到不确定，缺乏自我认同感。

● **潜在原因**：孩子缺乏自我探索的机会和支持，家长和学校未能提供足够的自我认同教育。

错误示范：

（1）忽视自我探索

家长对孩子的自我探索不感兴趣，只关注成绩。

（2）强加期望

家长将自己的期望强加给孩子，例如："我希望你将来能成为一名医生。"

（3）批评自我表达

家长对孩子的自我表达持批评态度，例如："你这些想法太幼稚了。"

3. AI辅助方案：促进自我认同感的形成

为家长提供教育指导和个性化建议，帮助他们更好地支持孩子的自我认同发展。AI为家长描述场景，帮助家长避免错误示范，同时建立更有效的陪伴和引导方式。

Prompt 示例：

"小兰对自己的未来感到迷茫，我该怎么帮助她？"

AI 生成内容：

先耐心倾听小兰的想法和困惑，让她尽情倾诉。然后和她一起分析自身优势、兴趣所在，比如擅长绘画可往艺术方向探讨。分享些不同职业发展的事例，鼓励她树立短期小目标，逐步探索；告诉她迷茫很正常，只要积极行动，未来会慢慢清晰起来。

场景 3：社交焦虑问题

1. 具体问题

社交焦虑是青少年常出现的心理问题之一，特别是在学校环境中。根据认知行为理论，社交焦虑源于个体对社交情境的负面自动思维和预期性恐惧。这种焦虑不仅影响孩子的心理健康，还可能阻碍其在社会中的学习发展。研究表明，社交焦虑的孩子往往缺乏有效的社交技能和应对策略，导致他们在社交场合中感到极度紧张和做出回避行为。

2. 具体场景

小乐是初中三年级的学生，在学校里，他通常是那种安静、内向的孩子。每当老师要求同学们在课堂上发言时，小乐总是低着头，不敢与同学们对视，尽管他知道答案。但因为内心焦虑，他总是担心自己说错话被同学嘲笑，或者被老师批评。每次轮到他发言时，他就心跳加速，手心冒汗，声音发抖。即便有些老师和同学鼓励他，他仍然感到自己不够好，害怕被人评判。

有一天，老师安排了一次小组讨论，要求每个小组成员都分享自己的看法。小乐坐在小组里，眼睛不敢正视其他同学，只是机械地听着他们讨论，尽量避免开口。当老师走到他们小组时，看到小乐没发言，就问他："小乐，为什么不说说你的看法？"小乐的脸顿时变红，低声说："没什么，我不知道该说什么。"尽管他有很多想法，但因为害怕出错，他选择了保持沉默。

回家后，父母注意到小乐总是情绪低落，并且表现出回避社交活动的趋势。他们心里明白小乐可能有社交焦虑，但每次提到此事时，父母只能简单地安慰他说："不要怕，要勇敢一点。"然而，这样的鼓励并没有帮助小乐缓解内心的不安，他依然感到困惑，不知道如何克服自己的焦虑。

● **问题表现**：小乐在社交场合中表现出极度的紧张和回避行为。

● **潜在原因**：孩子缺乏社交技能的培养和实践，家长和学校未能提供足够的社交焦虑干预。

错误示范：

（1）强迫社交

家长强迫小乐参加社交活动，不考虑他的感受。

（2）轻视焦虑

家长轻视小乐的社交焦虑，认为"这只是小事"。

（3）过度保护

家长过度保护小乐，不让他面对社交场合。

3. AI辅助方案：改善社交焦虑

利用AI提供社交技能的训练模块，帮助孩子学习和练习社交技巧。AI根据孩子的年龄设计角色扮演和情景模拟。

Prompt示例：

"请为初中生设计一个社交技能训练模块，帮助他们学会如何在同学面前发言。"

AI生成内容：

模块一：小组讨论时表达观点

● **角色扮演：** 设定校园活动策划讨论场景，几个同学围坐。

● **情景模拟：** 让孩子扮演其中一员，练习清晰、有条理地说出自己的想法，同时尊重他人的观点，例如："我觉得这次活动可以增加知识竞赛环节，因为它能调动大家的积极性，大家怎么看呀？"

模块二：化解同学间矛盾

● **角色扮演：** 模拟两位同学因值日闹矛盾的场景。

● **情景模拟：** 孩子尝试以和事佬的角色，用平和的语气去劝解，例如："别生气啦，可能是有误会，咱们好好说说，一起把值日安排好呀。"

模块三：结交新朋友

● **角色扮演：** 营造社团初次见面的场景。

● **情景模拟：** 孩子主动去打招呼、自我介绍，询问对方爱好来拉近距离，例如："嗨，我叫××，喜欢读书，你呢？咱们可以一起交流呀。"

◆ 四、如何培养孩子的自主学习能力？

（一）激发学习动力

场景 1：缺乏学习兴趣

1. 具体问题

孩子对学习缺乏兴趣和主动性是一个常见的教育挑战。根据自我决定理论，内在动机是驱动个体持续参与活动的关键因素。当孩子对学习内容感到枯燥或无法找到学习的乐趣时，他们的内在动机就会减弱，导致学习动力不足。此外，家长和教师的引导方式也会影响孩子的学习态度。研究表明，如果孩子没有发现学习的价值或意义，他们可能会认为学习与自己无关，从而降低学习的积极性。

2. 具体场景

小明是初中二年级的学生，放学回家后，他总是第一时间打开电视或者拿起手机玩游戏。尽管父母已经提醒过他很多次，但小明的作业还是一拖再拖，直到晚餐后才匆忙开始。每当家长要求他集中精力学习时，小明总是表示"已经很累了"或者"作业太多"。他对老师讲的知识也提不起兴趣，总觉得这些内容与自己没有太大关系，学习的动力几乎为零。

一天晚上，小明的父亲走进他的房间，看见他又在玩手机，便劝道："怎么又在玩了？作业做完了吗？"小明撇了撇嘴："我知道，学习没什么意思，作业做不完也没关系，反正大家都差不多。"父亲听了非常无奈，感到很焦虑，但又不知道如何开导小明，觉得自己怎么说都不管用。

● **问题表现**：孩子对学习没有热情，缺乏主动学习的动力。

● **潜在原因**：学习内容枯燥，孩子没有找到学习的乐趣；或者家长没有正确引导孩子发现学习的价值。

错误示范：

（1）强制学习

家长通过强硬手段要求孩子学习，例如没收游戏机、限制看电视的时间等，但这种做法往往适得其反，让孩子更加反感学习。

（2）过度奖励

家长用物质奖励来激励孩子学习，如"考得好给你买玩具"，这种方式可能会让孩子产生学习是为了奖励的错误观念。

3. AI辅助方案：个性化学习推荐

利用AI技术，根据孩子的学习情况和兴趣，推荐适合的学习资源和课程。通过有趣的学习内容，激发孩子的学习兴趣。

Prompt示例：

"请为初中学生小明提供一套适合他的个性化学习资源推荐，结合他对历史和数学的兴趣，提供生动有趣的学习材料。"

AI生成内容：

历史方面

书籍：《半小时漫画中国史》，用幽默的漫画与诙谐的语言讲述历史大事，轻松好懂。《如果历史是一群喵》，把历史人物比作猫咪，趣味呈现历史故事，很吸引人。

纪录片：《中国通史》，内容丰富全面，画面精美，能使读者系统了解历史脉络。

数学方面

书籍：《数学帮帮忙》，通过生活故事引出数学知识，趣味性强。

线上课程："洋葱学园"，动画式讲解数学知识点，生动直观，便于理解和掌握。

场景2：目标不明确

1. 具体问题

根据目标设定理论，明确且具有挑战性的目标能够显著提高个体的绩效和动机。对于初中生来说，没有明确的学习目标可能会使他们感到迷茫和无助，尽管他们可能付出了努力，但却难以看到明显的进步。设定具体、可衡量、可实现、相关性强且有时限的目标有助于增强学生的自我效能感和学习动力。帮助孩子设定明确的学习目标，并提供相应的支持和反馈，是提升其学习效果的关键。

2. 具体场景

小红是一名初中生，每天放学后都会认真做作业、复习功课，甚至参加一些课外辅导班。尽管她付出了不少努力，但成绩始终没见明显提升。她感觉自己一直在"忙碌"学习，却不知道自己究竟是在朝哪个方向努力。小红习惯性地盯着老师的教学节奏，跟着老师走，但自己并没有明确的学习目标和计划。每当妈妈问她有什么目标时，小红只能回答："提高成绩吧。"但她并不清楚如何去提高，也没有具体的规划。

● **问题表现**：孩子没有明确的学习目标，缺乏学习方向。

● **潜在原因**：家长没有帮助孩子设定合适的学习目标，或者孩子对目标的理解不够深刻。

错误示范：

（1）过高的期望

家长为孩子设定过高的目标，例如："下次考试一定要考全班第一"。这种不切实际的目标会让孩子感到压力巨大，反而影响学习效果。

（2）忽视目标设定

家长不重视目标设定的过程，只是简单地要求孩子"好好学习"，没有具体的目标和计划。

3. AI 辅助方案：目标设定与跟踪

利用 AI 工具，帮助孩子设定明确、可衡量的学习目标，并跟踪学习进度。AI 可以提供目标设定的指导，以及学习进度的反馈，帮助孩子更好地规划学习。

Prompt 示例：

"请为初中生小红设计一个清晰、具体的学习目标，包含短期和长期目标，帮助她在英语和数学两门学科上取得进展。"

AI 生成内容：

● **短期目标**：英语词汇量增加 50 个，每日进行复习，每周完成 2 篇作文练习；数学每周至少完成 5 个课后习题，力求理解每道题目的解题步骤。

● **长期目标**：期中考试时，英语成绩提高 10 分，数学成绩提高 10 分；在强化基础知识的同时，提高解题能力。

（二）培养学习习惯

场景 1：时间管理不当

1. 具体问题

中学的学习任务增多、课程难度加大，对学生的自我管理和自律能力提出了更高的要求。然而，许多学生在这个阶段尚未完全适应这种变化，导致他们在时间管理上出现问题。初中阶段的孩子正处于"自我同一性和角色混乱"的心理社会发展阶段，他们需要通过完成任务和取得成就来建立自信。如果在这个阶段无法有效管理时间，不仅会影响学习成绩，还可能导致自信心受挫，进而影响整体的心理健康发展。

2. 具体场景

小刚是初中一年级的学生，每天放学后总爱抱着手机刷短视频和看漫画，把作业抛在脑后。等到晚上八点半发现同学群在讨论作业时，才慌慌张张翻出课本。这时候眼睛已经发酸，数学题越算越乱，作文也写得前言不搭后语。第二天早读课总在打哈欠，物理老师讲的电路图怎么看都像短视频里的迷宫特效。妈妈尝试没收过他的手机，结果小刚用爷爷的旧手机继续玩；爸爸说要设立"无电子产品时间"，但自己却经常在客厅开着电视看球赛。现在小刚把作业本藏进漫画书里假装完成，家庭氛围越来越紧张。

- **问题表现**：孩子不会合理安排时间，导致学习效率低下。
- **潜在原因**：家长没有帮助孩子建立起良好的时间管理习惯。

错误示范：

（1）过度干涉

家长完全替孩子安排时间，如"每天放学后必须先做作业"，这种做法会让孩子失去自主性和责任感。

（2）放任自流

家长对孩子的时间管理不加干涉，任由孩子自由安排，导致孩子浪费时间。

3. AI 辅助方案：时间管理工具

利用 AI 时间管理工具，帮助孩子制订合理的学习计划，并跟踪执行情况。AI 可以提供时间管理的建议，以及学习进度的提醒，帮助孩子养成良好的时间管理习惯。

Prompt 示例：

"请为初中一年级学生设计一个适合的时间管理工具，帮助他合理安排学习、休息和娱乐时间。"

AI 生成内容：

工具名称：时间管理卡片

准备材料：

一些彩色卡纸、笔、剪刀、打孔器、小圆环。

制作卡片：

用不同颜色的卡纸剪出若干长方形卡片，比如绿色代表学习、黄色代表休息、蓝色代表娱乐。

在绿色卡片上写下具体的学习任务（如做语文作业 30 分钟），黄色写休息活动（如课间休息 10 分钟），蓝色写娱乐安排（如自由安排 20 分钟游戏时间）。

使用方法：

每天早上，根据课程表和课余时间，按顺序把卡片用小圆环串起来，形成一天的时间安排表。

每完成一项任务，就把对应的卡片取下，直观看到一天时间的使用情况，也能督促自己按计划执行，养成良好的时间管理习惯。

场景 2：注意力分散

1. 具体问题

注意力是高效学习的基础，能够帮助学生更好地吸收和处理信息。然而，许多学生在这个阶段面临注意力分散的问题，尤其是在多任务环境中，如做家庭作业时受到手机消息、电视声音等的干扰。根据认知负荷理论，过多的外部干扰会增加学生的认知负荷，导致他们难以专注于当前任务。此外，缺乏专注力训练也会使学生在面对干扰时更容易分心。因此，帮助孩子提高专注力，减少外界干扰，是提升其学习效果的关键。

2. 具体场景

小丽是初中一年级的学生，每当她坐下来开始做作业时，总是很难集中注意力。即使是简单的数学题，她也常常被周围的声音打扰。手机上的消息提醒总是让她忍不住去查看，同时电视的声音也让她分心。每次刚刚开始集中精力做题时，就因为一个短信或电视广告中断了思路，重新集中又需要很长时间。由于频繁的分心，小丽做作业的时间总是拖得很长，最终也未能在规定的时间内完成任务。家长曾多次提醒她关掉手机或者设置静音，但效果不大。小丽感到非常沮丧，因为她已经意识到自己无法有效集中精力，但又不知道该如何改进。

● 问题表现：孩子注意力不集中，容易分心。

● 潜在原因：学习环境不佳，或者孩子缺乏专注力训练。

错误示范：

（1）严厉批评

家长发现孩子分心时，严厉批评孩子，例如："你怎么又走神了！"这种做法会让孩子更加紧张，反而影响学习效果。

（2）过度保护

家长为了让孩子专心学习，完全隔绝外界干扰，如不让孩子使用手机、电视等，这种做法会让孩子失去与外界的联系，不利于其全面发展。

3. AI辅助方案：专注力训练游戏

利用AI技术，设计专注力训练游戏。通过有趣的游戏形式，帮助孩子提高专注力。AI可以根据孩子的表现，调整游戏难度，确保训练效果。

Prompt示例：

"为初中一年级学生设计一个注意力训练任务，帮助她提高学习专注力，并减少外界干扰。"

AI生成内容：准备一本有简单故事的书、计时器。找一个安静的空间坐下，开启计时器后开始阅读，要求专注理解故事内容，屏蔽外界声响等干扰。5分钟后停下，合上书回忆并写下故事的主要人物、情节等关键信息。每次训练后对比记录，看能否记得更准更多。后续可延长时间、换更复杂的文本训练，长期坚持能提高专注力，减少外界干扰的影响。

（三）提升学习技能

场景 1：学习方法不当

1. 具体问题

机械记忆（死记硬背）虽然可以帮助学生在短期内记住某些知识点，但并不利于其长期理解和应用。学习是一个主动构建知识的过程，学生需要通过思考、理解、实践等方式来内化所学内容。然而，许多学生在这个阶段仍然依赖于传统的死记硬背方法，导致他们在理解和应用上遇到困难。

2. 具体场景

小强是初中二年级的学生，每天放学后总是埋头苦读，尽管如此，他的成绩却一直没有明显提升。小强采用的主要学习方法是死记硬背，尤其在背诵历史事件、英语单词等内容时，他总是靠不断重复来记忆，但这并没有帮助他在理解和应用上取得进步。每次考试后，小强都会感到很沮丧，因为尽管他花了大量时间复习，但很多知识点他还是记不住或者做错题。小强也知道自己只是机械地记忆，没有真正理解所学内容，但他不知该如何调整学习方法。家长虽然鼓励他努力，但未能帮助他发现更有效的学习方式，导致小强在学习上感到迷茫。

- **问题表现**：孩子学习方法不当，导致学习效率低下。
- **潜在原因**：家长没有帮助孩子掌握有效的学习方法，或者孩子对学习方法的理解不够深刻。

错误示范：

（1）忽视方法指导

家长只关注孩子的学习成绩，忽视对其学习方法的指导。

（2）盲目模仿

孩子盲目模仿其他同学的学习方法，没有根据自己的实际情况进行调整。

3. AI 辅助方案：学习方法指导与训练

利用 AI 技术，帮助孩子根据自己的学习特点调整学习方法。AI 可以为小强提供科学的学习策略，例如："费曼学习法""联想记忆法"等，并通过模拟训练、做练习题等方式让小强掌握这些方法。AI 还可以分析小强的学习记录，反馈哪些方法更适合他。

Prompt 示例：

"请为初中二年级学生设计一个个性化的学习方法训练计划，帮助他掌握有效的学习技巧，并提高学习效率。"

AI 生成内容：

预习： 每天花 20 分钟预习新课，圈出重难点，尝试理解简单知识。

课堂： 紧跟老师思路，积极回答问题，做好笔记，标记疑问处。

复习： 课后 30 分钟内回顾知识点，整理笔记，通过做题进行巩固，将错题整理到错题本，并分析错误原因。

总结： 每周日花一个小时总结本周所学，梳理知识框架，找出薄弱点再强化，长期坚持，定能提高学习效率。

场景 2：自主学习能力不足

1. 具体问题

有效的自主学习包括设定目标、制订计划、执行任务和自我评估四个关键步骤。如果学生在这四个环节中缺乏足够的训练和支持，他们可能会在没有外部监督的情况下表现出拖延、遗忘任务等问题。因此，帮助孩子逐步培养自主学习能力，是提升其学习效果和促进其长期发展的关键。

2. 具体场景

小芳是初中二年级的学生，尽管她每天放学后就坐在桌前开始做作业，但总是需要家长或老师的提醒才能集中注意力。每次她做作业时，家长总会在旁边督促，告诉她要先做数学，再做语文，甚至在她忘记做某些作业时也会帮她检查。小芳并没有真正理解如何独立安排学习时间和任务，也不知道如何评估自己哪些地方做得好，哪些地方还需要改进。她没有自己的学习计划，每次的学习进度也是由家长或老师安排的。小芳总是依赖外部的指引，而在没有监督的情况下，她常常会拖延或者忘记学习任务。家长担心小芳缺乏自主学习的能力，但却没有找到有效的方法来培养她的独立性。

- 问题表现：孩子自主学习能力不足，缺乏独立学习的能力。
- 潜在原因：家长没有培养孩子的自主学习能力，或者孩子对自主学习的理解不够深刻。

错误示范：

（1）过度依赖

家长过度依赖孩子的自主学习能力，没有给予其足够的指导和支持。

（2）忽视自主学习能力的培养

家长只关注孩子的学习成绩，忽视对其自主学习能力的培养。

3. AI 辅助方案：自主学习能力训练

利用 AI 技术，提供自主学习能力训练，帮助孩子提高自主学习能力。AI 可以根据孩子的学习情况和特点，设计个性化的训练计划，并提供训练反馈。

Prompt 示例：

"请为初中二年级学生设计一个自主学习训练计划，帮助她逐步培养独立学习和自我评估的能力。"

AI 生成内容：

● **规划学习：** 每晚列出次日各科学习任务，预估学习时间。比如语文背诵古诗词、数学做习题。

● **自主学习：** 按计划执行，学习时保持专注，多思考总结，遇到难题先尝试自己解决，可查阅资料或请教线上老师。

● **自我评估：** 完成后对照任务检查，回顾知识点掌握情况，整理错题，分析错因，定期总结学习成效，逐步提升自主学习与评估的能力。

◆ 五、如何进行初中阶段的学业规划？

（一）基础学习习惯的培养

场景 1：时间管理不当

1. 具体问题

这一阶段的学生正处于从依赖性向独立性的过渡期，他们的自我调节能力和执行功能尚未完全成熟。这种未成熟的认知能力使得他们难以有效地计划和管理自己的时间。内在动机是驱动个体持续参与活动的关键因素，如果学生感到任务缺乏意义或乐趣，他们可能会依赖外部奖励来完成任务，这反而削弱了他们的内在动机，形成恶性循环。

2. 具体场景

初一学生小明每天放学后总说"先放松半小时"，结果刷短视频停不下来。等想起作业时已到晚上八点，语文摘抄本下压着没写完的物理题，台灯旁还放着吃了一半的薯片。妈妈每次推门提醒都引发争吵："你根本不懂我们现在的学习压力！"爸爸安装的手机使用监控软件，被小雨用旧手机副卡破解。周末发现孩子凌晨三点躲在被窝里补作业，全家陷入疲惫的拉锯战。

● **问题表现**：小明缺乏有效的时间管理，导致作业完成质量不高，也影响第二天的课堂学习。

● **潜在原因**：孩子可能尚未意识到时间管理的重要性，或者对时间规划缺乏具体的方法。

错误示范：

（1）过度干涉

家长直接没收孩子的手机，强制他立即开始做作业。这种做法可能引起孩子的逆反心理，导致家庭矛盾。

（2）放任自流

家长觉得孩子已经长大，应该自己管理时间，因此不进行任何引导和监督。这会使孩子的时间管理能力得不到提升，问题持续存在。

3. AI 辅助方案：时间管理工具应用

利用 AI 技术设计时间管理工具，如时间规划表格，帮助孩子制订合理的学习计划。AI 可以根据孩子的学习任务和休息时间，自动生成每日学习时间表。同时，通过提醒功能，帮助孩子养成按时完成作业的习惯。

Prompt 示例：

"请为初中一年级学生设计一个时间管理方法，帮助他合理规划每日的学习时间。"

AI 生成内容：

准备一个笔记本，划分成"待办事项""时间安排""完成情况"三栏。每晚将第二天要学的科目及对应任务写在"待办事项"栏，预估每项学习时间并填进"时间安排"栏。白天按计划执行，每完成一项就在"完成情况"栏打钩，若未完成，分析原因并调整后续安排。周末复盘总结，不断优化时间分配，养成合理规划学习时间的好习惯。

场景 2：学习方法单一

1. 具体问题

初中孩子抱着课本反复背诵，看似用功却陷入"记住又忘记"的循环。死记硬背的方式短期内能记住零散知识点，但考试遇到需要灵活运用的题目就卡壳——背熟了数学公式却解不开变型题，记住了历史事件却说不出背后的因果关系。遇到需要分析总结的作业就焦虑逃避。当家长着急推荐思维导图、费曼学习法时，孩子要么觉得这些方法太复杂，要么刚尝试两天没见效就放弃，转头继续用老方法机械重复。这时候如果家长硬逼着孩子照搬学霸的学习套路，孩子会觉得自己被否定，产生"我怎么学都不对"的挫败感。继而对新的学习方法存在误解或恐惧，认为这些方法过于复杂或不适合自己，进一步加剧了他们的抵触情绪。家长若强行灌输某种学习方法，而不考虑孩子的实际情况和接受程度，可能会让孩子感到困惑和挫败；而忽视孩子学习方法的问题，则可能导致这些问题得不到及时纠正，影响未来的学习发展。

2. 具体场景

小红是初中二年级的学生，在学习过程中，她总是依赖死记硬背，认为这是最有效的学习方式。虽然短期内她能记住一些知识点，但随着时间的推移，这些知识却容易被遗忘，而且她对知识的深刻理解和实际应用能力较差。家长发现后，试图帮助小红改进学习方法，但小红始终坚持自己的方式，认为自己这样学得更轻松，并不愿意尝试新的方法。每当家长提议尝试理解性学习或者做思维导图时，她总是表现出抗拒的情绪，认为这些方法太复杂，学习效率不高。

● 问题表现：小红的学习方法单一，导致学习效率低下，对知识的掌握不够深入。

● 潜在原因：孩子可能尚未掌握有效的学习策略，或者对新的学习方法存在抵触心理。

错误示范：

（1）强行灌输

家长直接告诉孩子应该采用哪种学习方法，而不考虑孩子的实际情况和接受程度。这种做法可能让孩子感到困惑和挫败。

（2）忽视问题

家长觉得孩子的学习成绩尚可，因此不关注她的学习方法是否科学。这会使孩子的问题得不到及时解决，影响其未来的学习发展。

3．AI辅助方案：学习方法推荐与优化

利用AI技术为孩子推荐适合的学习方法，并根据孩子的学习情况和反馈进行优化。AI可以通过分析孩子的学习数据和成绩，识别出她在学习中的薄弱环节和优势领域，从而推荐有针对性的学习方法。

Prompt示例：

"为初中二年级学生设计一个学习方法，根据她的学习数据和成绩，推荐适合的学习方法。"

AI生成内容：

先分析学习数据与成绩，若数学错题集中在几何，那学习时多画图辅助理解，做专项几何练习，整理错题集，定期回顾分析错因。若语文古诗词薄弱，就制订背诵计划，利用碎片时间加强记忆，且通过默写自查。若英语单词掌握不佳，可每天用单词软件打卡背诵，做阅读练习巩固。每周根据当周学习反馈，比如错题有无减少等，灵活调整各学科的学习侧重点与方法，持续优化。

（二）学科学习的策略规划

场景1：科目均衡发展

1．具体问题

初中学生在学科学习上普遍存在着一种不均衡的现象。某些科目的优势可能导致学生过度集中精力于此，而忽视了其他科目的学习，导致总成绩受限，影响升学竞争力。这种偏科现象不仅影响学生的综合成绩，还可能在升学时因非优势科目表现不佳而受限。意识到弱科短板后，学生在复习时常常感到焦虑，难以有效分配学习时间，造成学习效率低下。每当准备投入更多时间在弱科上时，强科的作业和复习又占据了大量的时间，使得弱科学习成绩无法有效提高。

2. 具体场景

小刚是初中三年级学生，数学和物理是他的强项，成绩一直名列前茅。但在语文和英语方面，他的成绩较为一般，且常常感到力不从心。家长开始担心这种偏科现象可能影响小刚的总成绩，导致他在升学时会被加分项以外的科目所限制。小刚也意识到了自己在弱科上的短板，常常在复习时感到焦虑，却不知道如何平衡每个科目的学习时间。每当他准备投入更多时间在语文和英语上时，数学和物理的作业和复习又占据了他的时间，导致弱科学习成绩无法有效提高。

- **问题表现**：小刚的科目发展不均衡，导致总成绩受限，影响升学竞争力。
- **潜在原因**：孩子可能对某些科目更感兴趣，因此投入更多时间；或者对某些科目的学习方法掌握不到位。

错误示范：

（1）强制平衡

家长直接规定孩子每天必须学习多少时间的弱科，这种做法可能会让孩子感到有压力和反感。

（2）忽视弱科

家长觉得孩子已经在强科上取得了不错的成绩，因此不重视其弱科的学习。这会使孩子的弱科问题得不到解决，从而影响总成绩的提升。

3. AI 辅助方案：科目均衡发展策略

利用 AI 技术为孩子制定科目均衡发展策略，根据他的学习情况和兴趣点，合理分配各科的学习时间。AI 可以分析孩子的学习数据和成绩，识别出他的强科和弱科，然后推荐有针对性的学习资源和练习题目，帮助他平衡各科的发展。

Prompt 示例：

"请为初中三年级学生设计一个学习方法，推荐适合他的学习资源和练习题目，帮助他平衡各科的发展。"

AI 生成内容：制订每日学习计划，按中考分值占比和自身薄弱学科合理分配时间。语文多积累好词好句，可阅读《作文素材》提升写作，做中考真题里的阅读题练习。数学紧跟课本，利用"洋葱学园"动画课程强化对知识点的理解，刷历年中考压轴题拓展思维。英语用"百词斩"背单词，做《五年中考三年模拟》练习题。物理、化学重视实验部分，结合《教材全解》巩固知识。定期总结错题，灵活调整各科学习时间，平衡发展。

场景2：备考策略制定

1. 具体问题

在期末考试临近时，孩子面临如何制订高效的备考计划的问题。在这种情况下，学生可能不清楚系统准备考试的方法，担心遗漏重要知识点或复习不够全面，导致考试成绩不理想。尽管有一定的学习基础，但孩子缺乏清晰的复习目标和重点，复习时总觉得时间不够用，效率低下。家长希望帮助孩子制定合理的备考策略，但孩子坚持认为自己已经能够应对考试，不需要太多的帮助，导致复习过程中没有针对性和计划性。

2. 具体场景

小丽是初中二年级学生，期末考试临近，但她不清楚如何制订高效的备考计划。她担心自己可能会遗漏重要知识点，或者复习不够全面，导致考试成绩不理想。虽然小丽有一定的学习基础，但她没有清晰的复习目标和重点，复习时还总觉得时间不够用，效率低下。家长希望帮助她制定合理的备考策略，但小丽坚持认为自己已经能够应对考试，不需要太多的帮助，导致复习过程中没有针对性和计划性。

● **问题表现：** 小丽缺乏科学的备考策略，导致复习效率低下，考试成绩不理想。

● **潜在原因：** 孩子可能对备考方法了解不够，或者对自己的学习情况缺乏清晰的认识。

错误示范：

（1）盲目刷题

家长直接购买大量的练习题册，让孩子采用题海战术。这种做法可能让孩子感到疲惫和焦虑，影响复习效果。

（2）忽视基础

家长觉得孩子已经掌握了大部分知识点，因此不重视基础知识的复习和巩固。这会使孩子在考试中遇到基础题时失分较多。

3. AI 辅助方案：备考策略制定工具

利用 AI 技术为孩子制定科学的备考策略，根据他的学习情况和考试要求，推荐合适的复习资料和练习题目。AI 可以分析孩子的学习数据和成绩，识别出他的薄弱环节，然后为他提供个性化的备考建议。

Prompt 示例：

"请为初中二年级学生设计一个 AI 备考工具，推荐适合他的复习资料和练习题目，帮助他制定科学的备考策略。"

AI 生成内容：

先输入各学科成绩与平时学习情况，比如数学某章节薄弱。AI 会推荐复习资料，像《教材全解》可帮助学生深入理解知识点，还有对应章节的《必刷题》巩固练习。语文可参考《知识清单》梳理重点，搭配《同步作文》提升写作能力，做历年期末真题强化应用。英语推荐用"百词斩"背单词，做《名校课堂》练习题。同时依据每周学习反馈，AI 动态调整推荐内容，助力制定科学备考策略。

（三）未来升学路径的规划

场景 1：职业规划意识培养

1. 具体问题

根据职业发展理论，初中阶段的学生正处于探索期，他们需要更多的时间和机会来了解自己的兴趣、能力和价值观。如果这个阶段的自我认知不足，会影响他们的职业选择和发展。此外，学生和家长可能对职业市场和升学路径缺乏了解，不清楚不同职业的具体要求和发展前景。这使得他们在做选择时感到迷茫和不安。

2. 具体场景

小强是初中三年级学生，面临着即将到来的中考和升学选择，但他对未来的职业方向和升学路径并没有清晰的认知。他不确定自己感兴趣的领域，不知道自己适合什么职业，也不清楚不同职业对学科的要求。他的家长也感到迷茫，不知道该如何引导小强做出正确的选择。每次家长提到升学问题时，小强总是感到焦虑和无从下手，不知道该如何规划未来。尽管他有努力学习的态度，但缺乏对未来目标的明确规划，导致他在选择升学方向时感到困惑。

● **问题表现**：小强缺乏职业规划意识，对未来升学路径的选择感到困惑。

● **潜在原因**：孩子可能对自己的兴趣和优势了解不够，或者对职业市场和升学路径缺乏了解。

错误示范：

（1）强制选择

家长直接为孩子决定升学路径和未来的职业方向，这种做法可能会让孩子感到被束缚和不满。

（2）忽视规划

家长觉得孩子还小，不需要过早进行职业规划。这会使孩子在未来升学和就业时感到迷茫和焦虑。

3. AI辅助方案：职业规划工具与资源

利用AI技术为孩子提供职业规划工具和资源，帮助他了解自己的兴趣和优势，以及职业市场和升学路径的相关信息。AI可以通过问卷调查、兴趣测试等方式，引导孩子发现自己的兴趣和潜能；同时，也可以为他提供职业市场的最新动态和升学路径的详细介绍。

Prompt示例：

"请为初中三年级学生设计一个AI职业规划工具，提供兴趣测试和职业规划咨询服务。"

AI生成内容：

学生登录后，先进行有趣味的兴趣测试，通过一系列多样化的问题，如喜欢的学科、日常爱好等，精准分析出兴趣方向。接着提供职业规划咨询服务。AI结合学生成绩、性格特点以及刚才的兴趣结果，给出适合的职业领域建议，如对动手能力强且爱好物理的学生推荐机械制造类职业方向。同时展示对应职业所需技能、发展前景等，辅助初三学生初步明晰未来职业道路，更好地为之努力。

场景2：升学路径选择策略

1. 具体问题

根据信息加工理论，学生在这个阶段会接触到大量的升学信息，包括不同学校的排名、课程设置等。如果缺乏有效的筛选和指导，这些信息可能会导致认知超载，反而增加学生的困惑。学生可能更注重短期成绩的提升，而忽视了长期的职业发展和个人兴趣。这种冲突使得他们在选择升学路径时难以权衡利弊。而家长往往基于自身的经验和期望来建议孩子的升学路径，这可能与孩子的个人意愿和兴趣不符，导致其决策困难和心理压力。

2. 具体场景

小芳是初中三年级的学生，在学习成绩和综合素质方面表现优异，得到了老师和家长的肯定。然而，在即将面临中考时，她对自己的升学选择感到迷茫和不安。她不清楚是选择普通高中还是重点高中，也不确定如何为未来的高考和大学申请做好准备。尽管她的学习成绩不错，但对于未来升学路径的选择，却感到困惑，不知道如何权衡各种选择。家长虽然关注她的升学问题，但也不清楚如何引导小芳做出合适的决定。

● **问题表现**：小芳对未来升学路径的选择感到困惑和不安。

● **潜在原因**：孩子可能对升学路径和大学专业缺乏了解，或者对自己的未来目标不够明确。

错误示范：

（1）盲目跟风

其他家长或同学选择哪个升学路径，孩子就跟着选择哪个，这种做法可能会让孩子失去自己的方向和兴趣。

（2）忽视实际

家长只关注学校的名气或排名，而忽视孩子的实际情况和兴趣爱好。这会使孩子在未来的学习中感到不适应和不满。

3. AI 辅助方案：升学路径选择工具与指导

利用 AI 技术为孩子提供升学路径选择工具和指导，帮助他了解不同升学路径的特点和要求，以及自己的实际情况和兴趣爱好。AI 可以通过数据分析、模拟测试等方式，为孩子推荐适合的升学路径。

Prompt 示例：

请为初中三年级学生设计一个升学路径选择方法，提供兴趣测试、升学路径分析和个性化建议，帮助学生选择最适合自己的升学路径。

AI 生成内容：

首先是兴趣测试，通过线上问卷形式，涵盖学习喜好、课外活动兴趣等多个方面，精准定位学生的兴趣所在。其次进行升学路径分析，梳理普通高中、职业高中、中专等不同路径的课程设置、未来发展方向等关键信息。最后结合学生成绩、家庭情况给出个性化建议，若学生对绘画兴趣浓厚且动手能力强，成绩中等，可建议选择有优质美术专业的职高，有利于发挥特长，后续还能通过艺考等继续深造，助力学生选出契合自身的升学路。

第九章

高中阶段（16—18 岁）：如何规划专业发展？

> 高中阶段，是孩子从懵懂到成熟的重要过渡期。这不仅是学业压力最重的时刻，还是他们探索兴趣、发现潜能、构建未来蓝图的关键时机。在这个年龄段，孩子的每一个选择——无论是选科、专业规划，还是对职业方向的初步探索——都可能深远地影响他们未来的人生轨迹。

序幕：从迷茫到有方向，16—18 岁的关键抉择

周末傍晚，一家三口围坐在餐桌旁，讨论高二的科目选择问题。

"最近学校让填报选科意向，老师说要根据未来想学的专业来选科。"张爸爸皱着眉说，"可是我们家孩子说'随便'。"

"这怎么随便选？"张妈妈叹了口气，"昨天还问他以后想从事什么职业，他竟然说没想过。"

一旁的儿子低头吃饭，小声嘟囔："现在说这些太早了吧，先考上再说。"

这时，张爸爸掏出手机，打开一个 AI 工具："咱们不妨试试这个 AI 工具，让它根据你的性格、兴趣和成绩分析一下，看能不能帮我们理清头绪。"

类似张爸爸一家这样围绕专业和未来方向的讨论，正在无数家庭中上演。16—18 岁是孩子为未来铺路的关键时期，高中阶段不仅是学业压力最重的时刻，还是他们探索兴趣、发现潜能、构建未来蓝图的关键时机。这个阶段的每一个选择——选科、专业规划、职业探索——都可能深远地影响他们未来的人生轨迹。然而，面对纷繁复杂的决策，不少家长和孩子却常常迷茫，不知从何下手。

一、面对新高考，AI 如何帮助孩子进行选科？

（一）为什么选科是新高考下的关键决策？

对于很多家长来说，新高考可能仍然是一个有些陌生的概念。但事实上，这项改革正在深刻改变孩子的高中学习与未来发展之路。与传统的文理分科不同，新高考引入了"3＋1＋2"模式，孩子需要在一定范围内自主选择科目组合。这种灵活性看似让孩子拥有了更多选择，但也在无形中增加了决策的复杂性。

选科不仅仅关乎高考分数，更关乎孩子未来的大学专业、职业方向乃至人生路径。

如果选错了科，会怎么样？

● **兴趣与能力不匹配**：孩子选了自己不擅长的科目，结果学得吃力，考试也不理想。

● **与目标专业不对口**：某些大学专业对选科有明确要求，若孩子未提前了解，可能会因选科不当失去报考机会。

● **被动选择，缺乏长远规划**：在家长的意见或同伴的影响下仓促做出选择，未来却发现并非自己的兴趣所在。

而家长对于选科的问题，也存在着许多困惑：

● **兴趣与实用的冲突**：孩子对化学充满兴趣，但家长听说"化学不重要"，担心选了化学会影响未来的专业选择，无法覆盖更多领域。

● **学科难度与未来专业的矛盾**：孩子觉得物理太难，强烈抗拒学习，但家长知道很多理工专业都必须选物理，左右为难。

● **全面不足的焦虑**：孩子没有特别擅长的科目，成绩一般，家长纠结是选难度较低的科目保分，还是冒险尝试热门科目以拓宽出路。

● **信息不对称的焦虑**：群里家长都说某科重要，但孩子的兴趣与大趋势不一致，家长不确定该听从"群体经验"还是相信孩子。

● **时间紧迫的无助**：选科期限将至，家长对新高考规则一知半解，孩子也没有明确的方向，家长担心仓促决策会影响孩子的未来。

● **选错后的恐惧**：家长害怕选错一科就毁掉孩子的未来，却不知道是否有调整的机会或补救的空间，在决策时倍感压力。

选科的背后，是孩子第一次为自己的未来负责的一步。这一步，不仅影响高考，更影响他们大学能选什么专业，未来适合从事什么职业。这是孩子开始探索兴趣、挖掘潜能的过程，也是他们培养独立思考能力的契机。而我们作为父母，需要用智慧和耐心，引导他们做出科学且符合自身特点的决策。

（二）AI 如何帮助家长和孩子更好地选科？

AI 可以结合孩子的成绩、兴趣、学科能力和目标大学的招生要求，为孩子量身定制选科方案，避免盲目决策。

AI 技术在选科过程中提供了更科学、更理性的辅助支持。例如，通过孩子的学习数据和兴趣偏好，AI 可以分析出不同科目的优劣势，并结合高考政策和大学专业要求，推荐适合的科目组合。

例如：

● AI 帮助孩子评估物理的重要性，结合其当前成绩给出是否选物理的具体建议。

● 根据孩子对历史的兴趣，分析专业限制，并推荐是否将其作为辅科。

操作示例：

● **选择平台：**家长可选择正规 AI 工具或咨询机构，例如 DeepSeek、Kimi 或专业的高考咨询服务。

● **提供信息：**输入孩子的成绩、兴趣爱好，以及对未来职业的初步设想。

● **获取报告：**AI 生成适合孩子的选科方案，展示每种组合的优劣和未来专业的覆盖范围。

● **参考决策：**家长结合 AI 建议和实际情况，与孩子共同做出最终选择。如图9-1所示。

实例：李女士的儿子小轩对历史很感兴趣，但成绩较为普通，物理成绩却还不错。李女士担心如果选历史，未来会限制专业选择。通过使用靠谱 AI，她输入了孩子的成绩、兴趣方向和职业偏好后，系统分析出"物理＋化学＋历史"是最优组合，既能满足孩子的学科优势，又符合未来想进入工程领域的职业需求。李女士在参考 AI 生成内容后，安心地帮孩子做出了决定，既尊重了孩子的兴趣，也为未来发展做好了准备。

在新高考选科这条路上，AI 不仅是家长的得力助手，更是孩子科学规划未来的坚实保障。

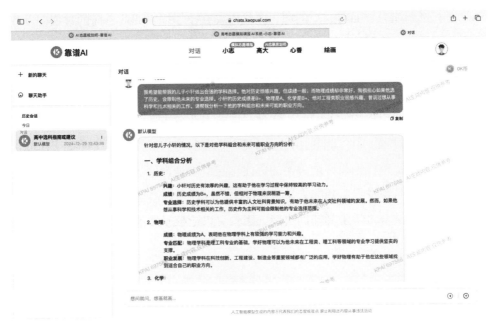

图 9-1　AI 关于学科规划生成内容示例

✦ 二、如何通过 AI 视角进行职业生涯规划？

进入高中后，孩子逐渐面临更多的人生选择：选科、填报志愿、职业规划。这些决定不仅会影响他们的学习内容，更直接影响未来的职业发展。然而，许多家长常常感到困惑，不知道如何帮助孩子在这个关键时期提前规划职业方向。孩子的兴趣和能力正处在一个逐渐成形的阶段，而这个阶段的选择决定了未来发展轨迹的基础。

（一）职业规划阶段中家长的责任

在高中阶段，家长的角色尤为关键。这一时期的孩子正处于认知能力快速提升、兴趣爱好逐渐明确的阶段，但他们对职业的理解和认知往往还停留在表面，局限于眼前的课程成绩或短期目标。很多孩子可能会说出"我喜欢数学"或者"我对艺术感兴趣"，但对于这些兴趣与未来职业之间的联系，他们却缺乏深入的思考和规划能力。面对这个问题，家长需要在孩子探索职业方向的过程中发挥引导作用。通过全面了解孩子的兴趣、优点以及社会发展的趋势，家长可以帮助他们在兴趣与实际之间找到平衡，做出更加符合未来发展的科学决策。

如果孩子在高中阶段没有清晰的职业规划，可能会在高考后陷入迷茫，甚至在大学期间浪费宝贵的学习时间，尝试多次转专业或重新调整方向，这不仅延长了适应社会的过程，也可能会让孩子承受不必要的挫折。因此，帮助孩子提前探索职业方向，是每位家长必须承担的责任。这不仅是为孩子的未来提供支持，更是为他们打开认识世界、选择人生道路的大门。通过与孩子积极沟通、共同探索兴趣领域，并结合科学工具辅助决策，家长可以让孩子在追求梦想的道路上更加自信、有力。

（二）AI 如何帮助家长和孩子进行规划？

在孩子的职业规划过程中，家长扮演着至关重要的角色。孩子的兴趣和认知可能局限于眼前的学科或短期目标，然而，家长可以通过观察和理解孩子的兴趣、天赋，以及未来社会发展的需求，引导孩子走上更符合个人特长和有利于未来发展的道路。然而，在这一过程中，家长往往面临着巨大的挑战，尤其是当孩子对职业认知不足，或者不清楚自己的长远目标时。此时，AI 可以提供全面、科学的帮助，弥补家长在职业规划认识中的信息差距。

1. AI 帮助家长识别孩子的天赋与兴趣

家长在日常生活中通过细心观察，可以发现孩子的兴趣和天赋，如图9-2所示。例如，孩子在拆解电子产品时展现出的强烈好奇心和动手能力，可能暗示着他在工程技术领域的潜力；对绘画的痴迷，或者在音乐、舞蹈等艺术活动中表现出的天赋，则可能指向艺术创作的方向。

AI 能够帮助家长进一步分析和验证这些天赋和兴趣。通过结合孩子的成绩、活动记录和社交媒体上的兴趣点，AI 可以为家长提供专业的兴趣评估。比如，如果孩子在物理、数学上的成绩突出，AI 可能会建议工程技术类职业的潜力；如果孩子在音乐、美术上的表现出色，AI 则可能推荐艺术领域的职业路径。

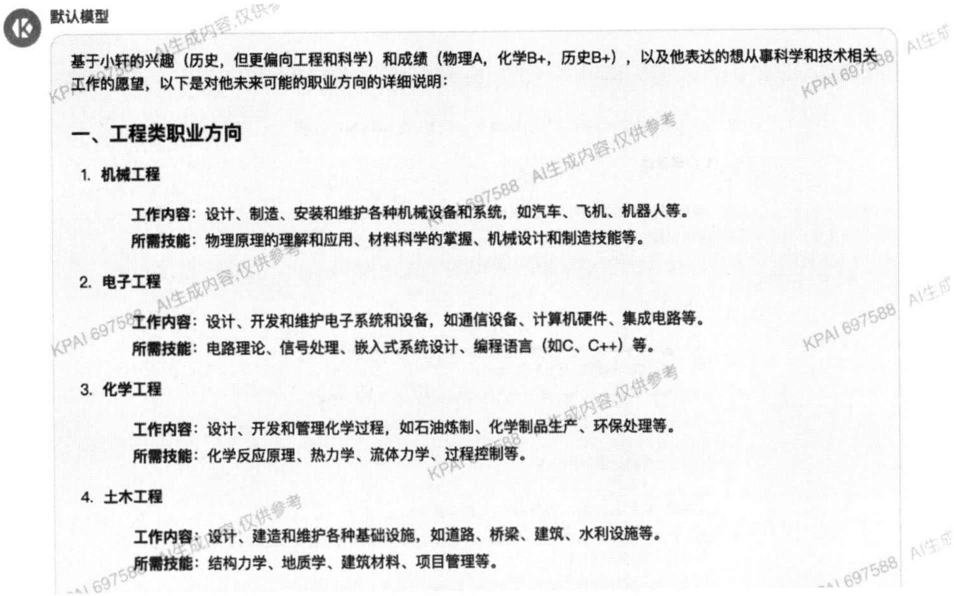

默认模型

基于小轩的兴趣（历史，但更偏向工程和科学）和成绩（物理A，化学B+，历史B+），以及他表达的想从事科学和技术相关工作的愿望，以下是对他未来可能的职业方向的详细说明：

一、工程类职业方向

1. 机械工程

　　　工作内容： 设计、制造、安装和维护各种机械设备和系统，如汽车、飞机、机器人等。

　　　所需技能： 物理原理的理解和应用、材料科学的掌握、机械设计和制造技能等。

2. 电子工程

　　　工作内容： 设计、开发和维护电子系统和设备，如通信设备、计算机硬件、集成电路等。

　　　所需技能： 电路理论、信号处理、嵌入式系统设计、编程语言（如C、C++）等。

3. 化学工程

　　　工作内容： 设计、开发和管理化学过程，如石油炼制、化学制品生产、环保处理等。

　　　所需技能： 化学反应原理、热力学、流体力学、过程控制等。

4. 土木工程

　　　工作内容： 设计、建造和维护各种基础设施，如道路、桥梁、建筑、水利设施等。

　　　所需技能： 结构力学、地质学、建筑材料、项目管理等。

图 9-2　AI 生成兴趣发展规划示例

2. AI 帮助家长结合社会需求提供未来职业方向

在帮助孩子识别兴趣的同时，家长还需要结合社会的发展趋势来引导孩子进行职业选择。很多家长并不清楚未来哪些行业有较大的发展空间，或者需要哪些技能和知识。此时，AI 可以通过大数据分析，结合全球和本地的职业趋势，预测哪些职业在未来几年或几十年内会迎来更高的需求。

AI 可以根据当前市场的需求、技术发展和行业动态，推荐具有潜力的职业方向，如人工智能、大数据分析、清洁能源等。AI 还能帮助家长了解不同职业路径所需的技能和素养，明确孩子在未来的学习重点和方向。比如，AI 会指出，想要进入 AI 行业的学生，需要具备编程、数学建模等能力，而艺术创作则需要具备更强的创造力和情感表达能力。如图 9-3 所示。

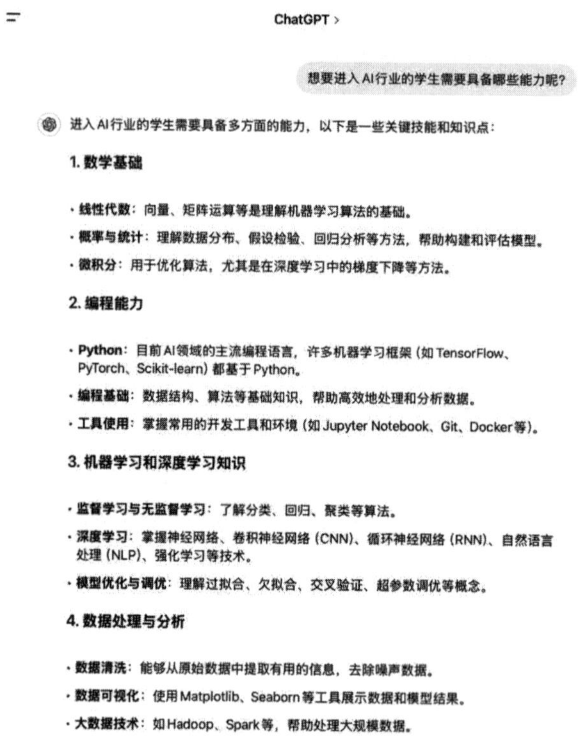

ChatGPT ›

想要进入 AI 行业的学生需要具备哪些能力呢？

进入 AI 行业的学生需要具备多方面的能力，以下是一些关键技能和知识点：

1. 数学基础

· **线性代数**：向量、矩阵运算等是理解机器学习算法的基础。
· **概率与统计**：理解数据分布、假设检验、回归分析等方法，帮助构建和评估模型。
· **微积分**：用于优化算法，尤其是在深度学习中的梯度下降等方法。

2. 编程能力

· **Python**：目前 AI 领域的主流编程语言，许多机器学习框架（如 TensorFlow、PyTorch、Scikit-learn）都基于 Python。
· **编程基础**：数据结构、算法等基础知识，帮助高效地处理和分析数据。
· **工具使用**：掌握常用的开发工具和环境（如 Jupyter Notebook、Git、Docker 等）。

3. 机器学习和深度学习知识

· **监督学习与无监督学习**：了解分类、回归、聚类等算法。
· **深度学习**：掌握神经网络、卷积神经网络（CNN）、循环神经网络（RNN）、自然语言处理（NLP）、强化学习等技术。
· **模型优化与调优**：理解过拟合、欠拟合、交叉验证、超参数调优等概念。

4. 数据处理与分析

· **数据清洗**：能够从原始数据中提取有用的信息，去除噪声数据。
· **数据可视化**：使用 Matplotlib、Seaborn 等工具展示数据和模型结果。
· **大数据技术**：如 Hadoop、Spark 等，帮助处理大规模数据。

图 9-3　AI 生成未来职业规划示例

3. AI 为孩子提供个性化的职业路径推荐

AI 的另一大优势在于，它能够为孩子提供个性化的职业规划建议。通过分析孩子的学科成绩、兴趣爱好、社会实践以及人格特征，AI 可以为家长和孩子提供量身定制的职业路径建议。这不仅是根据孩子的兴趣做的推荐，更是结合现实需求和未来发展的多维度分析。

通过对孩子在各科的兴趣和能力的分析，AI 可以提供具体的职业建议，例如：

孩子在数学、物理上表现出色，AI 建议可以考虑从事工程、科技等领域的职业；

孩子有着浓厚的艺术兴趣，并且在绘画和设计上有天赋，AI 则推荐进入设计、广告、影视等行业；

孩子在语言表达和社交方面有优势，AI 可以推荐教育、传媒、公关等职业领域。

AI 的这一个性化推荐能够帮助家长不再纠结于传统的"职业选择"迷思，而是根据孩子的优势和未来趋势为他们定制更加科学的职业发展路径。

4. AI 帮助家长制订长期职业发展计划

职业规划不仅是一个短期的决策，它还涉及孩子未来的学习路径、专业选择以及职业发展。AI 可以通过数据分析，帮助家长和孩子制订长期的发展计划。AI 不仅会在高中阶段帮助孩子选择合适的科目，还能为大学阶段的专业选择提供建议，甚至能预测孩子未来 5—10 年内的职业发展潜力。

AI 会基于孩子的兴趣、能力、市场需求等因素，提供各学科的未来发展趋势分析，帮助家长和孩子做出更加合理的专业选择。它还可以根据孩子的兴趣和潜力预测未来的就业市场变化，从而为家长提供不同职业路径的前景分析，帮助孩子做出更加科学的规划。

5. AI 助力家长教育决策和实践

除了为家长提供职业规划的建议外，AI 还能帮助家长在孩子的教育实践中做出更好的决策。例如，AI 可以建议孩子参加哪些课外活动、实习经历、志愿者工作等，进一步提升孩子在某一职业领域的经验和技能。

例如，ChatGPT 推荐孩子在假期中参加相关行业的实习，积累行业经验，提前了解职业工作环境，如图 9-4 所示。通过这些实践，孩子不仅能够更清楚自

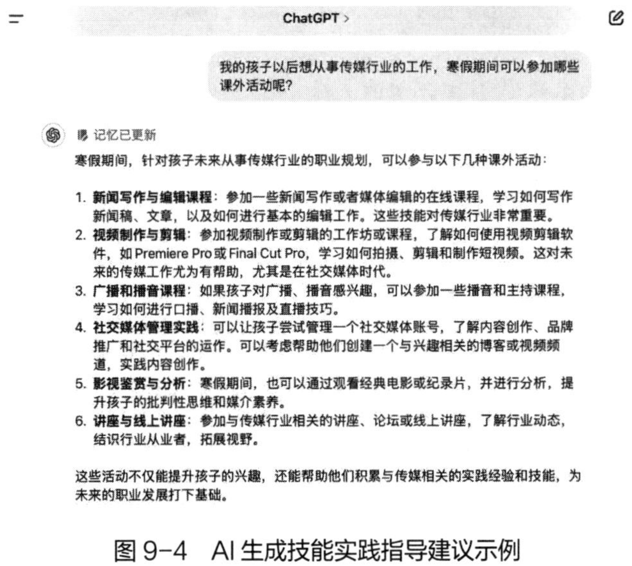

图 9-4 AI 生成技能实践指导建议示例

己的职业兴趣，还能够在实践中增强职业竞争力。

（三）家长能做什么？

作为家长，你可以利用 AI 为孩子进行职业探索，提前为他们的未来奠定基础。

1. 职业兴趣测试

家长可以利用 AI 平台为孩子做一个职业兴趣测试，了解孩子在不同职业领域的倾向和潜力。例如，AI 会根据孩子在各科的表现和兴趣，推荐适合的职业领域，如教育、医疗、工程、艺术等。

2. 分析个人能力与职业需求的匹配度

AI 平台会将孩子的兴趣、成绩以及未来社会的职业需求进行匹配，帮助家长预测哪些行业和职业最适合孩子。家长可以根据这些分析结果，帮助孩子选择适合的学科，进而规划未来的职业发展路径。

3. 设置目标与跟踪进展

通过 AI 提供的建议，家长可以帮助孩子设立长远的职业目标，并根据目标规划学习内容，逐步引导孩子向职业目标迈进。

实例：张先生的职业规划故事，如图 9-5 所示。

张先生的儿子小明在高中二年级时，面临职业方向的困惑。小明对编程充满兴趣，但他并不确定这是否适合他的未来。张先生通过豆包为小明做了一个兴趣测试。豆包分析了小明在数学、物理以及逻辑思维方面的表现，结合市场需求，最终建议小明可以考虑计算机科学领域。

在豆包的帮助下，张先生发现小明不仅具备进入这一领域的能力，而且该行业的就业前景也非常广阔。于是，小明决定报考计算机科学专业。通过这一决策，小明不仅更加明确自己的未来方向，还增强了学习动力和目标感。

通过 AI 的辅助，家长和孩子能够更科学地规划未来，避免了盲目选择和浪费时间。AI 不仅是一个工具，还是引导孩子进行职业规划的智慧伙伴。

分析小明职业方向

> "请根据小明的兴趣和学科表现，分析他未来可能适合的职业方向。考虑到他对编程有兴趣，并且在数学、物理、逻辑思维等方面表现不错，我希望你能结合这些信息给出一个建议，看看是否计算机科学或类似领域适合他。请提供一些关于这些领域的就业前景和发展潜力的分析。"

以下是基于小明的兴趣和学科表现给出的关于其未来职业方向的分析以及相关领域就业前景和发展潜力的阐述：

一、适合的职业方向

鉴于小明对编程有兴趣，且在数学、物理、逻辑思维等方面表现出色，计算机科学及类似领域确实是比较适合他的方向。

- **软件开发工程师**：编程能力是软件开发的核心技能，而良好的数学和逻辑思维有助于理解复杂的算法、数据结构以及解决开发过程中遇到的各种逻辑难题。可以参与各类软件项目的开发，比如开发企业级应用、移动端应用、游戏等不同类型的软件产品。
- **数据分析师/数据科学家**：在当今大数据时代，需要对海量的数据进行收集、整理、分析并挖掘其中有价值的信息。数学基础能帮助其进行数据建模和统计分析，逻辑思维有助于从数据中梳理出合理的结论，编程技能则可以运用相应的数据处理工具（如 Python 等语言）来实现数据的操作与分析流程，从而为企业决策等提供支持。
- **人工智能工程师**：这是一个热门且极具发展潜力的岗位。人工智能涉及众多复杂的算法、数学模型（如线性代数、概率论等知识在机器学习算法中的应用），物理知识在部分模拟等场景也可能会用到，同时编程能力更是必不可少，用于实现人工智能模型的搭建、训练和部署，像开发智能语音助手、图像识别系统等应用。

图 9-5　AI 辅助孩子选择未来职业示例

✦ 三、AI 与传统备考方法如何有效结合？

（一）传统备考的挑战

传统备考方法一直是家长和学生备战高考的重要工具，涵盖了刷题、背诵、整理错题本等多种手段。这些方法经过多年实践被证明有效，但也存在不少局限性，尤其是在当今高考竞争日益激烈的背景下，传统备考的不足更加凸显。

在高三阶段，学生的学习压力达到顶峰，他们不仅需要应对繁重的学业，还要在心理上承担巨大的备考负担。家长常常希望通过增加学习时间或强化刷题来提升孩子的成绩，但效果未必理想。过多的刷题容易让孩子陷入机械化学习，学习疲劳随之而来，导致效率显著下降。此外，很多学生在备考过程中缺乏合理的时间分配，经常在擅长的科目上投入过多时间，却忽视了薄弱环节，这使得成绩的全面提升更加困难。

另一个常见的挑战是错题本的使用。尽管记录错题可以帮助学生发现和总结问题，但在实际操作中，许多学生并不知道如何高效地整理错题，更无法充分利用这些资源进行有针对性的复习。错题本往往变成了"记了就忘"的摆设，耗时耗力却效果有限。更为严峻的是，家长虽然想要帮助孩子，但他们对知识点的把握和考试要求的理解可能有限，很难提供有效的指导。

在这样的背景下，传统备考方法虽然经典，却未必能够满足当下备考的全面需求。学生和家长亟需更科学、更高效的辅助手段，以减轻压力、提升效率，同时适应日益复杂和变化的高考要求。

（二）AI 如何辅助备考？

AI 技术的引入为传统备考模式注入了全新的活力，使得学习过程更加个性化、高效化。与传统方法相结合，AI 能够为学生量身打造科学的学习方案，帮助他们在有限的时间内最大化提升复习效果。例如，通过分析孩子的日常学习数据，AI 能够精准定位其知识薄弱环节，并自动生成定制化的复习计划，避免重复劳动和低效学习。

1. 智能错题管理

AI 可以扫描并分析孩子的错题本，不仅归纳出常见错误的知识点，还能智能筛选出高频错误类型，并为其匹配难度适宜的相关题目。这种方式使得错题本从单纯的记录工具变成了一个动态的学习资源库，帮助学生在重点突破的同时提升学习效率。

实例：学生小明在日常学习中积累了大量错题。利用 AI 整理错题，他只需拍照上传，AI 会自动识别题目类型、错误知识点，并为每一类错题生成专项练习任务。例如，小明的数学"函数"部分错误较多，AI 为他推荐了针对函数的分级练习，从基础题到拔高题，逐步巩固。

AI 帮助减少了人工整理错题的时间，孩子可以专注于解决问题，从而大幅提升学习效率。

2. 个性化复习计划

AI 可以根据孩子的学习进度以及课程完成情况，实时调整复习计划。例如，当某一科目或知识点已达到熟练掌握时，AI 会减少相关练习任务，转而将更多时间分配到其他未完全掌握的领域，从而确保每个知识点都能得到充分巩固。

实例：小红的高考目标是重点大学，但她的历史和化学成绩较为薄弱。通过文小言工具，家长为小红输入考试目标和当前成绩，文小言自动生成每天的学习任务表，包括历史记忆卡片、化学知识点专项突破等如图 9-6所示。计划会根据完成情况动态调整，确保复习内容科学合理。

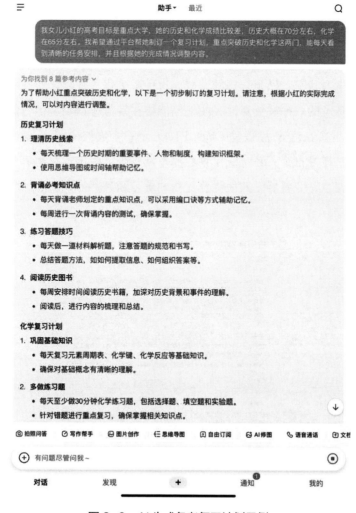

图 9-6　AI 生成备考复习计划示例

AI 让孩子的复习有条不紊，复习时间分配更加精准，避免顾此失彼。

3. 模拟考试和诊断报告

AI 技术在模拟考试中的应用，极大地提升了孩子的备考效率和精度。通过 AI 辅助，学生可以定期进行模拟考试，系统会根据最新的高考大纲和历年真题，自动出题并生成模拟试卷。这些试题不仅覆盖了各学科的知识点，还会依据考试趋势和高频考点，帮助学生全面复习。同时，考试结束后，AI 会自动分析学生的答题情况，生成详细的诊断报告。报告不仅会展示学生的总分和各科成绩，还会深入剖析学生在各个知识点上的表现，指出薄弱环节并给出改进建议。例如，报告可能会指出某个学生在物理的"力学"部分存在较多错误，并推荐相关的练习题和复习资源，帮助学生有针对性地进行复习。通过这种个性化的模拟考试和诊断报告，学生可以实时了解自己的学习进度和复习效果，家长也能及时掌握孩子的学习状况，做出合理的调整。这种系统化、智能化的备考方式，大大提高了学生备考的效率和针对性，使他们能够在备考过程中事半功倍。

实例：小杰在考试前通过 ChatGPT 进行了一次全科模拟测试如图 9-7 所示。系统不仅即时出分，还生成了详细的诊断报告，指出他在物理"电磁学"部分存在理解偏差，并推荐了相关课程视频和练习题目。

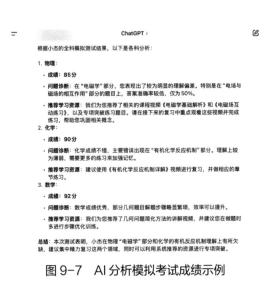

图 9-7　AI 分析模拟考试成绩示例

效果：精准诊断薄弱环节，帮助学生有针对性地进行强化训练。

4. AI互动学习

AI不仅局限于传统的学习方法，还支持多种互动形式，极大地丰富了孩子的学习体验，提升了学习的趣味性和效率。比如，通过游戏化学习，AI将枯燥的知识点转化为富有挑战性和趣味性的任务，孩子在完成任务的过程中，不仅能够复习知识，还能获得奖励或积分。这种互动方式能有效调动孩子的学习积极性，使他们在轻松愉快的氛围中，不知不觉地掌握和巩固知识。

此外，AI还可以通过即时测评帮助孩子检测学习效果。每当孩子完成一部分学习内容后，系统都可以生成测试内容，评估孩子的掌握情况，并根据结果调整学习计划。测评内容不仅能根据学生的薄弱环节进行定向训练，还能通过家长即时反馈及时发现错误，帮助孩子快速纠正。这样的互动式学习方法让孩子在不断的反馈与调整中持续进步，避免了单一刷题带来的疲惫感。

通过互动式的学习方式，AI不仅能让学习更具吸引力，还能有效缓解备考带来的压力，让学习过程更加愉快、高效。

实例：小丽在学习英语时使用了星火语伴工具。她通过与星火语伴对话练习听力和口语表达，系统实时纠正她的发音和语法问题。同时，星火语伴根据她的学习进度推荐适合的文章阅读材料和词汇记忆任务，如图9-8所示。

效果：提高语言学习效率，同时提升了学生的学习兴趣。

（三）家长在辅助备考当中的角色

在AI辅助备考的过程中，家长的角色依然至关重要。虽然AI能够提供个性化的学习建议和反馈，但家长需要在孩子的备考过程中扮演一个积极的支持者和引导者的角色。以下是一些家长可以采取的可操作性建议，帮助孩子充分利用AI进行高效备考。

图9-8　AI工具星火语伴英文模拟对话示例

1．**定期回顾与检查学习进度**：家长可以定期与孩子一起回顾 AI 平台上的学习进度和诊断报告，了解孩子在哪些科目上存在薄弱环节。比如，每周末家长可以和孩子一起查看 AI 平台生成的学习报告，分析哪些知识点掌握得好，哪些需要进一步加强。这不仅能帮助家长了解孩子的学习状态，还能及时调整学习计划。

2．**设定学习目标与时间管理**：家长可以利用 AI 提供的任务安排功能，帮助孩子设定每周和每天的学习目标。例如，家长可以与孩子一起设定学习计划，并依照 AI 的建议进行调整，确保每个知识点都有充足的复习时间。同时，家长要注意帮助孩子合理安排复习和休息时间，避免因过度学习导致的疲劳和焦虑。

3．**监督并鼓励孩子使用 AI 辅助学习**：家长应鼓励孩子积极使用 AI 平台上的互动学习工具，如游戏化学习和即时测评，以提高孩子的学习兴趣和动力。例如，家长可以在每天学习结束后，检查孩子是否完成了 AI 平台上的复习任务，并给予适当的奖励，激励孩子保持学习的积极性。

实例：王女士的儿子小张在备战高考时，家长为他设置了定期的学习回顾时间。每周，王女士都会和小张一起查看 ChatGPT 生成的学习报告，了解他在数学和英语上的进展。发现数学部分有很多错题后，家长和小张一起分析了 ChatGPT 的反馈，并决定加强数学的重点难点（图 9-9）。每个周末，王女士都会确保小张完成 ChatGPT 推荐的复习任务，并与他一起检查进度，确保复习计划得以实施。在 AI 的帮助下，小张的数学成绩稳步提高，同时也保持了较高的学习兴趣，减轻了备考压力。

= **ChatGPT >** ✎

小张的高考目标是提高数学和英语成绩，最近数学错题比较多，英语希望提高阅读理解能力。请帮我生成每周的学习回顾报告，重点分析数学中的错题和英语的阅读能力进展，并根据报告推荐适合的复习任务。每周末，我和小张一起检查学习进度。

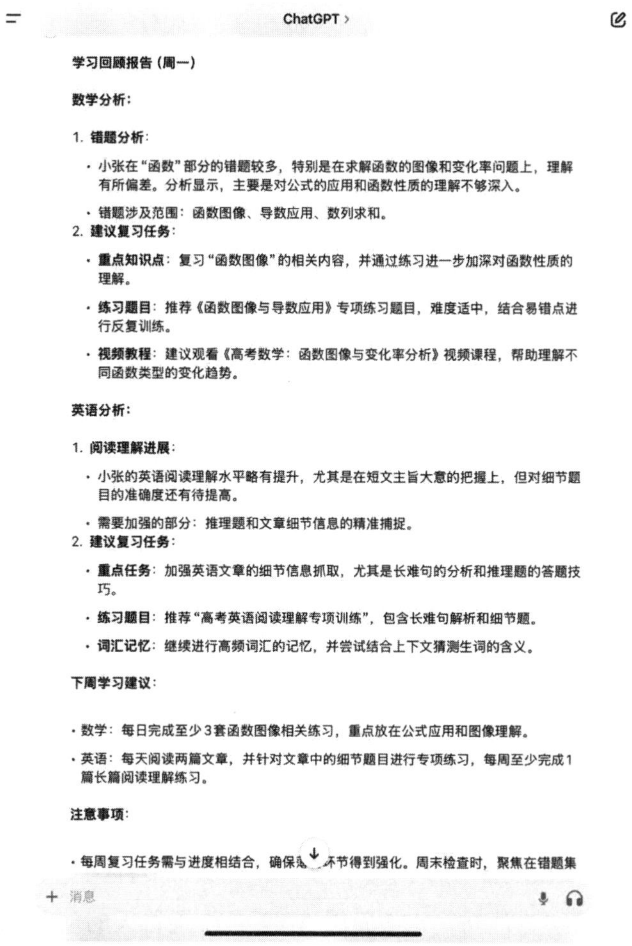

ChatGPT >

学习回顾报告（周一）

数学分析：

1. 错题分析：
   - 小张在“函数”部分的错题较多，特别是在求解函数的图像和变化率问题上，理解有所偏差。分析显示，主要是对公式的应用和函数性质的理解不够深入。
   - 错题涉及范围：函数图像、导数应用、数列求和。
2. 建议复习任务：
   - 重点知识点：复习“函数图像”的相关内容，并通过练习进一步加深对函数性质的理解。
   - 练习题目：推荐《函数图像与导数应用》专项练习题目，难度适中，结合易错点进行反复训练。
   - 视频教程：建议观看《高考数学：函数图像与变化率分析》视频课程，帮助理解不同函数类型的变化趋势。

英语分析：

1. 阅读理解进展：
   - 小张的英语阅读理解水平略有提升，尤其是在短文主旨大意的把握上，但对细节题目的准确度还有待提高。
   - 需要加强的部分：推理题和文章细节信息的精准捕捉。
2. 建议复习任务：
   - 重点任务：加强英语文章的细节信息抓取，尤其是长难句的分析和推理题的答题技巧。
   - 练习题目：推荐“高考英语阅读理解专项训练”，包含长难句解析和细节题。
   - 词汇记忆：继续进行高频词汇的记忆，并尝试结合上下文猜测生词的含义。

下周学习建议：

- 数学：每日完成至少 3 套函数图像相关练习，重点放在公式应用和图像理解。
- 英语：每天阅读两篇文章，并针对文章中的细节题目进行专项练习，每周至少完成 1 篇长篇阅读理解练习。

注意事项：

- 每周复习任务需与进度相结合，确保…环节得到强化。周末检查时，聚焦在错题集

消息

图 9-9　AI 辅助设定复习与备考计划示例

四、如何控制 AI 对高三阶段学习的潜在干扰？

（一）AI 带来的干扰问题

AI 虽然能有效辅助学习，但也可能成为孩子学习过程中的潜在干扰因素，尤其是当孩子接触到与学习无关的功能时，比如社交媒体、短视频平台或游戏。

有些家长可能会有这样的经历："明明孩子是在使用学习软件，但几分钟后就变成了刷视频，甚至开始玩游戏。"这些干扰不仅分散注意力，还可能使孩子在紧张的备考阶段浪费宝贵时间，增加学习压力。

尤其是在高三这样关键的时间节点，孩子对电子设备的依赖会更加明显，稍不留神就可能陷入"假学习"的状态。这种情况让许多家长感到无助：既担心严加限制会引发孩子的抵触情绪，又担心放任自流会耽误学习进度。面对这些问题，家长需要在监督和引导之间找到平衡点，并善用 AI 工具的功能来帮助孩子克服分心的问题。

（二）如何利用 AI 控制潜在干扰？

为避免这些问题，家长可以利用 AI 工具提供的"专注模式"或类似功能，来限制孩子在学习时间内的非学习活动。例如，家长可以设置"专注模式"来自动关闭手机或电脑上的娱乐应用，并屏蔽不相关的通知，确保孩子专注于学习任务。同时，AI 平台通常会提供学习进度提醒和专注时间统计，帮助孩子更好地管理时间，并让家长随时了解学习情况。

此外，这些平台通常会内置奖励机制，如在完成一段时间的专注学习后解锁短暂的休息时光，通过这种方式鼓励孩子自律，提高专注力。家长还可以与孩子协商，制订合理的学习计划，比如使用 AI 工具设置每天的学习目标和任务，并将完成后的反馈和奖励结合在一起，以增强孩子的学习积极性。同时，AI 的定制化功能还能帮助孩子根据学习习惯调整专注时间的长短，避免因学习强度过高导致疲惫，从而影响学习效率。

实例：李女士的女儿在备考期间，常因手机消息分心。李女士借助豆包提供的建议，在手机上设置了"专注学习＋休息提醒"模式（图 9-10），强制停用娱乐功能后每次学习 40 分钟，同时安排 5 分钟的放松时间。在这样的节奏下，孩子既能保持高效学习，也不至于感到过度压迫，最终在期末考试中显著提升了成绩。家长的适当引导和 AI 工具的科学辅助相结合，不仅帮助孩子克服了分心问题，还培养了其良好的学习习惯。

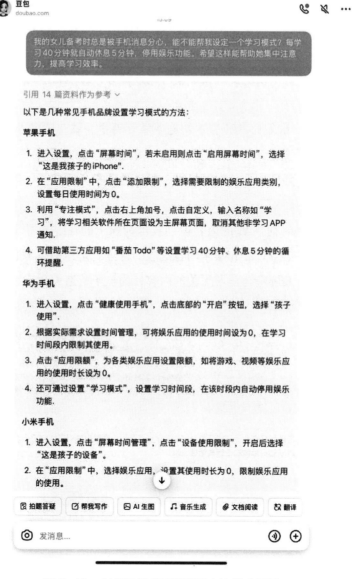

图 9-10　AI 辅助设定手机学习专注模式示例

　　与此同时，部分手机品牌自带的家长控制模式，可以帮助家长有效限制孩子在学习时间内的设备使用。通过这些工具，家长可以设置允许使用的应用程序，例如学习类工具、在线课堂或电子书阅读器。同时，像游戏、社交软件等可能分散注意力的应用则会被自动屏蔽。AI 能够智能分析孩子的设备使用模式，提供优化建议。

　　除了设备管理，学习类 AI 工具也为孩子提供了更加个性化的学习支持。例如：许多智能学习机内置的 AI 学习系统可以根据孩子的学习进度和课程要求生成专属学习计划。系统不仅能提醒孩子按时完成任务，还能将学习数据实时反馈给家长。

　　实例：李女士为女儿使用了豆包爱学学习助手，该工具根据女儿的数学薄弱环节制订了专项训练计划，并每天提供学习进度报告（图 9-11）。通过这些数据，李女士及时了解了女儿的学习情况，帮助她调整复习重点，最终在高考中显著提高了理科成绩。

　　在网络学习的时代，AI 的内容识别技术为孩子的在线学习环境提供了极大的支持，尤其是在信息过载和娱乐内容泛滥的背景下。这些技术通过智能分析和精准筛选，可以有效屏蔽与学习无关的内容，为孩子营造一个专注高效的学习氛

我的女儿数学成绩有些薄弱，特别是在函数和几何方面。希望你能根据她的薄弱环节，制订一个针对性的数学训练计划，每天提供学习进度报告，并帮助我及时跟踪她的复习情况。通过这些数据，我希望能知道她在哪些知识点上存在问题，以便我们可以调整复习重点，确保她能在高考中提高理科成绩

以下是一个针对你女儿函数和几何方面薄弱情况制订的数学训练计划，同时也说明了如何记录学习进度报告以便你跟踪复习情况，你可以根据实际情况进行灵活调整哦。

一、训练计划总目标

通过系统的专项训练，帮助你的女儿全面掌握函数与几何相关知识点，熟练运用解题技巧，提高解题准确率和速度，最终在高考理科成绩上有所提升，争取函数和几何部分的得分率达到 80% 以上（可根据所在地区高考难度及孩子具体目标适当调整）。

二、训练阶段及具体安排

基础夯实阶段（第 1—3 周）

- 函数部分：
  ○ 周一至周三：
  ○ 晚上：花 1 小时时间回顾课本上函数的基本概念，包括函数的定义域、值域、解析式的求法等，整理笔记，把概念、公式清晰地罗列出来，并结合课本上的简单例题进行理解，确保对基础知识没有理解死角；做课本后的练习题，大约 20 道，巩固学习的知识点，做完后对照答案自行批改，将错题整理到错题本上，并分析错误原因（是概念混淆、计算失误还是思路问题等）。

图 9-11　AI 辅助制订学习专项训练计划示例

围。网络过滤软件正是基于此技术开发的一种应用，它能够主动阻止娱乐广告、低俗内容和不相关的视频弹窗，从而减少对孩子学习的干扰。

家长可以将这些工具与 AI 分析灵活结合起来，为孩子打造一个专注、高效的学习环境。例如，每天的学习时段可以由设备管理系统控制，确保孩子专注使用学习类应用；学习内容由 AI 工具规划，帮助孩子按部就班地完成复习任务；同时，通过网络过滤软件营造纯净的学习网络，杜绝不必要的干扰。在这一过程中，家长还需与孩子定期沟通，调整工具的使用策略，以保证它们真正为孩子的学习服务。

通过合理运用 AI 技术，家长不仅能够帮助孩子屏蔽外界干扰，还能为其提供科学的学习规划和管理。这些智能工具的辅助，不仅减轻了家长的监管压力，而且让孩子养成了更加自律、专注的学习习惯，为高考的成功打下坚实的基础。

✦ 五、如何利用 AI 辅助选择合适的专业？

（一）专业选择的难点：面对未知与选择困惑

在 16—18 岁的青少年阶段，选择大学专业常常成为家长和孩子的共同挑战。对于许多家庭而言，这不仅是一道选择题，更是一场关于未来的深刻讨论。然而，这一阶段的孩子往往面临着对未来职业认知不足、兴趣模糊以及现实与理想之间的矛盾等多重困扰，让专业选择变得尤为困难。

1. 职业认知的局限性

许多孩子对职业世界的了解仅限于身边的观察或大众化的认知。例如，他们可能知道医生、律师、教师等常见职业，却对人工智能工程师、用户体验设计师等新兴领域缺乏了解。这种信息缺乏让孩子难以全面衡量某些专业所对应职业的未来发展潜力。同时，一些职业的长期成就感与短期压力（如医生的高薪与高强度工作）并不直观，这也导致孩子无法准确评估自身是否适合该职业。

2. 兴趣与能力的模糊地带

16—18 岁的孩子，正处于探索兴趣和建立能力的关键阶段。然而，兴趣并非总是明确，甚至可能随着年龄和经历的增加而不断变化。例如，一个对绘画感兴趣的孩子，可能在深入了解设计专业后发现自己不喜欢商业化创作；而擅长数学的学生，也未必愿意将这一能力应用到枯燥的理论研究中。家长在帮助孩子选择专业时，往往会困惑于"兴趣是长久的吗？"以及"能力是否足够支持职业发展的要求？"。

3. 现实与理想的冲突

家长的视角和孩子的视角往往存在差异。许多家长希望孩子选择热门且稳定的专业，如计算机、金融、医学等，而孩子则可能倾向于追求兴趣导向，例如艺术或体育。这种分歧可能引发家庭内部的矛盾，甚至让孩子感到迷茫，不知道是遵循自己的内心还是服从家长的建议。同时，热门专业的激烈竞争，也让一些家长担心孩子是否有足够的能力脱颖而出。

4. 高考志愿填报的复杂性

高考志愿填报制度在一定程度上增加了专业选择的难度。尤其是在新高考模式下，选科与专业的挂钩让这一问题显得更加紧迫。很多家庭在填报志愿时，不知道应该优先考虑学校排名还是专业适配性，更不清楚未来专业转型的可能性。这种信息的不对称性让许多家长感到无所适从，甚至因一次选择不慎影响了孩子的未来发展。

5. 社会趋势与未来的不确定性

快速变化的社会发展趋势让专业选择变得更加复杂。一些家长担心孩子选择的专业是否会过时，比如传统的文秘、化工等；而另一些家长则对新兴领域是否稳定持怀疑态度，比如区块链技术、元宇宙设计等。这种对未来职业市场的不可预测性，让家长和孩子在选择专业时显得更加谨慎，甚至患得患失。

陈先生的儿子小明在高三时表现出对计算机科学的兴趣，但却对未来从事什么具体方向没有清晰的认识。陈先生希望儿子能选择人工智能方向，因为行业前景广阔，收入高，但小明却表示自己对编程不感兴趣，更愿意研究计算机游戏设计。双方为此讨论多次，但始终无法找到兼顾理想与现实的平衡点。

（二）AI 如何辅助选择专业：精准匹配未来方向

随着技术的发展，AI 逐渐成为帮助孩子选择专业的重要工具之一。它通过分析学生的学科优势、兴趣爱好以及职业前景，为孩子提供更科学、更个性化的专业建议。这种技术的运用，不仅能够缓解家长和孩子在选择专业时的迷茫，还能为未来的职业规划奠定坚实的基础。

1. 根据学科强项精准推荐

AI 系统可以通过大数据分析，综合学生的学科成绩和学术表现，识别出其在某些学科领域的优势。例如，对于一个在数学和逻辑推理方面表现突出的学生，AI 可能会推荐数据科学、金融工程、人工智能等与这些强项相关的专业；而对于语言表达能力优秀、文科成绩突出的学生，AI 可能会推荐新闻传播、法律或教育学等方向。这种基于学科强项的推荐，不仅让孩子更容易在大学阶段发挥特长，还能帮助他们在未来的职业竞争中占据优势。

实例：张同学在高二时多次获得物理竞赛奖项，但她并不确定物理学是否是自己未来的理想专业。豆包通过对张同学的职业测评分析，系统结合她的物理学科优势和对工程技术的兴趣，建议她可以考虑电子工程或航空航天工程方向，并详细列出了这些专业的课程结构和就业前景。这让张同学和她的家长对选择方向更加清晰。

2. 深入分析兴趣与性格特点

AI 不仅关注学科成绩，还会通过性格测评和兴趣分析工具，挖掘学生潜在的职业倾向。例如，通过问卷调查、行为分析或游戏化测试，AI 可以判断学生是否更适合创意类、技术类、管理类或服务类职业。对于一个喜欢绘画、摄影并注重细节的学生，AI 可能会推荐与艺术设计相关的专业；而对于一个性格外向、善于沟通的学生，则可能会建议选择市场营销、公共关系等方向。

实例：李女士的女儿小丽对写作和艺术设计都很感兴趣，但一直无法决定未来是选择文学类专业还是视觉设计方向。AI 兴趣测评工具通过一系列的交互式问题分析了小丽的偏好，发现她在团队合作和表达创意方面得分较高，推荐她考虑选择广告学专业。这一建议不仅结合了她的兴趣，还突出了她的性格优势，为最终选择提供了科学依据。

3. 结合职业发展趋势预测未来前景

AI 工具还能实时分析就业市场的数据趋势，帮助孩子了解不同专业在未来的职业前景。例如，AI 可以通过对毕业生就业率、薪资水平和行业增长率的分析，向孩子和家长展示热门专业的潜力，以及一些冷门但回报率高的领域的机会。这种数据驱动的洞察，让选择更具前瞻性。

实例：高先生一直希望儿子选择计算机科学专业，但儿子对医学颇感兴趣。AI 通过分析显示，人工智能在医疗行业的应用正成为未来的热门领域，建议考虑计算机与医学的交叉学科，比如医疗信息学或生物医学工程。这一建议让高先生感到意外，同时也为孩子的兴趣与职业发展提供了创新性的结合点。

4. 制订个性化学习与发展计划

AI 不仅帮助孩子选择专业，还能为他们规划详细的发展路径。通过整合学习资源、推荐大学课程和行业实习，AI 帮助孩子在大学入学前就明确如何提升竞争力。例如，对于想要从事人工智能领域的学生，AI 可能会建议提前学习编程语言或参与在线的 AI 基础课程；而对于倾向于从事传媒行业的学生，AI 可能会推荐参加相关的实习或工作坊。

实例：林同学希望报考心理学专业，但对其学习内容和就业方向并不了解。讯飞星火不仅推荐了几所心理学排名靠前的大学，还列出了她可以选择的在线心理学课程和实习项目，帮助她在正式学习前做好准备，如图 9-12 所示。

AI 的建议虽然科学，但家长的参与和最终决策也不可或缺。家长可以利用 AI 平台的多维数据报告，与孩子一起讨论专业的优劣势，并结合家庭的实际情况，帮助孩子做出理性的选择。例如，家长可以参考 AI 给出的推荐名单，筛选出几个适合孩子发展的方向，然后通过与孩子沟通逐步缩小范围。

（三）与 AI 工具协同做出明智的专业选择

在孩子面临专业选择的重要阶段，家长的参与和支持至关重要。然而，面对庞大的专业目录和复杂的未来职业趋势，许多家长感到力不从心。AI 工具的引入，为家长提供了一个科学、高效的途径，帮助他们与孩子共同探讨适合的专业选择。在这个过程中，家长可以通过 AI 分析数据，并结合孩子的兴趣和能力，

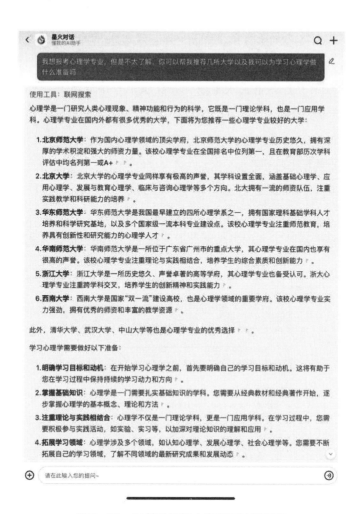

图 9-12　AI 辅助规划大学学习计划示例

最终做出更明智的决定。

1. 共同分析就业前景

AI 平台可以对各个专业的就业前景进行深入分析，包括行业发展趋势、毕业生就业率、薪资水平以及地域分布等信息。家长可以利用这些数据，与孩子一起探讨未来的职业规划。例如，如果 AI 分析显示新能源行业增长迅速，而孩子对环境保护感兴趣，那么家长可以引导孩子关注相关专业，如新能源工程或环境科学。通过 AI 生成的直观数据报告，家长和孩子能够更清晰地了解各专业的潜力与风险，减少盲目选择的可能性。

实例：刘女士的儿子在选择大学专业时，曾对机械工程和计算机科学两者难以取舍。豆包通过对行业增长趋势的分析，指出未来 10 年机械工程在自动化与人工智能领域将有更广阔的发展前景，并提供了一些成功案例和具体数据支持（图 9-13）。结合这些信息，刘女士和儿子最终决定选择机械工程，并制定了未来学习和发展的具体规划。

2. 探讨兴趣与能力的匹配

兴趣与能力的匹配是专业选择中的关键考量。AI 工具通过性格测试和兴趣分析，帮助孩子发掘自身的潜在优势，同时也让家长了解孩子的真实想法。例如，一个在测试中对艺术表现出高度兴趣的孩子，可能更适合艺术设计或数字媒

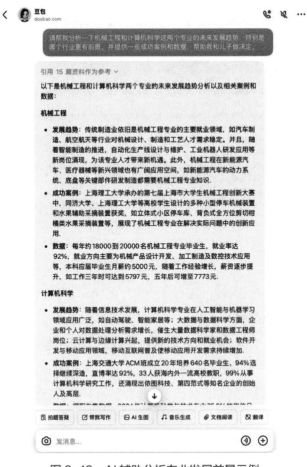

图 9-13　AI 辅助分析专业发展前景示例

体专业；而擅长逻辑思维的孩子，则可能更倾向于理工科领域。家长可以通过
AI 生成的报告，和孩子一起分析哪些专业既能发挥优势，又符合他们的兴趣，
从而找到最佳平衡点。

实例：王先生的女儿小菲成绩优异，但性格内向，不擅长团队合作。通过
Kimi 的性格和兴趣分析工具，小菲的报告显示她更喜欢独立完成任务，并对
历史和文学有浓厚兴趣（图 9-14）。王先生根据这些结果，和女儿一起探讨了
历史学和图书馆学这两个方向。最后，小菲选择了图书馆学专业，因为 Kimi
预测这个领域在未来数字化时代将有较好的发展空间，同时也符合她的兴趣
特点。

图 9-14　AI 辅助发掘孩子能力和潜在优势示例

3. 制订家庭讨论计划

在使用 AI 工具辅助选择专业时，家长的引导尤为重要。家长可以将专业选择分解为多个讨论环节，利用 AI 平台提供的不同功能逐步深入。例如，第一步可以聚焦于孩子的兴趣和能力测试，第二步分析各专业的就业前景，第三步结合家庭实际情况进行筛选。在每个环节中，家长都可以通过 AI 生成的报告，与孩子共同分析并记录意见，确保最终的选择既有科学依据，又符合孩子的真实意愿。

4. 利用 AI 定制学习路径

AI 不仅能帮助选择专业，还能为孩子定制个性化的学习路径。家长可以与孩子一起利用 AI 工具制定目标，如选择目标大学的相关课程，提前了解专业的学术要求等。例如，AI 可能会建议想要攻读经济学的学生学习基础统计和高等数学课程；而建议对生物学感兴趣的学生开始接触实验技能。这种定制化的学习路径，不仅能帮助孩子更好地适应未来的专业课程，还能提高其入学竞争力。

实例：赵先生的儿子小明对医学专业表现出浓厚的兴趣，但不确定自己是否能胜任。Kimi 推荐了适合高三学生的入门课程，如人体生理学和基础化学，并建议小明参加一个医学夏令营以获取实践经验（图9-15）。在 Kimi 的帮助下，小明不仅对医学产生了更大的兴趣，还为大学申请积累了有力的背景材料。

5. 避免家长的过度干预

在专业选择的过程中，家长的意见固然重要，但孩子的兴趣和意愿同样不可忽视。AI 工具的作用在于提供科学参考，而不是取代家长或孩子的最终决定。家长应该将 AI 提供的分析结果作为沟通的基础，而不是单方面地强加选择。例如，如果 AI 建议某个热门专业，而孩子却毫无兴趣，家长需要尊重孩子的意见，并共同探讨其他方向。

图 9-15　AI 辅助专业选择考量示例

实例：李女士的儿子对音乐创作充满热情，但她认为艺术类专业就业风险较高。豆包分析后建议，音乐创作与多媒体技术的结合可能是未来的一个发展方向（图 9-16）。李女士因此鼓励儿子选择了音乐制作与数字技术交叉的专业，实现了兴趣与实际需求的结合。

AI 为专业选择提供了前所未有的便利和科学依据，但最终的决定需要家长和孩子共同努力。通过合理运用 AI 工具，家长可以在关键时刻给予孩子支持，引导他们从兴趣、能力和职业发展等多方面综合考虑专业选择，确保孩子在未来的发展中更加从容自信。

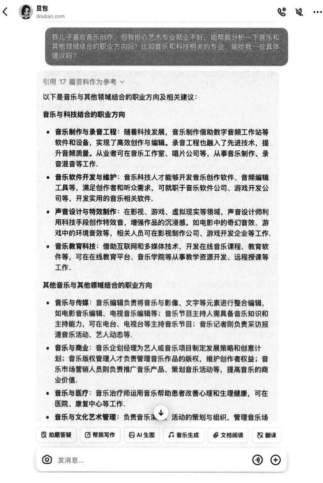

图 9-16　AI 辅助规划职业发展方向示例

✦ 六、如何利用 AI 辅助撰写留学文书?

(一)解开文书写作的困惑

在大学申请的过程中,文书写作无疑占据了举足轻重的地位。家长们都知道,大学的申请文书,特别是个人陈述,是孩子能否脱颖而出的关键之一。它不仅仅是一个简单的自我介绍,更是孩子展示自己个性、价值观和未来潜力的机会。然而，面对这个至关重要的环节，许多家长却感到困惑和迷茫：该如何帮助孩子写出一篇既真实又独特的个人陈述呢？孩子又如何才能在众多申请者中脱颖而出？

想象一下，小伟是个成绩优秀、全面发展的孩子，但在写个人陈述时却陷入了瓶颈。他自己对大学申请文书的理解也模糊不清，只知道要写自己的经历和成就，却不知道如何展现自己的独特性。"我做过很多活动，也有不少学术成就，为什么文书写出来却平淡无奇？"小伟常常感到焦虑。

类似的小故事在每个家庭中都有可能发生，家长们对大学申请文书的重要性有清晰的认识，却缺乏具体的指导和方法。而孩子们往往也因为没有写作经验，难以从个人经历中提炼出最能打动招生官的内容。

很多家长误以为，申请文书不过是简单的自我介绍或成就展示。实际上，个人陈述不仅仅是列举自己的成绩和经历，而是一个自我呈现、反思和表达的过程。招生官希望从文书中看到孩子的个性、思维深度和潜力，而不仅仅是"干货"般的成绩单。正因如此，文书写作的难度也在于如何在有限的篇幅中，生动、具体且有深度地展示孩子独特的个性和人生观。

首先，家长需要明确文书写作的真正目的：它是孩子向招生官展示自己独特性的舞台，而不仅是一个学术成绩的延伸。孩子的经历、成长、挑战、理想，这些才是文书的核心所在。如果家长能帮助孩子认识到这一点，那么文书写作将不再是一次单纯的"填鸭式"展示，而是一次挖掘和表达孩子内心世界的旅程。

小伟的妈妈李女士，在帮助孩子进行文书写作时，首先让小伟回顾自己的生活经历和成长过程。她没有让小伟只关注他的成绩，而是引导他思考以下几个问题：

● 我的兴趣与动机是什么？

小伟一直对计算机编程充满兴趣，但他从未真正思考过自己为何喜欢这个领域。在李妈妈的引导下，小伟终于回忆起了自己小时候第一次接触计算机时的那份惊奇感，以及随着不断学习，他对技术如何改变生活的理解。这种对兴趣的真实反思成了文书的第一部分。

● 我遇到过什么挑战，又是如何克服的？

在写作时，小伟回忆起自己总是在数学上遇到障碍，尤其是在编程与算法结合时。但他并没有放弃，而是通过大量的自学和请教老师，最终攻克了这一难关。李妈妈鼓励小伟将这段克服困难的经历融入文书中，以体现他的毅力、学习方法以及解决问题的能力。

● 我的成长过程如何塑造了我的价值观？

小伟从一个懵懂的编程爱好者，逐渐成为有想法、有创造力的青年。在文书中，他不仅讲述了自己的学习经历，更深入地探讨了自己对未来科技和社会发展的看法。这种深度的思考让他的文书显得既有个人色彩，又充满了理性和情感的结合。

对于家长来说，帮助孩子写好大学申请文书，关键在于引导孩子进行深刻的自我反思，而非单纯地列举成就。家长可以通过提问、引导，帮助孩子从平凡的经历中发掘出不平凡的故事，让文书呈现出孩子的个性与成长，展示他们的内在潜力和未来可能性。文书写作不仅是一个写作技巧的挑战，更是一个帮助孩子发现和表达自己独特之处的过程。

（二）AI 文书辅助：如何利用 AI 优化孩子的个人陈述，提升文书写作质量？

文书写作不仅是一个展示成绩的渠道，更是学生展示自我、表达独特个性和价值观的窗口。许多学生和家长在面对个人陈述写作时常常感到困惑，尤其是当孩子试图通过文字去呈现自己丰富的经历和独特的内心世界时，往往会陷入"如何组织结构"、"如何表达情感"以及"如何突出优势"的多重困境。

1. AI 优化文书结构：清晰有序，层次分明

一个好的个人陈述，结构必须清晰，逻辑严密。如果内容杂乱无章，再精彩的经历和观点也难以打动招生官。而 AI 能够帮助学生在这方面大展身手。

AI 写作助手能够分析学生文书的结构，检查段落之间是否有连贯性，是否存在信息的重复或遗漏。基于 AI 工具，能够根据学校要求或标准格式，提供一个合理的框架。比如，常见的个人陈述结构通常包括引言、主题阐述、经历叙述、反思总结等几个部分。AI 可以帮助学生从这些维度出发，设计一个清晰的写作框架，指导孩子如何有效地组织文章。

实例：小伟在写作时可能不知道从哪个角度切入，如何安排好开头与结尾。ChatGPT 会提示他在开头部分进行自我介绍并勾画出个人的核心特质，然后在中间段落通过具体的故事展示自己如何在困境中成长，最后在结尾部分总结自己的收获及未来规划。ChatGPT 还可以通过预设模板，帮助学生把这些内容按逻辑顺序排列，避免文章显得杂乱无章（图 9-17）。

AI 的作用不仅仅局限于结构上的优化，它还能够检测文书是否符合文章的主题和中心思想。如果学生在写作过程中逐渐偏离了主题，AI 会给出分析，提醒孩子回归正题，从而避免跑题的情况发生。

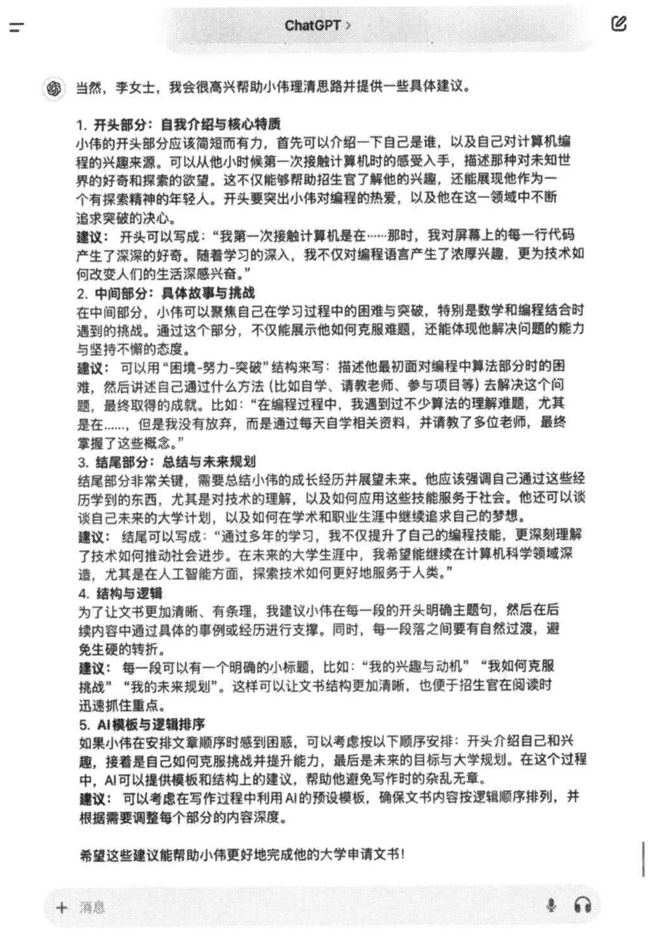

当然，李女士，我会很高兴帮助小伟理清思路并提供一些具体建议。

1. 开头部分：自我介绍与核心特质
小伟的开头部分应该简短而有力，首先可以介绍一下自己是谁，以及自己对计算机编程的兴趣来源。可以从他小时候第一次接触计算机时的感受入手，描述那种对未知世界的好奇和探索的欲望。这不仅能够帮助招生官了解他的兴趣，还能展现他作为一个有探索精神的年轻人。开头要突出小伟对编程的热爱，以及他在这一领域中不断追求突破的决心。
建议： 开头可以写成："我第一次接触计算机是在……那时，我对屏幕上的每一行代码产生了深深的好奇。随着学习的深入，我不仅对编程语言产生了浓厚兴趣，更为技术如何改变人们的生活深感兴奋。"

2. 中间部分：具体故事与挑战
在中间部分，小伟可以聚焦自己在学习过程中的困难与突破，特别是数学和编程结合时遇到的挑战。通过这个部分，不仅能展示他如何克服难题，还能体现他解决问题的能力与坚持不懈的态度。
建议： 可以用"困境-努力-突破"结构来写：描述最初面对编程中算法部分时的困难，然后讲述自己通过什么方法（比如自学、请教老师、参与项目等）去解决这个问题，最后取得的成就。比如："在编程过程中，我遇到过不少算法的理解难题，尤其是在……，但是我没有放弃，而是通过每天自学相关资料，并请教了多位老师，最终掌握了这些概念。"

3. 结尾部分：总结与未来规划
结尾部分非常关键，需要总结小伟的成长经历并展望未来。他应该强调自己通过这些经历学到的东西，尤其是对技术的理解，以及如何应用这些技能服务于社会。他还可以谈谈自己未来的大学计划，以及如何在学术和职业生涯中继续追求自己的梦想。
建议： 结尾可以写成："通过多年的学习，我不仅提升了自己的编程技能，更深刻理解了技术如何推动社会进步。在未来的大学生涯中，我希望能继续在计算机科学领域深造，尤其是在人工智能方面，探索技术如何更好地服务于人类。"

4. 结构与逻辑
为了让文书更加清晰、有条理，我建议小伟在每一段的开头明确主题句，然后在后续内容中通过具体的事例或经历进行支撑。同时，每一段落之间要有自然过渡，避免生硬的转折。
建议： 每一段可以有一个明确的小标题，比如："我的兴趣与动机""我如何克服挑战""我的未来规划"。这样可以让文书结构更加清晰，也便于招生官在阅读时迅速抓住重点。

5. AI模板与逻辑排序
如果小伟在安排文章顺序时感到困惑，可以考虑以下顺序安排：开头介绍自己和兴趣，接着是自己如何克服挑战并提升能力，最后是未来的目标与大学规划。在这个过程中，AI可以提供模板和结构上的建议，帮助他避免写作时的杂乱无章。
建议： 可以考虑在写作过程中利用AI的预设模板，确保文书内容按逻辑顺序排列，并根据需要调整每个部分的内容深度。

希望这些建议能帮助小伟更好地完成他的大学申请文书！

图 9-17　AI 辅助训练孩子文书写作结构示例

2. AI 提升语言表达：精准、流畅、有感染力

学生在写作时，常常会面临一个挑战：如何找到恰当的词汇来表达自己的情感与思想，而不是简单的、平铺直叙的语言。学生的语言能力在一定程度上决定了文书的质量，而 AI 可以提供有效的帮助，提升语言的准确性、流畅性和感染力。

通过自然语言处理技术，AI 能够根据孩子的写作内容，建议更精准的词汇和句式，优化表达方式。例如，如果一个学生在描述自己过去的挑战时，可能写道："我努力克服了这个问题。"而 AI 可能建议将这一句话调整为："通过不懈努力，我最终战胜了这个挑战。"这一改动使语言更具动态感，表达也更有力。

AI 不仅能帮助学生改进词汇的选择，还能引导他们提高文章的句式多样性，避免重复性表达。比如，在文书的某个部分，AI 会分析学生是否使用了过多的简单句，并建议使用复合句或更为复杂的结构，从而提升文章的阅读体验。

此外，AI 还能够帮助学生提升文书的语言风格，使其更加适合申请的目的。比如，申请商学院的学生与申请文学专业的学生，其语言风格的侧重点是不同的。AI 通过分析大量成功的个人陈述，能够精准识别每一类申请文书应使用的语气和风格，帮助学生调整文章的语言，使之更符合专业要求和学校的偏好。

3. AI 内容优化：个性化与独特性的提升

文书写作的核心不仅仅是语言和结构的优化，更重要的是内容的独特性和个性化。每个学生都有不同的背景、经历和特质，而如何将这些个性化的元素通过文书展现出来，是招生官评判文书优劣的关键所在。

AI 通过分析学生的个人资料和背景，可以帮助学生更好地提炼出属于自己的核心优势。比如，小丽在高中时期曾积极参与社区志愿活动，AI 可以帮助她将这段经历转化为富有情感色彩的故事，而不仅仅是列出一个"参与志愿活动"的事实。AI 会引导学生通过"我为何参与、我从中学到了什么、这段经历如何影响了我未来的选择"这些问题，来深度挖掘每一段经历背后的意义和价值，最终通过生动的故事将其呈现出来。

此外，AI 还能帮助学生识别并突出自己的亮点。例如，学生在描述自己的

学术成绩时，AI 不仅可以帮助其提高表达的精准度，还能分析出哪些具体的成绩或项目是最能反映学生能力和潜力的，从而帮助学生在文书中突出显示。

如果学生有多项经历，AI 还会帮助他们权衡哪些最能突出个人特质，哪些能最好地展示自己的成长轨迹。例如，小伟在多个学科中都表现出色，但在编程方面特别突出。AI 会建议他把编程经历作为文书的主线，通过讲述他在这方面的挑战与突破，最终形成一篇聚焦于自我成长的文书，而非面面俱到地列举所有活动。

4. 家长提供实时反馈与修改建议：逐步完善文书

家长在其中需要具备"实时反馈"的能力。文书写作往往需要反复修改，家长可以在 AI 撰写过程中提供即时的建议。例如，AI 写完一段后，家长能够发现语法错误、用词不当以及逻辑不通的地方，并提出改进建议。这样一来，AI 在写作过程中不断获得反馈，能够及时调整并优化文章，而不必等待最终完成后再进行修改。

同时，AI 也可以进行自反馈，AI 的自反馈不仅局限于语法和拼写，它还能够根据文书的整体效果，提出更高层次的修改建议。比如，AI 可能指出文书中某些地方的情感表达过于平淡或没有足够的具体细节，从而鼓励学生通过添加更多的故事或情节来增强文书的吸引力和深度。

（三）家长的支持：如何在文书撰写中发挥关键作用，帮助孩子挖掘素材与思路

对于许多家长来说，如何有效地支持孩子完成一份出色的个人陈述，是一个充满挑战的问题。家长在这一过程中扮演着至关重要的角色，既是支持者，也是引导者。他们的帮助能够确保文书既真实又充满个性，最终为孩子的申请增添亮点。

1. 为孩子提供素材：挖掘生活中的亮点

文书写作的关键在于内容的独特性，而这往往源自孩子在日常生活中的点滴经历。家长的第一项任务是帮助孩子发现和提炼这些素材。许多学生可能低估了自己的经历，认为自己没有什么特别之处。此时，家长可以从孩子的日常生活中

挖掘出富有深度和情感的故事。

实例：小明是一名喜欢音乐的高中生，他一直在学校乐队担任小提琴手。尽管在学术上表现优异，但他对自己在乐队的表现并不是特别自信。赵女士（小明的母亲）在和他谈话时，突然意识到，孩子不仅在乐队中扮演了重要角色，而且曾在一次全国比赛中帮助团队赢得了奖项。这段经历展现了小明的团队合作能力、领导潜力以及在压力下的冷静。赵女士鼓励小明将这一经历作为文书的一部分，用来展现他解决问题的能力和对艺术的热情。

家长不仅需要挖掘孩子的成就，还应帮助孩子从多个角度思考。例如，某个不起眼的失败经历，经过细致的思考后，可能是展现坚韧与反思能力的好机会。家长可以通过与孩子的对话，帮助他们从不同维度来审视自己的经历，为文书提供丰富的素材。

2. 引导孩子梳理思路：打造有深度的故事

虽然有了素材，但如何将这些素材有效地组织成一个引人入胜的故事，也是一个难题。家长在这方面的作用是不可忽视的。很多孩子在写文书时，往往陷入自我描述的困境，写出的内容过于平淡，没有鲜明的个性。家长可以帮助孩子梳理思路，确保文书有清晰的主线，能够充分展示他们的成长和思考。

实例：赵女士不仅为小明提供了素材，还帮助他理清了文书的结构。她鼓励小明从自己在乐队中的领导经历出发，讲述他如何在比赛前夜的紧张氛围中保持冷静，如何带领队友克服技术上的难题。这样的故事，不仅展现了小明的音乐才华，更体现了他在压力下的决策能力和领导潜力。赵女士还引导小明通过自我反思的方式，强调他从这段经历中学到的宝贵经验，而不仅仅是叙述一个简单的事件。

家长的作用不仅仅是提供指导，他们的经验和观察力能帮助孩子从一个更高的层次审视自己的故事，使文书内容更具深度和独特性。

3. 利用 AI 辅助：提升文书质量，保持真实个性

如今，许多 AI 文书平台都可以为孩子在写作过程中提供结构、语言和内容上的优化。然而，AI 虽然能够提供技术支持，但无法替代家长在文书内容真实性和个性化方面的把控。家长需要利用 AI 的优势，确保孩子的文书既能体现出孩子的独特个性，又能保持真实感。

实例：赵女士在小明使用豆包辅助写作文书的过程中，发挥了重要的辅助作用。豆包帮助小明优化了文书的语言和结构，使文章更加流畅且富有吸引力，但在素材的提炼和故事的呈现上，赵女士却始终保持着主导地位。AI能够根据小明的学习背景、经历和兴趣推荐相关的写作技巧和修辞，但赵女士则是最清楚小明的个性、情感和心路历程的那个人。通过AI和家长的协作，小明的文书最终既有技术上的精致，又有情感上的真挚，凸显了他的独特魅力。

4. 鼓励孩子表达真实的自我：避免过度包装

很多家长在文书写作过程中，常常倾向于夸大孩子的成就，以为这样才能使文书更具吸引力。然而，招生官最看重的并非孩子的完美无缺，而是他们的真实和独特。家长在这一过程中要引导孩子真实地表达自己的情感和想法，而不是试图打造一个"完美"的形象。

实例：赵女士深知这一点，她鼓励小明在文书中展现自己的真实情感，包括一些失败和挫折。她提醒小明，招生官并不是只看成功的经历，反而会更关注他如何面对困难、如何从失败中成长。这种真诚的表达，不仅能让文书更加生动，而且能够让孩子在文书中展现出更多的人性光辉。

家长在孩子大学申请文书的撰写过程中，扮演着无可替代的角色。从提供素材和挖掘亮点，到帮助孩子梳理思路，最终确保文书内容既真实又具有个性，家长的参与至关重要。借助AI文书工具，家长不仅能让孩子的文书在结构和语言上更加完善，还能帮助孩子保持真实感和情感的表达。赵女士与小明的故事便是这种协作的成功案例，它证明了家长的支持能够为孩子的申请文书增添独特的色彩，帮助他们脱颖而出，最终获得理想学校的青睐。

第十章

◆

如何用 AI 辅助孩子的学科学习？

> 还记得小时候，当我们向父母寻求学习帮助时，常听到这样的叹息："这些题目太难了，我都看不懂！"如今，身为家长的我们同样面对着孩子日益复杂的课业内容，不禁感慨时代变了，教育的要求也变高了。然而，好消息是，人工智能（AI）为教育带来了新的可能性，尤其在学科学习上，它正在成为家长们得力的助手。无论是小学的基础启蒙，还是初高中的复杂知识点，AI 都能提供有效的支持。接下来，我们用一些实际学科案例来探讨如何用 AI 让孩子的学习更高效、更有趣。

序幕：从"力不从心"到"精准陪伴"

周六晚上，小辉家灯火通明。书房里，小辉正对着数学作业发愁，而他的妈妈坐在旁边，试图给予帮助。桌上散落着草稿纸，上面布满了演算过程和未完成的数学题。

"这道几何证明题到底该从哪里入手？"小辉的声音中带着明显的焦虑与无助，"我看了好几遍书上的例子，还是不明白。"

妈妈皱眉看着题目，试图回忆起自己学生时代的知识，却发现那些记忆早已模糊。"这些题目看起来确实挺复杂的，"她无奈地说，"我们那时候没接触过这么深奥的内容。"

妈妈试图使用手机检索答案，希望能找到一些帮助。但网上的资料要么过于简单，要么不符合孩子的教学进度，难以让孩子深度了解解题的深层逻辑，无法直接应用到孩子的作业上。手机在此时震动，丈夫发来消息："今晚又要加班，儿子作业……"

"每次遇到这种情况，我都感到特别无力，"她叹了口气暗想，"既想帮孩子解决问题，又怕误导了他。"

当父母因工作忙碌或知识断层无法辅导孩子时，AI 如何成为家庭教育的"第三只手"？它不仅是解题工具，更是让父母从"焦虑陪伴者"转变为"智慧引导者"的钥匙。通过场景案例，我们将揭示：如何利用 AI 分担知识传授的压力，把更多时间留给亲子沟通；如何借助 AI 精准补足教育短板，让孩子在个性化辅导中找回自信；以及在技术赋能下，家庭教育如何从"力不从心"走向"精准陪伴"。

✦ 一、数学：让抽象思维变得具体

数学学习常被家长和孩子视为"难关"，尤其是抽象的公式和概念让人抓耳挠腮，而在学习数学的过程中，孩子容易因为思维跳跃、缺乏框架思维而卡住，频繁的失败学习经验也可能会让孩子失去对数学学习的兴趣与自信心。AI 可以通过多维度的解释和引导，以及有趣的案例和阐述，让孩子更轻松地掌握数学的逻辑与应用。

案例 1：小学比例概念——基础概念理解

小学生学习"比例"时，可能会觉得概念枯燥难懂。这时可以借助 AI 多样化的解释功能，例如：

- 孩子提问："比例是什么？为什么我们需要学它？"
- AI 引导：

用生活实例解释："你在家做果汁，1 份橙汁加 3 份水就是一种比例。这种方法能让味道更均匀。"

图片展示比例的直观概念，用可视化工具让孩子看到 1：3 的分布效果。

- 效果：孩子通过具体情境理解抽象的比例概念，感受到数学与生活的关联。

在学习过程中家长也需要注意：

1. 鼓励孩子主动思考，避免过度依赖 AI

AI 可以提供即时的解答，但家长要引导孩子尝试自己解决问题后再求助 AI。可以让孩子先用已有知识思考比例的含义，同时用提问来引导孩子："你觉得比例和我们平时做什么事情有关？试着说几个例子。"在孩子思路受阻时，再用 AI 提供不同的解答方式，帮助他们拓展思路。

2. 把 AI 的回答转化为孩子能理解的语言

有时 AI 的解释可能过于学术或复杂，家长可以适当简化或结合实际生活重新讲解。如果 AI 把"比例"解释为："比例是两个数量之间的倍数关系。"家长可以调整为："比例其实就是两个东西相比，比如我们用果汁和水的份量来说明。"

3. 利用多感官体验强化学习

比例概念可能会让孩子感到抽象、难以理解，家长可以结合 AI 工具的图示功能和生活中的实物，帮助孩子通过"看"和"做"来理解。AI 生成的动态图或视频，可以让孩子直观感受到比例关系。家长也可以陪伴孩子动手操作：和孩子一起做果汁、切蛋糕，体验比例概念的实际应用。

案例 2：初中几何难题——解题思路拆解

初中的几何证明题常被认为是学习中的难点，尤其是"证明两个三角形相似"这一类题目，孩子在面对题目时往往感到无从下手。这时，AI 可以成为强大的学习助手，通过分步骤引导帮助孩子逐步攻克难关。

- 孩子提问："我完全不知道怎么证明这道题，能引导我一步步思考吗？"
- AI 引导：

第一步：从题目中找出已知条件并标注图形。

- AI 提示：从题目中提取已知条件，并用不同颜色标注在图形上（如已知角标红，已知边标蓝）。
- 家长协助："题目中有哪些条件是显而易见的？你觉得这些条件和三角形相似有关吗？"
- 孩子练习：根据 AI 的提示和家长的引导，完成图形标注，理解题目所提供的信息。

第二步：观察相似三角形的角度或边的比例。

- AI 提示：从标注的图形中观察角度或边的比例是否符合三角形相似的条件（如"两个角相等"或"对应边成比例"）。
- 家长协助："哪些角度是相等的？这些边之间的比例是多少？"
- AI 可视化工具：通过动态展示，调整两个三角形的大小，让孩子更直观地理解相似关系。

第三步：根据相似性定理完成推导。

- AI 提示：结合已知条件和观察到的关系，指导孩子使用"角角相似"或"边边边相似"等定理完成推导。
- AI 可提供对比方法：如果孩子有其他思路，AI 可以展示别的证明方法，让孩子对比优劣。

● 家长协助总结："这个定理的条件是什么？我们满足了这些条件吗？"

通过这种分步骤的引导，AI 帮助孩子将抽象的几何问题分解为具体的任务，逐步构建完整的解题框架。同时，每一步都解释了背后的逻辑，让孩子学会思考问题的方法，而不是单纯记忆答案。

在这部分实践中，需要注意：

（1）分步骤训练

让孩子在每一步完成后都停下来复盘，例如问："你为什么选择这样标注？这个边的比例是怎么算出来的？"训练孩子形成"问题拆解——推导——总结"的思维模式。

（2）答案验证

利用 AI 检查解题过程是否正确：用 AI 验证孩子的解题过程，确保思路清晰、逻辑无误。

（3）探索不同解法

让 AI 提供另一种证明方法，与孩子的解法对比。家长可以鼓励孩子分析："哪个方法更简单？为什么？"

（4）强化理解

通过对比不同解法，帮助孩子总结几何题的多种思维路径。

案例 3：高中数学复习——举一反三，知识点延伸，利用 AI 搭建错题本，构建知识图谱

高中数学知识庞杂，内容繁多且知识点间联系紧密，学生常常因缺乏系统性复习而导致学习效率低下。在这种情况下，AI 的知识图谱构建功能可以帮助学生将零散的知识点串联起来，形成清晰的复习框架。此外，借助 AI 生成个性化错题本并逐步突破重点难点，能够让学生在复习中做到有的放矢。

1. 借助 AI 构建知识图谱

在复习函数这一知识点时，学生可以利用 AI 整理函数的类型、性质及不同函数之间的关联。例如：

● 学生提问："请帮我梳理高中函数的所有类型，并说明它们之间的关系。"

● AI 生成：AI 生成一个结构化的知识图谱，包括一次函数、二次函数、指数函数、对数函数、三角函数等，并标注它们的图像特征、定义域与值域、增减性等特性，同时展示这些函数的演变路径（如一次函数是二次函数的特例，指数函数与对数函数互为反函数）。

• 家长辅助：家长可以鼓励孩子复述图谱中的关键点，对不理解的部分可以让 AI 结合课本内容进一步详细解释。

2. 知识点延伸与举一反三

复习过程中，学生可以结合知识图谱对相关题目进行训练，进一步挖掘知识点的深层应用。

• 示例问题："请利用知识图谱梳理的函数关系解决以下问题：已知二次函数与一次函数的交点，求两函数的重合部分面积。"

• AI 辅助：提供解题思路（如列方程组求解交点）。绘制两函数图像，帮助学生直观理解交点位置及面积表示。针对难点提供多种解法（如几何方法或积分方法），并引导学生对比优劣。

• 效果：学生通过类似题目逐渐将图谱中的知识点与实际应用结合，做到灵活运用。

3. 利用 AI 搭建错题本

错题往往是学生提升成绩的突破口，借助 AI 生成的错题本能够显著提高复习效率。

步骤：

（1）分类归纳错题

请 AI 根据错题内容和错误类型（概念性错误、计算错误、审题错误等）自动整理归类。

（2）生成针对性解析

请 AI 分析每道错题的错误原因，并详细讲解正确解法。

（3）动态更新

学生练习新的题目后，可将错题实时录入 AI 化错题本，形成动态数据库。

（4）重复练习巩固

AI 会定期从错题本中抽取相似题目进行复习测试，确保学生对易错点有充分掌握。

• 示例提问："帮我总结所有关于二次函数易错的类型，并生成几道练习题供我巩固。"

● 效果：学生可以通过针对性练习减少重复错误，逐步提高解题准确率。

在这部分实践中，需要注意：

（1）知识图谱构建

家长可以引导学生提出清晰的问题，如"函数的分类与联系有哪些?"帮助 AI 生成更精准的图谱。同时要注意检查 AI 生成内容的准确性，确保逻辑清晰无误。

（2）重点难点突破

针对复习过程中孩子表现出的困惑，家长可以引导孩子通过 AI 深入探索，鼓励孩子用自己的话复述难点内容。

（3）错题本的动态更新

家长可以定期和孩子一起复盘错题，确认哪些知识点已经掌握，哪些需要进一步加强，做到学习有反馈、有进步。

通过 AI 知识图谱和错题本，孩子可以系统掌握知识点之间的关系，在学习过程中发现薄弱环节，进行针对性复习。利用 AI 这一高效的工具，孩子可以提高复习效率，达到从知识梳理到灵活运用的全面提升。

推荐应用：讯飞星火、豆包爱学。

◆ 二、语文：提高表达、阅读与理解能力

语文不仅是一门重要学科，更是培养孩子沟通能力、表达能力和逻辑思维的重要载体。对于许多家长而言，辅导孩子的语文学习往往比理科更具挑战性，因为它涉及抽象的语言表达、情感理解以及复杂的写作技巧。在这一过程中，AI 能够发挥独特作用，帮助孩子在阅读理解和写作能力上实现显著提升，让语文学习更加高效和有趣。

1. 阅读理解能力提升

阅读是写作的基础，提升孩子的阅读理解能力不仅能帮助他们更好地应对考试，还能增强他们的逻辑思维和语言表达能力。在 AI 的帮助下，孩子可以更深

入地分析文本，逐步培养出良好的阅读素养。

示例提问：

"请帮我分析这篇文章的写作思路和结构。"

"文中使用了哪些修辞手法？分别达到了什么效果？"

"作者想要表达的深层含义是什么？"

（1）文本分析

AI 能够根据孩子的问题，帮助他们逐层分析文章内容。例如：

示例提问：

"这篇文章的主要内容是什么？"

"段落之间的关系是什么？"

AI 的功能：概括文章主旨；列出文章中的修辞手法（如比喻、排比等），并说明它们的效果和作用；展示段落结构图，帮助孩子理解文章的逻辑层次。

（2）能力培养：阅读技巧与思维训练

AI 通过引导和训练，帮助孩子提升阅读理解的能力。

● 训练提取主旨大意

AI 引导孩子抓住关键语句（如中心句、过渡句），从而总结文章的主旨大意。

家长引导：鼓励孩子尝试用自己的话复述主旨，并对比与 AI 提供的总结是否一致。

● 分析文章结构布局

AI 生成文章的逻辑结构图，标注各部分的功能（如开头点题、论证部分、结尾升华）。

示例练习：通过对比不同文章的结构，孩子可以在写作时模仿合适的逻辑架构。

● 理解写作手法运用

AI 能够帮助孩子识别文章中的写作手法，如对比、引用、反问等，并结合实例解释其效果。

扩展应用：孩子可以尝试在自己的作文中模仿使用这些手法，增强文章表达力。

通过 AI 的文本分析和能力训练，孩子可以逐步掌握文章的阅读技巧和分析技巧。这不仅能够帮助孩子灵活应对考试中的阅读题，还能在日常学习中更加自信地表达和沟通。

2. 写作能力提升

写作是语文学习中的重要组成部分，提升写作能力不仅能帮助孩子在考试中获得更好的成绩，还能培养他们的逻辑思维、创造力以及表达能力。通过 AI 的帮助，孩子可以在作文的构思、修改和表达上得到显著提升，逐步提高写作质量。

（1）构思指导：从无到有的创作过程

写作的第一步是构思，好的构思是一篇优秀作文的基础。许多孩子在写作文时往往陷入"写什么"的困境，或者在构思时缺乏条理、思路混乱。AI 可以帮助孩子理清思路，从而更有效地开展写作。AI 能够帮助孩子明确作文的主题，并提出几个合适的角度（如环保对个人生活的影响、环保对社会的意义等）。

AI 能够帮助孩子做好结构规划，给出从开头、主体部分到结尾如何安排结构的建议，帮助他们理清文章的框架。之后，可以使用 AI 进行分段指导。AI 可以给出每一段应围绕哪些中心点展开的建议，例如，第一段讲述环保的重要性，第二段讨论现实中的环保问题，第三段给出解决方案等。此外，还能帮助设计开头与结尾，AI 可以提供几种不同类型的开头和结尾供孩子选择，帮助他们找到合适的写作方式。

示例提问：

"我想写一篇关于环保的作文，能帮我梳理写作思路吗？"

"开头怎么写更吸引人？能给出几个示例吗？"

通过 AI 的构思指导，孩子能够更加清晰地组织自己的思路，避免写作时迷茫或思路散乱，从而写出结构严谨、逻辑清晰的作文。

（2）修改建议：从初稿到完美作品

作文写作完成后，修改是提升文章质量的关键。AI 不仅能检查文章的语言表达，还能针对结构、逻辑等方面提出有价值的修改建议。

示例提问：

"请帮我看看这篇作文有什么优缺点？"

"我写了一篇作文，你能给我一些修改建议吗？"

"有哪些表达可以改得更精准？"

● 请 AI 点评文章优缺点

AI 首先会对文章进行整体评估，分析文章的优点（如思路清晰、论证充分）以及缺点（如某些句子重复、表达不够生动）。例如：你在第三段中重复了"环保"这一词汇，可以用"环境保护"或者"绿色行动"来替代。

● 获取具体修改建议

语法与用词：请 AI 检查作文中的语法错误、错别字和不当用词，提供具体修改方案。

句式调整：如果作文中的句子过于简单或单一，AI 会建议孩子使用更丰富的句式结构，如加入复合句、使用更多的修辞手法等。

逻辑调整：AI 会指出文章中逻辑不清或过于冗长的部分，提出如何简化或调整结构的建议。

优化语言表达：AI 可以提供精准的表达方式和词汇。例如：这个句子中的"环保很重要"可以改为"环保是我们社会可持续发展的基石"。

情感色彩和修辞：AI 还可以建议加入恰当的修辞手法，如比喻、拟人等，使文章更加生动。例如：可以将"污染很严重"改成"污染如同一只无形的手，紧紧扼住了我们的咽喉"。

通过 AI 的辅助，孩子能够发现自己写作中的不足之处，并得到具体的改进方案，从而提升写作水平。AI 帮助孩子不断完善语言表达，使其写作更具逻辑性、感染力和思想深度。

在使用 AI 辅助写作的学习时，家长可以在 AI 修改建议的基础上，与孩子共同讨论改进方案，帮助他们理解哪些修改是必要的，逐步培养他们的自我反思能力。此外，家长还可以引导孩子进行多轮修改，每次关注不同的方面（如第一次修改关注结构，第二次修改关注语言表达），培养他们的观察力和修正能力。与此同时，家长可以和孩子一起总结常见的写作问题，如结构混乱、中心不明确、句式单一等，并通过 AI 引导进行针对性的练习。

推荐应用：文小言、豆包爱学。

✦ 三、语言：口语练习与写作提升

语言学习不仅仅是背单词和学习语法规则，更重要的是实际运用。通过 AI，孩子可以在口语表达和写作能力上取得显著进步，尤其是在外语学习中。AI 能模拟真实对话场景，帮助纠正发音，教授地道语调和重音的使用，让孩子更自信地进行交流。

1. 口语练习

AI 可以通过互动式的口语练习，帮助孩子在日常情境中使用该语言进行交流，同时提升发音的准确性和表达的自然度。

（1）情境对话：模拟真实交流场景

AI 能够模拟各种日常交流场景，如餐厅点餐、购物、问路、旅行等，为孩子提供真实的练习机会。

示例提问：

"我想练习在餐厅点餐的英语对话，请模拟服务员和我对话的场景。"

"我去机场要办理登机手续，请模拟一段相关对话。"

"这句话用英语怎么表达更地道？"

AI 可以模拟各种场景的角色，与孩子进行互动。在对话结束后，AI 可以指出孩子表达中的问题（如语法错误、不自然的表达等），并提供更合适的表达方式。如果有需要，还可以调整对话难度，从简单句型逐步提高到复杂句型。

孩子借助 AI 不断练习常见情境中的语言运用，从而逐步提高对语言的掌控能力和实际运用的自信心。

（2）发音指导：从准确到地道的发音提升

AI 不仅能帮助孩子纠正发音错误，还能辅助进行语调和重音的练习，让他们的发音更加地道。

● **解释发音规则**

示例提问：

"'th'这个音怎么发？"

"有哪些单词的发音容易混淆？"

AI 可以清晰地讲解发音规则，并播放单词的正确发音，同时提供具体的发音口型说明。例如，"th"音需要舌尖放在上下牙之间轻轻呼气，如"think"。

- 纠正常见发音错误

示例提问：

"我读'work'和'walk'总是搞混，可以帮我纠正吗?"

AI 可以给出两个单词的发音对比，分析孩子的发音录音，并指出问题所在（如音节错位或重音不当），然后示范正确发音，帮助孩子逐步纠正。

- 学习地道语调和重音

示例提问：

"在英语中，哪些词需要重读? 语调应该怎么变化?"

AI 可以提供简单的句子或短语作为例子（如"I didn't say he stole the money"），并示范重音和语调的变化如何影响句子含义。孩子不仅能够学习准确发音，还能通过不同语调和重音更自如地表达情感，提升口语的自然度和流畅度。

家长还可以记录孩子练习的内容和 AI 的反馈，帮助孩子总结进步点和需要改进的地方。在孩子练习时，家长可以作为"观察者"或"参与者"，在旁边给予鼓励，营造轻松的练习氛围。

2. 写作提升

写作不仅是内容的表达，更是语言运用的艺术。在写作过程中，孩子可能会遇到表达不清、语法错误等问题，这会影响文章的流畅性和逻辑性。通过 AI 的帮助，孩子可以逐步提升自己的写作技巧，优化表达，改正语法错误，确保语言准确、简洁、有力。

（1）表达优化：让语言更加生动和准确

有效的表达不仅仅是用正确的语法写出句子，更要确保想法表达清晰，句子形式生动。AI 可以帮助孩子提升语言表达的多样性和表现力，使写作更具感染力。

示例提问：

"这段英文写得怎么样? 有什么地方可以改进?"

"有哪些更地道的表达方式?"

"我该怎么描述'春天来了'这件事，让它更有画面感?"

AI 会建议孩子使用不同的词汇和句式结构，使文章内容更加丰富。帮助孩子加入恰当的修辞手法，如比喻、拟人、排比等，以增强表达的生动性。

（2）语法检查

语法是写作的基础。错误的语法会影响句子的准确表达，甚至会让读者感到困惑。AI 能够高效地识别语法错误，帮助孩子理解错误原因，并掌握正确的语法用法。

示例提问：

"我这段话有语法错误吗？能帮我检查一下吗？"

"'I has a book' 这样用对吗？为什么？"

AI 会分析文章中的语法错误，包括时态错误、冠词使用错误等。例如，如果孩子写的是 "Yesterday I go to school"，AI 会标出错误，并提示应该改为 "Yesterday I went to school"。AI 不仅会指出错误，还会帮助孩子理解错误的原因。比如在学习 "has" 和 "have" 的使用时，AI 会解释："has" 是 "have" 的第三人称单数形式，"I" 是第一人称单数，所以应该用 "have"。通过针对性的解释，AI 会帮助孩子掌握语法规则，并提供正确的句子示范。例如，AI 可以提示：当描述过去发生的事情时，应该使用过去时态，如 "Last week，I went to the store"。

孩子借助 AI 的语法检查功能，能够及时发现并改正错误，逐步掌握语法规则，避免在写作中重复出现类似错误，逐步提高写作的准确性和规范性。

◆ 四、科学：动手实践与逻辑分析

科学学习不仅是为了掌握概念和定律，更是为了培养孩子的思维能力、动手能力和探索精神。在科学学习中，理解基本概念、建立知识点之间的联系、掌握科学规律至关重要。AI 可以帮助孩子更好地理解复杂的科学原理，通过逻辑分析和动手实践，提升他们解决问题的能力。

1. 概念理解

对核心概念的理解是学好科学学科的基础，只有清晰地理解重要概念，才能在以后的学习中灵活运用这些知识。AI 能够通过不同方式帮助学生理解复杂概念，让复杂的科学原理变得简单易懂。

（1）原理解析：简明易懂的解释

在许多科学课题中，孩子往往需要理解一些抽象的概念，如力学、热学、光学等领域的基础概念。AI 可以根据孩子的学习程度提供适合的解释，并运用视觉化手段帮助孩子更好地理解这些原理。

示例提问：

"能否用通俗的语言解释光合作用的过程？"

"为什么会发生四季变化？请用简单的方式解释。"

"什么是重力？为什么物体会下落？"

AI 将复杂的科学原理转化为易于理解的语言。例如，解释光合作用时，AI 会说："植物通过叶子吸收阳光，将水和二氧化碳转化为糖和氧气，这是植物获取能量的方式。"AI 还会结合日常生活中的例子来解释原理，例如解释重力时，AI 可以通过"掉落的苹果"这个简单的例子来说明重力的作用。通过 AI 简明的解释，孩子能够将抽象的科学原理转化为易于理解的概念，并能够在实际生活中识别和运用这些原理。

（2）知识联系：建立知识间的联系

科学知识是一个庞大的体系，单一的知识点往往缺乏意义，只有将这些知识点联系起来形成完整的科学知识框架，才能灵活运用。AI 可以帮助孩子在知识的海洋中找到知识点间的关联和联系，使孩子能够在实际应用中理解和运用这些知识。

示例提问：

"光合作用和呼吸作用有什么区别？它们有什么联系？"

"为什么水的三态变化和热力学有关？"

● **建立知识间的联系**：AI 将不同的知识点连接起来，帮助孩子理解科学知识间的内在联系。例如，解释光合作用和呼吸作用时，AI 会说明它们都是能量转换的过程，但光合作用是能量的储存过程，而呼吸作用是能量的释放过程。

● **理解因果关系**：AI 可以通过生成思维导图帮助学生理解不同科学现象之间的因果关系。例如，AI 可以通过一张简洁的图像展示水的三态变化：从固态（冰）到液态（水），再到气态（水蒸气），并解释这一现象背后的热能转换机制。

● **掌握科学规律**：AI 不仅能帮助孩子理解单一学科的知识，还能将不同学科的知识结合起来，例如，可以让 AI 将物理、化学和生物学的知识融会贯通，帮助孩子理解不同领域的知识是如何相互作用的。

学生能够看到科学原理之间的联系，并且能够将这些知识点有机地结合起来，形成更系统的知识框架。同时，AI 帮助学生理解复杂的因果关系，增强他们的逻辑思维能力和跨学科应用能力。

2. 实验探究

科学的学习不局限于书本知识，还需要通过动手实践和实验来加深对科学原理的理解。实验探究是科学学习的核心组成部分，它通过动手做实验来验证和探索原理，从而激发学生的好奇心和探索精神。AI 可以辅助学生设计实验、解释实验现象，并帮助他们分析实验结果，从而培养批判性思维和科学素养。

（1）实验设计

实验设计是学习科学的第一步，合理的实验设计能帮助学生学会如何科学地提出问题，准确验证假设。AI 可以帮助学生设计实验，提供系统的指导，让他们学会如何进行有效的科学探究。

示例提问："如何在家做一个简单的科学实验来证明空气存在？"

"我想做一个关于水的沸点的实验，能帮我设计一下实验流程吗？"

"这个实验的原理是什么？需要注意什么安全事项？"

AI 可以帮助孩子明确实验要探讨的问题，例如：你是要研究水的沸点与海拔的关系，还是水沸腾的温度受哪些因素影响？在设计实验前，可以让 AI 引导孩子提出一个可验证的假设，例如：我们假设随着海拔升高，水的沸点会降低。之后再请 AI 推荐适合的实验工具和材料。例如，设计"空气的存在"实验时，AI 可能建议使用透明的塑料瓶、水和火柴来观察气体排出情况。AI 还能帮助孩子将实验步骤具体化并形成操作指南，确保实验流程清晰、可执行。例如：首先，将水倒入烧杯中，测量起始温度；其次，加热水并逐渐记录温度，直到水开始沸腾。

孩子通过 AI 的帮助，能够设计出符合科学规范的实验，并学会如何系统性地进行科学探究。这不仅帮助孩子学习如何解决实际问题，还培养了他们的逻辑思维和实验能力。

（2）现象解释：从观察到理论的理解

实验完成后，学生需要分析实验结果并解释现象。AI 在此过程中的作用非常关键，它能够帮助学生观察实验现象并提取关键信息，并运用科学原理解释实验现象，从而加深学生对科学概念和规律的理解。

示例提问：

"我们做了加热水的实验，发现海拔越高水的沸点越低，为什么会这样？"

"为什么我把火柴放在塑料瓶上，瓶子里没有气体？发生了什么？"

● 分析实验结果：AI 可以帮助学生分析实验数据，并根据结果推导出科学结论。例如，在水的沸点实验中，AI 会用数据图表展示不同海拔高度下水沸点的变化趋势，并解释这个现象背后的物理原理——随着气压的降低，水的沸点也随之降低。

● 理解科学原理：AI 不仅能帮助学生理解实验结果，还能深入讲解相关的科学原理。例如，解释为什么空气有质量、火柴点燃时会产生什么样的化学反应等科学问题，帮助学生将观察到的现象与科学原理联系起来。

● 培养科学思维：通过 AI 的引导，学生能够逐步培养出科学素养，包括批判性思维、创造性思维和系统性思维。这些思维方式将帮助他们在未来的科学学习中不断进步，并能将学到的科学知识灵活应用于日常生活中的问题解决。

家长可以与孩子一起讨论实验现象，激发孩子提出新的问题，并鼓励他们继续探索更多生活中的现象；可以陪伴孩子一起设计实验，确保实验步骤清晰，并及时纠正实验过程中可能出现的问题，培养孩子的实验规范意识。在分析实验结果时，可以引导孩子不仅仅关注实验现象本身，还要进一步思考实验的意义以及背后的科学原理。

第十一章

AI 家庭教育中，如何注意
人工智能的伦理问题？

"

随着人工智能技术的飞速发展，它已经渗透到我们生活的方方面面，从智能客服到生成式 AI，这些技术正在重塑我们的教育模式。然而，在享受这些技术带来的便利时，我们作为家长，是否也应该关注它们可能带来的伦理风险？本章将深入探讨学习类生成式人工智能对青少年可能引发的伦理挑战，并提供策略，帮助家长引导孩子在享受 AI 便利的同时，规避潜在风险。

"

序幕：一场 AI 浪潮中的家庭思辨

一个周末的午后，阳光柔和地洒在客厅里。林先生一家围坐在茶几旁，准备享用下午茶。

林先生看向正在摆弄智能手表的儿子小宇，微笑着开口："小宇，你最近学习和生活里是不是常常用到智能学习工具呀？"

小宇眼睛亮晶晶地回答："嗯，爸爸，做作业遇到难题，AI 工具能马上给答案，还能检查作业呢，可方便了！"

林先生轻轻点头，接着说："小宇啊，这些学习类生成式人工智能虽然便利，但也带来了伦理挑战。比如说，之前有个孩子用 AI 换脸技术恶搞同学照片发到网上，这不仅伤害同学感情，还可能违法。就是因为 AI 容易用，有些青少年没意识到行为后果。你觉得这样做对吗？"

小宇皱起眉头，认真地说："不对，爸爸，我不会这么做的。"

一直倾听的林太太也说道："小宇，爸爸妈妈希望你在 AI 时代健康成长，我们一起面对这些挑战，让 AI 成为你的好帮手。"

小宇开心地笑了："谢谢爸爸妈妈，我会努力的！"

阳光依旧温暖，林先生一家的讨论还在继续，而小宇也在家庭的引导下，开启了对 AI 伦理问题的正确认知之旅，准备在未来的 AI 浪潮中更好地成长。

英国民调机构"舆观"的调查显示，部分美国年轻人呼吁立法者采取行动，防范人工智能使用过程中可能产生的风险。59% 的美国青少年担心自己会受到由人工智能生成的错误信息的影响；58% 的人对"深度伪造"技术感到担忧；

47% 的人表示，他们担心人工智能会脱离人类的控制。[1]在中国，类似趋势也日益明显，特别是在一线城市，中学生对 AI 工具的依赖性日益增强，引发了家长的担忧。

一、AI 时代如何做好孩子的道德教育和隐私保护？

在人工智能时代，青少年隐私保护和道德教育对于家长而言，变得尤为迫切。例如，向孩子解释，他人的照片、个人资料等信息未经允许不得随意使用或篡改，让孩子在心中树立起保护隐私的第一道防线。

（一）隐私教育

家长们必须向孩子清晰地传达个人隐私的概念，界定哪些行为是不能做的，明确不可逾越的红线。例如，要让孩子理解，未经他人允许，擅自使用或篡改他人照片和个人信息是侵犯他人隐私权的行为。通过这样的教育，孩子能够在心中建立起尊重隐私的初步意识。

（二）技术监督

家长应为孩子使用的电子设备设置合理的 AI 工具使用权限，这相当于为孩子构建了一道保护屏障。限制孩子在特定时间或特定场景下使用 AI 工具，可以防止他们在缺乏监管的情况下滥用技术，从而避免不必要的风险。

（三）责任意识日常渗透

在日常生活的点滴交流中，向孩子传递技术使用的道德责任。比如，当孩子

---

[1] 赵婷婷. Z世代：在谨慎中拥抱人工智能[EB/OL]. 青年参考，2024–11–08[2025–04–03]. https://news. cyol.com/gb/articles/2024–11/08/content_X5GpqZtp2z.html

对某个有趣的 AI 技术应用表现出兴趣时，可以趁机告诉他们："这个技术虽然看起来很有意思，但如果用来伤害别人，那可就是大错特错了。"这样的教育方式能让孩子在潜移默化中明白，技术是一把双刃剑，使用时必须遵循道德和法律规范。

✦ 二、如何避开内容陷阱？

生成式 AI 在缺乏有效监管的情况下，可能导致青少年接触到不适宜的内容，如低俗、暴力或性暗示信息，这些内容不仅违背教育的初衷，还可能对青少年的心理健康造成严重伤害。一些 AI 聊天应用通过设计刺激性情节来吸引用户，而这些内容对青少年身心发展造成了长期的负面影响。调查显示，青少年因沉迷不当内容而忽视学习和正常生活的现象日益普遍。在国外，一名 14 岁男孩因与 AI 聊天机器人互动后，受到严重的负面心理影响，最终选择自杀[1]。

在 AI 迅猛发展的时代，家长面临着前所未有的挑战。一方面，需保护孩子免受 AI 可能带来的不良内容影响；另一方面，要引导孩子树立正确价值观，确保其心理健康。家长在家庭场景中应对 AI 伦理问题，可从多方面制定具体策略。

● 内容监管

家长就像是守护者，他们需要定期检查孩子使用的 AI 工具，确保孩子不会接触到不适宜的内容。在选择 AI 平台时，家长应优先考虑那些具备明确安全机制的平台，比如那些可以设置年龄限制或有内容过滤功能的平台。这就像是为孩子挑选健康的精神食粮，只有从源头上把控好，才能有效避免孩子受到不良信息的侵蚀。

● 价值观引导

家长需要在日常生活中培养孩子的辨别能力，在他们心中树立价值观灯塔。当孩子使用 AI 生成内容后，家长应及时与孩子展开讨论，引导他们思考这些内容是否健康积极。例如，当孩子阅读一篇由 AI 生成的文章或观看视频时，家长

[1] 喻琰. 14岁男孩痴迷聊天机器人自杀身亡后，人工智能明星公司 Character .AI 遭起诉[EB/OL]. 澎湃新闻，2024-10-25[2025-1-4]. https://www.thepaper.cn/newsDetail_forward_29144367

可以问："你觉得这里面传达的观点对吗？为什么？"这样的对话有助于孩子在复杂的信息世界中找到正确的价值方向。

● 心理健康支持

教会孩子如何应对负面内容是家长的重要任务。家长要让孩子知道，遇到令人不舒服或有害的内容时，他们不必独自承受，而是应该第一时间告知家长。同时，家长也可以引导孩子学习一些简单的心理调适技巧，如深呼吸、转移注意力等，帮助他们在面对不良信息冲击时保持心理平衡与健康。

通过这些行动，家长可以在 AI 时代为孩子提供一个安全、健康的成长环境，帮助他们建立正确的价值观和心理防线，确保他们在数字化的世界中茁壮成长。

✦ 三、如何正确使用 AI 工具？

在 AI 技术的辅助下，学习工具变得前所未有的强大，它们形象地被称为孩子们完成作业和提升效率的"神兵利器"。然而，这些工具也带来了一系列伦理挑战，尤其是在学术诚信方面。AI 技术的教育应用需要在促进学习效率和维护学术诚信之间找到平衡。如果使用不当，不仅会损害学术评价的公平性，也会削弱学生自身的学习能力。更令人担忧的是，有些学生利用 AI 技术在考试中作弊，绕过传统的监督机制，严重违背了学术诚信的基本原则。

（一）学术诚信的侵蚀

AI 工具的便捷性导致一些学生直接使用其生成的内容作为作业答案，这种行为破坏了学术诚信，损害了学术评价的公平性，削弱了学生的独立学习能力。

解决路径：

● 制定规则

家长需与孩子进行坦诚沟通，明确制定 AI 工具的使用规则。家长可以与孩子约定，使用 AI 工具后，必须用自己的话重新组织思路，写出答案，并能够解释其中的原理和逻辑。

● 探讨学习本质

家长应与孩子深入探讨学习过程中"思考"的核心价值。通过具体的事例，如一道数学难题，向孩子说明解题不仅是为了得到正确答案，更重要的是进行思考和推理，理解背后的原理和解题思路。让孩子明白，依赖 AI 给出的答案是无法真正掌握知识的。

● 监督与指导

家长应监督孩子的学习过程，确保他们在完成作业时能够独立思考。在孩子使用 AI 工具时，家长可以提供指导，帮助孩子理解工具提供的信息，并鼓励他们在此基础上发展自己的观点。

● 培养诚信意识

家长应通过日常的对话和行为，树立诚信的榜样，让孩子从小就明白诚信的价值。通过分享诚信的重要性和讨论相关案例，家长可以帮助孩子建立起坚定的诚信意识。

通过这些措施，家长可以帮助孩子正确使用 AI 工具，培养他们的独立思考能力，建立学术诚信原则，确保他们在学习中既能够利用 AI 技术的优势，又能够坚守学术道德的底线。

（二）自主探索精神的缺失

过度依赖 AI 工具可能导致学生失去自主探索和解决问题的能力，从而影响他们的学习能力和创新精神。

解决路径：

● 鼓励自主探索

家长应引导孩子尝试多种解题方式，学会将 AI 工具作为辅助手段，而不是替代自己思考的"懒人神器"。在孩子遇到学习困难时，家长可以鼓励他们先自己思考，尝试不同的方法，实在无法解决时，再借助 AI 工具获取思路，然后继续独立完成解答，这样才能真正提升孩子的学习能力和自主探索精神。

通过这些措施，家长可以帮助孩子建立正确的学习态度和方法，培养他们独立思考和自主探索的能力，确保他们在合理运用 AI 技术的同时，也能够坚守学术道德和提升个人能力。

✦ 四、如何帮助孩子建立独立思考能力？

（一）生成式 AI 成学生"学习拐杖"，家长怎样助其独立行走？

生成式人工智能以其高效生成内容的能力，逐渐成为部分学生完成作业和解决疑问的首选。然而，这种依赖正在侵蚀学生的学习能力和思维能力。以下是这些问题的具体表现以及家长可以采取的解决路径。

1. 问题一：忽视学习过程

学生们在使用 AI 工具时，往往只关注最终答案，而忽视了探索过程和逻辑推导的重要性。这种做法跳过了学习中最关键的环节——思考和推理，长期下来，会削弱学生的批判性思维和问题解决能力。

解决路径：

● 重视过程教育

家长应强调学习过程中探索和逻辑推导的重要性，鼓励孩子不仅仅追求答案，而是理解答案背后的原理。

● 引导式学习

家长可以通过讨论和引导，帮助孩子理解各种学科问题背后的逻辑，培养他们的推理能力。

2. 问题二：答案的准确性和完整性无法保证

AI 工具生成的答案并不总是准确或完整的，但部分学生可能缺乏验证答案的能力和批判意识，从而直接复制使用，这可能导致知识上的偏差。

解决路径：

● 培养批判性思维

家长应教育孩子不要轻易接受任何未经验证的信息，包括 AI 提供的答案，培养他们批判性思维的习惯。

● 验证和修正

家长应鼓励孩子对 AI 提供的答案进行验证，通过其他资源或方法来检查答案，确保获取的知识是准确的。

通过这些措施，家长可以帮助孩子建立正确的学习态度，培养他们的批判性思维和独立思考能力。这样的教育不仅有助于孩子的成长，也有助于培养他们未来生活中不可或缺的技能。

（二）AI 时代孩子问题频发，家长如何在家庭教育中精准施策？

在 AI 时代，家庭环境中与孩子使用 AI 工具相关的伦理问题愈发突出。孩子们在利用 AI 辅助学习和思考的过程中，可能遭遇诸如网络欺凌、隐私泄露、价值观受不良影响、学术不端行为滋生以及人际关系淡漠等问题。这些问题给孩子的成长带来了诸多不确定性，也给家庭教育带来了新的挑战。家长需要了解如何在家庭场景中精准识别这些问题，并采取有效的解决措施，以确保孩子在 AI 时代能够健康、全面地发展。

1. 培育批判性思维

孩子们在使用 AI 工具时，可能会不经思考地接受其提供的答案，从而放弃了独立思考。为了应对这一问题，家长需要鼓励孩子对 AI 提供的答案进行多角度分析，不轻易全盘接受。家长可以引导孩子查阅其他权威资料或咨询老师、同学，进行对比验证。例如，当孩子利用 AI 了解历史事件时，家长可以问："针对 AI 给出的这个观点，你觉得有没有其他可能？我们一起找些历史书籍看看吧。"这样的互动不仅能够激发孩子的批判性思维，还能教会他们在信息的海洋中筛选和甄别正确、有效的内容。

2. 深度参与内容讨论

孩子们可能无法充分评估 AI 生成内容的合理性，需要家长的引导和参与。家长应抽出时间，与孩子一起探讨 AI 生成内容的合理性，帮助孩子学会判断哪些观点是值得借鉴和吸收的，哪些是需要谨慎对待或存疑。比如，当孩子阅读一篇由 AI 生成的科技文章时，家长可以和孩子一起分析文章中的论据是否准确充分、逻辑是否严密，从而提升孩子的思维判断能力。

3. 推荐权威资源

孩子们可能过度依赖 AI 工具，而忽视了经过严格审核的权威学习资源。家长应为孩子推荐并提供经过严格审核的权威学习资源，如国家认可的在线教育平台和规范出版社出版的学习资料等。这些资源能为孩子指引正确的学习方向，减少误导风险。家长还可以与孩子一起探索这些资源，让孩子体验学习的乐趣，逐渐减少对 AI 工具的过度依赖。

通过这些具体的行动，家长可以帮助孩子在数字化的世界中培养批判性思维，深入参与内容讨论，并重视权威资源的学习，确保他们在信息泛滥的时代健康成长。

✦ 五、如何利用 AI 增进人际关系？

（一）孩子因 AI 陷入技术孤独，家长如何帮助孩子重建社交桥梁？

在科技飞速发展的今天，人工智能已经成为孩子们生活中不可或缺的一部分。然而，随着 AI 的普及，一个不容忽视的问题逐渐浮现：它可能正在悄悄侵蚀孩子们的人际关系，让真实情感在虚拟交互中逐渐变得淡漠。

问题：技术孤独的产生

以 15 岁的豆豆为例，越来越依赖 AI 来完成作业和娱乐，与 AI 的互动比与家人或同龄人更频繁。这种过度依赖导致豆豆在真实社交环境中感到不适，缺乏应对现实问题的能力。技术孤独产生的原因包括：

● **缺乏真实交流**

虽然孩子与 AI 的互动频繁，但 AI 无法提供真正的情感支持和理解。

● **过度依赖技术**

技术解决方案的便利性让孩子逐渐忽视了人际交往的重要性。

● **忽略情感反馈**

AI 无法像人类一样感知情绪变化或回应情感需求，难以培养孩子的同理心。

解决路径：

● 创造家庭情感连接的专属时刻

家长应创造与孩子进行高质量对话的机会，例如每天安排一段专门的时间与孩子一起回顾一天中开心或困难的时刻，加深亲子间的情感纽带。

● 增加真实社交环境的接触

家长应设定明确的屏幕使用时间规则，避免孩子过多使用 AI 聊天工具或沉迷于虚拟世界。同时，鼓励孩子参加线下活动，如兴趣班、运动队或社区志愿者项目等，建立与真实社交环境的连接。

● 引导情感表达

家长应引导孩子通过语言和行动表达真实感受，例如"我今天遇到的事情让我很开心/难过"。帮助孩子理解并回应他人的情绪，培养其同理心和责任感。

● 示范真实的情感交流

家长自身应积极示范真诚的沟通方式，例如在家庭冲突中用温和的语气表达意见，而非冷漠或指责的态度，为孩子树立良好的榜样。

通过这些措施，家长可以帮助孩子在虚拟与现实世界中找到平衡，确保他们在享受 AI 带来的便利的同时，也能保持和发展真实的人际关系和情感交流。这样的教育不仅有助于孩子的社交能力发展，也是他们未来生活中不可或缺的技能。

（二）家长如何帮助孩子兼顾 AI 与真实社交？

在人工智能浪潮汹涌澎湃的当下，家长面临着一项极具挑战性的任务，即如何巧妙平衡孩子与 AI 的互动以及真实人际关系的构建。孩子在成长过程中，不可避免地会频繁接触 AI 技术，这虽为他们带来诸多便利，却也潜藏着影响其社交能力发展、情感健康等方面的风险。以下是家长为确保孩子在虚拟与现实世界中均能茁壮成长可采取的具体措施。

1. 营造家庭情感纽带

家长可以积极开展日常高质量的对话活动，与孩子坦诚交流彼此的情绪体验，包括喜悦、忧愁、困惑等，以此搭建起稳固的情感桥梁。例如，每日晚餐时段，家长主动询问孩子当天感到愉快或遭遇困难的事情，耐心倾听并给予积极的回应与支持。这种交流模式能使孩子深切感受到家庭所给予的温暖关怀，从而强化亲子间的情感联结。

2. 推动家庭协作实践

定期规划并组织各类家庭活动，如利用周末时光共同完成一项小型任务或项目。在活动过程中，家长引导孩子参与分工协作，共同解决问题、分享成果。这不仅能使孩子亲身领略合作带来的乐趣与成就感，还能有效加深家庭成员之间的感情。同时，此类活动为孩子提供了暂时脱离电子屏幕的契机，促使他们在实际操作中锻炼团队协作能力与沟通技巧，为其融入现实社交环境奠定基础。

3. 管控虚拟社交时长

家长需针对孩子使用电子设备的情况，制定明确的屏幕使用时间规则，严格限制孩子使用 AI 工具的时长。通过设定合理的时间限制，促使孩子保持对现实世界的关注度与参与度，避免过度沉溺于 AI 工具所营造的虚拟环境中。

4. 拓展线下社交空间

鼓励孩子踊跃参与各类线下活动，依据孩子的兴趣爱好为其报名参加兴趣班，如绘画班、音乐班、舞蹈班等；支持孩子加入各类运动队，如足球队、篮球队、羽毛球队等；引导孩子投身社区志愿者活动，如关爱孤寡老人、参与环保公益行动等。借助这些丰富多样的线下活动，孩子得以结识志同道合的伙伴，建立起真实的社交网络，在互动过程中不断培养自身的社交能力、团队协作精神以及社会责任感。

5. 培育情感表达素养

家长要主动教导孩子运用恰当的语言和行动来表达自身的真实感受。例如，引导孩子学会用"我今天遇到的事情让我很开心/难过"之类的语句清晰表述内心情绪。与此同时，家长应注重培养孩子共情他人的能力，通过日常生活中的点滴事例，帮助孩子学会换位思考，设身处地理解他人，进而培养其同理心与责任感。

6. 树立情感交流典范

家长在家庭互动中的行为模式对孩子的成长具有深远的影响。在家庭内部出现冲突或意见分歧时，家长应遵循温和理性沟通原则，以平和、理智且尊重的方式表达观点和立场，避免使用冷漠或指责的语言。这种积极正面的示范行为，能够潜移默化地影响孩子，使他们学会在面对冲突时，能以尊重和理解为基础，有效运用情感交流技巧来解决问题。通过这种方式，家长能够营造出一个健康、和谐且充满温暖的家庭氛围，这有助于培养孩子的人际关系处理能力，让孩子将来能够更好地适应社会生活中的人际关系，具备积极向上、善于沟通和理解他人的优秀品质。

通过持之以恒地践行上述具体行动，家长能够切实有效地辅助孩子在人工智能时代的浪潮中，巧妙驾驭虚拟与现实世界之间的平衡，实现健康成长。这不仅是对孩子个体发展的有力投资，更是家长为社会未来可持续发展贡献力量的重要体现。

第十二章

◆

家长如何用好 AI?

> 亲爱的家长们,想象一下,当您的孩子在数学难题面前束手无策时,一个智能家教能够即时提供帮助,这是多么令人欣慰的事情。然而,这背后隐藏的伦理问题也不容忽视。让我们深入探讨如何让 AI 成为孩子教育的助力,而非障碍。

序幕：一场关于 AI 的母子对话

"妈妈，我今天在网上查资料，发现有好多 AI 工具，可我不知道怎么用它们来帮助我学习。"

"哦？宝贝，你对 AI 感兴趣啦？那你说说都看到了哪些 AI 工具呀？"

"有那种可以帮我批改作文的，还有能给我讲数学题的，还有好多别的呢。可是我怕我用不好，反而耽误时间。"

"这确实是个问题。AI 就像一把双刃剑，用好了能帮我们大忙呢。比如说批改作文的 AI，你写完作文后，可以让它帮你检查语法错误、用词是否准确，还能给你一些提升文采的建议。但你可不能完全依赖它哦，自己也要多思考，看看它的建议是不是合理。"

"妈妈，我懂了，就是要把 AI 当成一个辅助工具，不能完全靠它，自己也要努力。"

"对呀，宝贝，AI 虽然很厉害，但它不能代替你自己的思考和努力。我们要学会合理利用它，让它成为我们学习的好帮手，而不是让它牵着我们走哦。"

✦ 一、家长如何与 AI 对话？

沃顿商学院正引领一场教育革命，这里的伊桑·莫利克教授（Dr. Ethan Mollick）允许学生在作业中运用 ChatGPT 或其他人工智能工具，但必须遵循三个核心规则：首先，学生们必须明确地写出他们如何给 AI 工具下达指令，这一过程不仅展示了他们的思考轨迹，还锻炼了他们与 AI 工具有效沟通的能力；其次，学生们需要对 AI 提供的答案进行深入分析，确保其准确性，并结合自己的观点进行思考，这样的过程培养了学生独立思考的能力和批判性的思维；最后，学生们必须在作业中说明他们在写作中使用了人工智能且确保符合学术规范，这包括信源的可信度、方法的科学性以及逻辑的严谨性。这种教育模式的实施，不仅提升了学生的作业质量，还培养了学生独立思考的能力，以及在未来社会中不可或缺的技能。通过这种方式，沃顿商学院的学生们学会了如何在人工智能的辅助下，成为更加独立和有洞察力的思考者。

（一）如何提问：逐层递进，刨根问底

在探索如何利用 AI 优化孩子的学习体验时，掌握提问的艺术至关重要。CLEAR 模型，为家长提供了一个有效的框架，以确保他们能够从 AI 那里获得相关且深入的信息（见图 12-1）。

How to ask AI a question?如何正确地向 AI 提问？

Be CLEAR

C －Concise　言简意赅
L －Lay Out Context　提供背景
E －Explicit　明确要求
A －Ask One Thing　聚焦问题
R －Refine and Follow-up　反思与跟进

图 12-1　CLEAR 模型

1. C-Concise（言简意赅）

起初，家长应提出一个简单而清晰的问题，例如："人工智能如何帮助孩子学习？"这样的问题为进一步的探讨奠定了基础，同时也为 AI 提供了一个明确的方向。

2. L-Lay Out Context（提供背景）

随后，家长应提供更多的背景信息，以便 AI 能够更准确地理解问题并提供相关答案。例如，家长可以进一步说明："我想了解如何利用 AI 帮助孩子个性化

学习数学。"这样的背景信息有助于 AI 聚焦于家长的具体需求。

3. E-Explicit（明确要求）

在提问过程中，家长应明确每一层问题的具体要求。例如，在 AI 提供了关于个性化学习的初步解释后，家长可以要求 AI 详细分析："在数学教育中如何借用 AI 实现个性化学习？"明确要求 AI 提供更深入的分析。

4. A-Ask One Thing（聚焦问题）

家长的提问应聚焦于一个具体的问题，避免同时提出多个问题。例如，家长可以聚焦于："AI 如何帮助孩子提高数学成绩？"要求 AI 提供更加精确且有针对性的回答。

5. R-Refine and Follow-Up（反思与跟进）

最后，家长需要在每一个环节反思 AI 的回答，并进行跟进。例如，AI 提供了关于 AI 在数学教育中如何应用的初步答案后，家长可以反思并提问："这个方法如何在实际应用中与传统教育方式结合？"通过这样的反思与跟进，家长能够获得更全面、更准确的答案。

通过 CLEAR 模型，家长不仅能够提升与 AI 的互动质量，还能够确保他们获得的信息是准确、有效且深入的。这种逐层递进、刨根问底的提问方式，有助于家长更全面地理解 AI 在教育中的应用，从而做出更明智的决策。

（二）如何验证：博闻明辨，唯求其是

在信息时代，家长们面临着一个重大挑战：如何在海量的信息中辨别所需信息的真伪，确保孩子们接触到的是准确、全面且无偏见的内容。面对这一挑战，AI 作为辅助工具，虽然强大，但也并非完美无缺。因此，学会验证 AI 提供的信息，成为每位家长必须掌握的技能。

1. 检查信息是否有明确来源

家长们在使用 AI 辅助教育工具时，需要关注信息的来源，确保所获取的数据或观点具有可靠性。当 AI 提供特定数据或表达某种观点时，应要求其明确指出其来源。例如，家长可以询问："这个信息来源于哪个研究或出版物？"或者"能否提供该观点的原始来源？"通过这种方式，家长不仅能够验证信息的真实

性，还能教会孩子如何选择可信的信息源。如果询问过后 AI 无法列出数据的具体出处，家长需对所提供的内容保持警惕。

2. 使用横向阅读进行信息验证

横向阅读是一种有效的信息验证方法。家长们需要离开 AI 界面，主动访问并比较可信的外部来源，如学术论文、官方报告、新闻网站等，以检查 AI 提供的内容是否与权威来源提供的内容一致。

3. 核查信息的时效性

信息的时效性对于理解世界至关重要。家长们应检查 AI 提供资料的发布时间，尤其是在科学、医学或技术领域，这些领域的信息更新十分迅速。确保 AI 提供的资料是最新的，或查找相关领域的最新研究来验证其时效性。

4. 检查信息是否有偏见

AI 受到其训练数据库的影响，可能会展现出某种有倾向性的立场或观点。家长们需要警惕 AI 提供内容中隐藏的偏见和偏向性，尤其是在处理敏感话题时。

5. 使用事实核查工具

家长们可以借助事实核查网站来验证信息的准确性，如新华网、中国互联网络信息中心（CNNIC）等，这些平台致力于进行事实核查和舆论监督。

通过以上这些步骤，家长们不仅能够确保孩子们接触到的信息是准确、全面的，还能够培养他们的批判性思维。AI 是一个有价值的工具，但它不应该取代人类的判断，在孩子使用 AI 的过程中，家长的参与和监督是确保信息质量的关键。通过这种方式培养下一代良好的信息素养，让他们在信息的海洋中能够游刃有余地获取有效的信息。

（三）如何补拙：取长补短，融会贯通

AI 并非万能的，生成式 AI 工具也会产生错误信息，也就是我们所说的"AI 幻觉"。以下是为家长准备的，关于如何引导孩子正确使用 AI 工具，避免幻觉和偏见影响孩子学习的指南。

1. AI 幻觉：当人工智能出错时

AI 幻觉，即 AI 在没有事实依据的情况下生成看似合理但其实错误或具有误导性的信息，这种现象在缺乏内置事实核查机制的 AI 工具中尤为常见。为了减少这种情况，家长可以采取以下措施：

● **多次迭代提问**：当 AI 的初步回答看起来有问题时，家长应鼓励孩子重新措辞提示语，或多次迭代提问，以获得更准确或全面的回答。

● **要求解释或推理**：家长应教导孩子不要满足于直接的答案，而是要求 AI 解释其推理过程或提供分步说明，这有助于识别回答中的缺陷或偏见。

● **交叉核对信息**：家长需要和孩子强调不能完全依赖 AI 的回答，而查看不同的学术期刊、新闻平台，并使用多个 AI 工具来获取不同版本的答案，以进行交叉验证。

2. 知识盲区：AI 的局限性

AI 工具虽然强大，但它们也有自己的知识盲区。家长应教育孩子理解 AI 的局限性，比如在处理最新的研究成果或特定领域的专业知识时，AI 可能无法提供最准确的信息。因此，家长应鼓励孩子利用图书馆资源、学术数据库和专家咨询等传统途径来补充和验证 AI 提供的信息。

3. 算法偏见：AI 的道德挑战

算法偏见是 AI 领域的一个重要议题。家长需要意识到，AI 模型可能无意中复制或放大了训练数据中的偏见。在教育孩子时，家长应强调批判性思维的重要性，教导他们如何识别和质疑可能存在的偏见，并鼓励他们从多个角度探索问题，以获得更全面的理解。

在 AI 时代，家长的角色不仅仅是监督者，更是引导者。家长要主动教导孩子如何有效地使用 AI 工具，如何识别和避免 AI 幻觉，以及如何通过多角度的探索来克服算法偏见，以培养孩子更加独立和批判性的思维方式。

✦ 二、如何教孩子在与 AI 对话时保持批判性？

在数字化时代，AI 已成为孩子们学习和探索世界的重要伙伴。然而，AI 并非万能，它可能会产生错误或带有偏见的答案。作为家长，我们有责任引导孩子正确设计问题以获得更精准的答案，并对 AI 的回答进行分析和质疑。

1. 培养批判性思维

● 解释 AI 的运作原理：我们要向孩子解释 AI 的工作原理。让他们明白，AI 是根据数据中的模式生成答案的，这些答案并非"绝对正确"。

● 鼓励思考：我们要鼓励孩子思考，比如："这些信息的来源是什么?"或"有没有证据支持这个答案?"这样的提问能够培养孩子的批判性思维。

2. 强调个人偏见的作用

● 讨论偏见：一个人的价值观、经历或偏好可能会影响他们对 AI 决策的判断。例如，信任科技的孩子可能更容易接受 AI 的答案，而怀疑科技的孩子则可能会提出更多质疑。因此，我们要与孩子讨论偏见的问题。

● 练习换位思考：我们可以通过练习换位思考，让孩子想象两个有不同信念的人会如何看待同样的 AI 生成内容。

3. 提供核实信息的工具

● 事实核查：我们要教导孩子要把 AI 生成的内容与可靠来源进行比对，比如百科全书或权威网站。

● 解释局限性：我们也要向孩子解释 AI 的局限性，比如它可能会将复杂问题过度简化，或者反映其训练数据中存在的偏见。

4. 以身作则，示范正确使用方式

● 展示适度的信任：作为家长，我们要向孩子展示如何适度地信任 AI。我们要向孩子示范如何将 AI 作为研究的起点，而不是最终的结果。

● 分享决策过程：我们也要分享我们的决策过程，向孩子解释在什么时候以及为什么信任或质疑 AI 生成的内容。

5. 鼓励伦理讨论

● 谈论公平性：最后，我们要鼓励孩子参与伦理讨论。通过讨论实际生活中的 AI 决策案例，如自动评分、个性化推荐等，让孩子设身处地地思考在不同情况下的感受。

● 探讨责任问题：我们还要探讨责任问题，询问孩子如果 AI 出错，谁应该对此负责，以及如何应对。

示例活动：情景探索

我们可以提供一个 AI 生成的答案，将其与其他来源的信息进行比较，并引导孩子讨论：哪些内容是准确的，哪些不是？个人偏见如何影响他们对 AI 答案的判断？如果要改进或核实 AI 生成的答案，可以怎么做？

这种方法帮助孩子能够用更加深入和批判的方式使用 AI。通过这样的教育，我们不仅能够提升孩子的信息素养，还能够培养他们成为负责任的数字时代公民。

三、AI 说车轱辘话，家长应该怎么办？

孩子在与 AI 互动的过程中，有时会遇到 AI 重复没有实质性内容的"车轱辘话"。这种情况可能会让孩子感到困惑，不知道如何继续提问以获得有用的信息。作为家长，我们可以采取以下策略来应对这一挑战：

1. 理解 AI 的局限性

首先，家长需要向孩子解释 AI 的工作原理和局限性。AI 是基于算法和数据库来生成回答的，它可能并不总是能够理解问题背后的深层含义或提供创新的答案。

2. 迭代式提问

根据迭代式提问策略，家长可以教导孩子通过逐步细化和调整问题来引导 AI 提供更精准的答案。这种方法鼓励孩子在初次提问后，根据 AI 回答的内容，及时给予反馈并调整后续问题的表述或方向。

3. 避免空话套话

在向 AI 提问时，家长应指导孩子避免使用那些没有实质性价值的词语、短语和句子，而是使用更具体、更专业的语言来表达问题。

4. 使用结构化语言

家长可以教导孩子使用结构清晰、逻辑严密的语言来提问。这有助于 AI 更好地理解孩子的意图，从而提供更加准确的回答。

5. 利用关键词

合理运用关键词可以帮助 AI 更快地定位到相关信息。在迭代提问的过程中，适时调整关键词的使用，可以进一步提升提问效率。

6. 借助辅助工具

家长可以引导孩子利用思维导图、问题树等辅助工具来梳理思路、规划提问路径。这些工具也有助于记录每次提问的反馈与调整过程，为后续的提问提供参考。

7. 保持耐心与开放的心态

迭代式提问是一个逐步逼近目标的过程，需要孩子保持足够的耐心。同时，也要保持开放的心态，接受 AI 可能给出多样的答案或建议，从中寻找有价值的信息。

通过这些策略，孩子们可以学会如何有效地与 AI 沟通，避免陷入无意义的"车轱辘话"，帮助孩子们提升他们获取信息的效率。

✦ 四、如何用 AI 帮助孩子解决复杂问题?

在孩子的成长旅程中，AI 不仅是一个学习工具，更是一个激发创意和支持科研项目的伙伴。麻省理工学院的人工智能 DragonBot 等工具旨在培养儿童的同理心和社交技能，这些互动对于培养儿童的社交和情感成长具有很大的价值。[1]以下是如何将 AI 融入日常教育的案例，为家长提供实用的指导。

1. 将复杂问题分解成子问题与 AI 合作解决

要培养孩子解决复杂问题的能力，首先要让他们学会将复杂问题分解成更小、更易管理的子问题。这里以孩子对"如何减少家庭能源消耗"这个问题感兴趣为例。首先，引导孩子使用 AI 工具收集普通家庭中不同电器的能源消耗数据。然后，引导他们将问题分解为子问题，比如"哪些电器消耗最多能源?"和

---

[1] Hardesty L. Teaching Programming to Preschoolers. [EB/OL]. MIT News Office, (2015–03–11) [2023–09–15]. https://news.mit.edu/2015/teaching–preschoolers–programming–0312.

"有哪些节能技术可以实施？"。通过 AI 的数据分析功能，孩子们可以发现热水器和空调是主要的能源消耗电器。接着，就可以引导孩子们研究节能热水器和智能温控器如何减少消耗，并将这些信息整合起来。

2. 激发创意思维

AI 工具可以激发孩子的创意思维，比如，孩子想要创作一幅关于环保的图画，家长可以引导他们使用 AI 故事讲述工具进行创作。首先，口头叙述故事的大纲，然后利用 AI 的图像生成功能，将故事中的情节转化为视觉图像。在这个过程中，孩子不仅锻炼了他们的创造思维，还通过 AI 的反馈学习了如何更有效地表达他们的想法。

3. 培养社交技能和同理心

AI 在帮助提高孩子智商方面表现出色，情商的培养同样不可忽视，如同理心和社交技能，也可以借助 AI 培养。通过与 AI 工具的互动，可以让孩子在虚拟环境中练习社交技能。例如，豆包可以模拟一个需要帮助的角色，孩子通过与其互动学习如何表达关心和提供支持。这种互动可以帮助孩子理解他人的感受，培养他们的同理心。

4. 支持创造性表达

创造性表达在认知技能的发展中起着至关重要的作用，AI 可以作为支持工具帮助孩子克服创造力障碍。

孩子在使用 AI 创造力支持工具时，可能会产生新的灵感。例如，通过即梦 AI，孩子可以将自己的创意转化为视觉艺术作品，即使他们不擅长绘画。这种工具的辅助可以帮助孩子保持创造力的火花，同时提高他们对艺术和设计的兴趣。

◆ 五、如何用 Prompt（提示词）实现与 AI 的高效对话？

（一）家庭教育中使用 AI 的聊法与词法

在使用人工智能（AI）的过程中，设计有效的 Prompt（提示词）是关键。这不仅能提升 AI 生成内容的质量，还能帮助我们更好地理解和应用 AI 提供的信息。在家庭教育场景中，有聊法和词法两类对话引导方式（见图12-2）。

1. 聊法和词法

聊法是指与 AI 对话的整体策略，关注的是对话的结构、目的和情境。具体来说，聊法包括：

● 对话目标设定：明确你希望通过与 AI 的对话获得什么——是需要解释概念、分析问题、创建内容还是获取建议等。

● 问题框架构建：如何组织和呈现你的问题，使其容易被 AI 理解且能引导 AI 提供有用的回应。

● 对话流程管理：如何在孩子与 AI 对话时，引导对话的方向，引导对话何时深入探讨，何时转换话题。

● 情境设置：为 AI 提供必要的背景信息，如孩子的年龄、学习阶段、具体困难等。

● 反馈循环建立：评估 AI 回应的质量，并基于这些反馈调整后续提问。

在家庭教育场景中，良好的聊法能帮助家长更有效地利用 AI 解决实际教育问题。例如，当孩子遇到数学难题时，家长可以先向 AI 给出孩子的年龄、当前学习进度和具体困难点等信息点，再请求 AI 提供适合的解释方法和类似例题。

词法则聚焦于与 AI 交流时的具体词语选择和语言表达方式，是聊法的具体技术性实现。词法包括：

● 关键词选择：使用 AI 能够准确理解的专业术语和描述性词汇。

● 指令性词汇：使用如"解释""分析""比较""总结"等动词，明确告知 AI 执行何种任务。

● 限定词使用：使用如"简洁地""详细地""面向 10 岁儿童的语言"等修饰语，引导 AI 回应内容的形式和风格更适合与孩子沟通。

● 示例提供：在提问中加入期望输出的范例，引导 AI 理解预期的回应方式。

● 格式说明：指定希望 AI 回应采用的结构格式，如分点说明、表格形式或分级解释等。

在教育场景中，精准的词法能确保 AI 提供的内容既准确又适合孩子的认知水平。比如，"请用小学三年级学生能理解的语言，配合简单图示，解释光合作用的基本过程"比简单的"解释光合作用"更能获得适合孩子的回应。

2. 相辅相成的聊法与词法

聊法和词法并非相互独立，而是相辅相成的关系。

● **聊法是战略，词法是战术**：好的聊法为有效对话提供方向和框架，而精准的词法则具体执行实现这一战略。

● **聊法决定问什么，词法决定怎么问**：聊法帮助家长确定需要从 AI 获取什么样的帮助，而词法则帮助精确表达这些需求。

● **聊法塑造对话脉络，词法保证沟通效率**：良好的聊法能让整个 AI 辅助教育过程保持连贯且目的明确，而高效的词法则减少沟通成本，从而能获取更精准的回应。

图 12-2　AI 家庭教育中的聊法与词法对比

在家庭教育中的应用比较：

（1）引导孩子学习新概念时：

● **聊法**：设计一个从简单到复杂、从具体到抽象的渐进式学习路径。

● **词法**：请先用一个 5 岁孩子能理解的比喻解释"光合作用"，然后提供 3 个简单的家庭实验。

（2）帮助解决作业难题时：

● 聊法：采用"分析问题——解释原理——提供类似例题——引导自主思考"的结构给出这道题的分析。

● 词法：不要直接给出答案，而是提供分步骤的思考提示，每一步后停顿并询问。

（3）培养特定能力时：

● 聊法：设计长期、系统的能力培养计划，其中包括认知、实践和反思环节。

● 词法：生成 10 个适合 8 岁孩子的日常批判性思维训练游戏，每个游戏时长控制在 5 分钟内。

有效的 AI 辅助家庭教育需要聊法与词法的结合：家长先确定教育目标和对话策略（聊法），再通过精准的语言表达（词法）获取 AI 的有效支持。随着与 AI 交流经验的积累，家长可以逐步形成适合自己家庭教育风格的个性化聊法和词法。

3. 场景化聊法模板

理解了聊法和词法的基本概念及关系后，接下来我们将探讨如何在具体的教育场景中应用这些原则。通过设计场景化的聊法模板，家长可以更有针对性地引导孩子进行知识探索、问题解决以及创意激发等活动。这样的模板不仅能够帮助家长明确与 AI 互动的目标，还能确保沟通的有效性。因此，在下面的部分，我们将详细介绍几种常见的场景化聊法模板（见图 12-3），旨在为家长提供实用的操作指南。

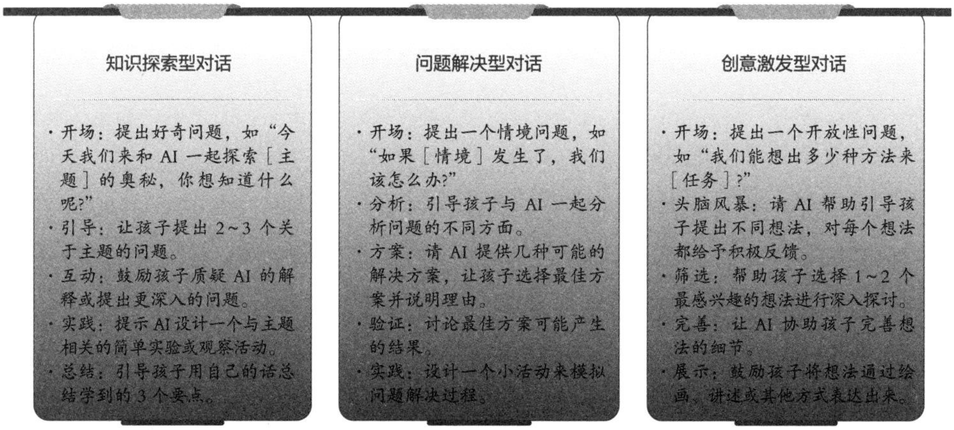

图 12-3　场景化聊法对话类型

4. 场景化词法框架

在掌握了场景化聊法模板之后，我们将进一步探讨如何通过具体的词语选择和语言表达来优化与 AI 的互动。如果说聊法是对话的战略蓝图，那么词法则是战术执行的关键。它决定了我们如何具体地向 AI 传达需求，并指导 AI 以最适合孩子的方式回应。接下来的部分将介绍几种不同的场景化词法框架，旨在帮助家长更精准地设计提示词，从而实现高效的 AI 辅助教育。

（1）探究式学习词法框架

实际应用：你是一位善于引导孩子学习的自然科学导师，专注于培养孩子的批判性思维。帮助 8 岁的孩子理解"植物生长"概念。使用苏格拉底式提问引导思考。使用简单但不幼稚的表达方式，避免出现专业术语，如果出现立即进行解释。每次解释后提出一个思考性问题，等待回答后再继续。请将植物生长比作孩子熟悉的"长个子"过程来解释（模板见图 12-4）。

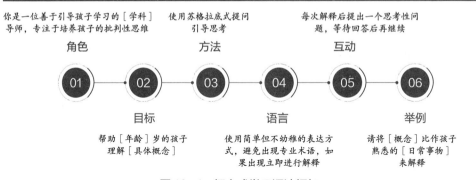

图 12-4　探究式学习词法框架

（2）故事化学习词法框架

实际应用：你是一位会讲故事的数学老师，通过讲故事帮助 6 岁的孩子学习"加减法"概念。创建一个包含"小兔子家族"在"森林超市"中遇到需要应用加减法解决问题的情境。使用生动、形象的语言以及适合 6 岁孩子的词汇和句式。在故事关键点暂停，让孩子预测小兔子应该买多少胡萝卜或付多少钱。故事结束后，提供 1~2 个与故事相关的实际应用活动，如模拟超市购物游戏（模板见图 12-5）。

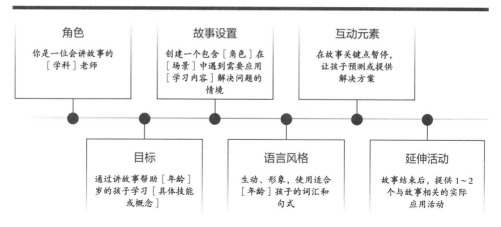

图 12-5　故事化学习词法框架

（3）多感官技能培养词法框架

实际应用：你是一位专注于阅读技能培养的教练，你的目标是帮助 5 岁的孩子掌握"认识常见字母和发音"的基础知识和应用。将学习分解为 3 个递进难度的小目标：先认识 5 个常见字母的字形，然后学习它们的发音，最后识别以这些字母开头的简单单词。描述孩子可以在家中制作的字母卡片，每张卡片一侧是字母，另一侧是以该字母开头的物品图片。提供"A 是苹果的 A，B 是球的 B"等朗朗上口的韵律来帮助记忆。设计一个"字母寻宝"活动，让孩子在家中寻找以学过字母开头的物品。提供观察孩子能否正确辨认认字母和发音的方法来评估学习效果。提供简单版（只学 3 个字母）、标准版（5 个字母）和挑战版（8 个字母）三种难度选择（模板见图 12-6）。

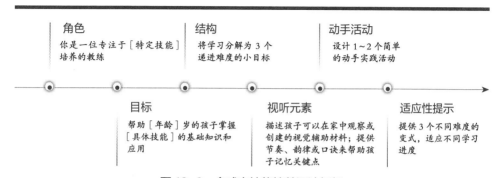

图 12-6　多感官技能培养词法框架

5. RN-OCO提示语框架

除了以上这些框架，家长还可以在教育过程中使用 RN-OCO 框架（见图12-7）。

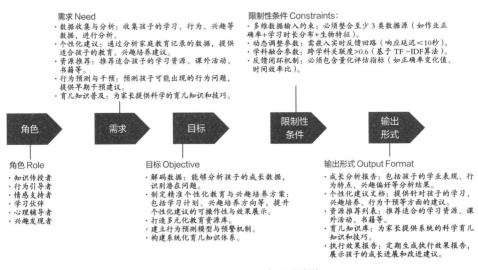

图12-7　RN-OCO 提示语框架

通过设计有效的 Prompt 和应用聊法、词法以及 RN-OCO 框架，家长可以更精确地引导 AI 辅助孩子的学习。

（二）如何通过 Prompt（提示词）提高 AI 回答的质量？

在与 AI 互动时，迭代调整问题以获得更精准的回答是一项关键技能，以此不断优化 AI 回答的质量。

1. 迭代调整问题以获得更精准的回答

明确目标：在提问之前，首先要明确你想要从 AI 那里得到什么样的信息或帮助。

简化问题：初始提问中要避免包含过多细节，因为这可能会使 AI 难以集中注意力。也就是说，在最开始应该提出简洁、直接的问题。

逐步细化：根据 AI 的回答，逐步细化你的问题。如果 AI 的回答不够具体，可以通过添加更多细节或明确你的要求来引导 AI 提供更精准的答案。

反馈与调整：在每次提问后，根据 AI 的回答内容，及时给予反馈。如果答案不够准确或全面，思考原因所在，并调整后续问题的表述或方向。

图 12-8直观地表示了每种提示词类型的有效性。初始提示词如果包含大量信息会让 AI 难以集中注意力。因此，只靠初始提示词，AI 很难创作出一篇连贯且有用的文章。优化提示词清晰且结构合理，通过细化要点，AI 更容易理解并生成组织良好的文章。由此可见，不断迭代优化的提示词可带来更好、更相关的内容。[1]

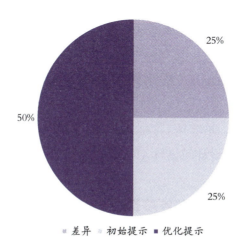

■ 差异　■ 初始提示　■ 优化提示

图 12-8　不同提示词对于 AI 生成内容的分析

实际应用：假设孩子在准备一个关于环保的演讲。初始问题可能是："如何准备一个环保演讲？"根据 AI 的回答，孩子可以逐步细化问题，如："请提供这篇演讲中关于减少塑料使用的要点。"进一步细化："请详细说明塑料污染对海洋生物的影响，并提供一些关于减少塑料使用的实用建议。"

2. 引导 AI 提供多角度、多层次的答案

多角度提问：在提问时，明确要求 AI 从不同角度提供信息。例如："减少塑料使用分别会对环境、经济和社会产生哪些影响？"

---

[1] Good of Prompt. How to Optimize Long Prompts for Better AI Results [EB/OL]. (2025–01–08) [2025–02–03]. https://www.godofprompt.ai/blog/how-to-optimize-long-prompts-for-better-ai-results.

多层次探索：鼓励 AI 探索问题的多个层面。例如："请分别从个人、社区和政策层面给出减少塑料使用的策略。"

实际应用：如果孩子正在研究一个科研项目，如"如何提高太阳能电池的效率"，可以引导 AI 提供不同层次的答案。初始问题可以是："太阳能电池的效率如何提高？"随后，孩子可以要求 AI 从材料科学、工程创新和市场应用等多个角度提供信息。

通过迭代调整问题和引导 AI 提供多角度、多层次的答案，家长可以帮助孩子更有效地利用 AI。在 AI 时代，这些技能将变得尤为重要，能帮助孩子们成为能够独立思考和解决问题的个体。

（三）如何利用 Prompt（提示词）促进孩子的参与？

在孩子的成长过程中，培养他们独立思考和与 AI 互动的能力是至关重要的。以下是如何让孩子自己设计问题与 AI 互动，以及如何通过 Prompt（提示词）培养孩子的创造性思维的方法。

1. 如何让孩子自己设计问题并与 AI 互动

（1）引导孩子思考自己感兴趣的主题

示例 Prompt：通过孩子感兴趣的话题引入来询问孩子的近况，并深入话题引导孩子思考和互动。

目的：鼓励孩子根据自己的兴趣设计问题，增强他们的参与感。兴趣驱动学习更能激发孩子的积极性。

（2）帮助孩子从问题中找出关键元素

示例 Prompt：从孩子感兴趣的话题中选取一个具体的问题，以此继续对话，并解答孩子的疑问。

目的：引导孩子从复杂的问题中拆解出具体的子问题，帮助他们学会如何设计更具针对性的问题。

（3）鼓励孩子逐步提问

示例 Prompt：请通过划分步骤的方式为孩子设计一系列阶段性的提问，以孩子询问次数为阈值，控制兴趣话题的信息含量，逐渐引导起孩子对话题的深入探索。

目的：通过分步骤的方式帮助孩子设计问题，逐步引导他们从一般性问题到深入探讨，培养逻辑思维。

2. 如何通过 Prompt 激发孩子的创造性思维

（1）利用 AI 工具进行创意写作

案例：如果孩子想要写一个关于未来城市的故事，他们可以问 AI："在未来的城市中，人们是如何生活的？有哪些新奇的交通工具？"

目的：通过 AI 的回答，孩子可以获得灵感，进一步完善他们的故事。

（2）鼓励孩子探索科学概念

案例：通过使用 Midjourney，可以根据明确的提示语生成新颖的设计。例如，要求 Midjourney 创造一幅结合大象和蝴蝶的图像，于是它生成了一幅名为"phantafly"融合了大象和蝴蝶特征的图像（见图 12-9）。[1]

目的：AI 可以提供基础的解释和示例，激发孩子的想象力和创造力。

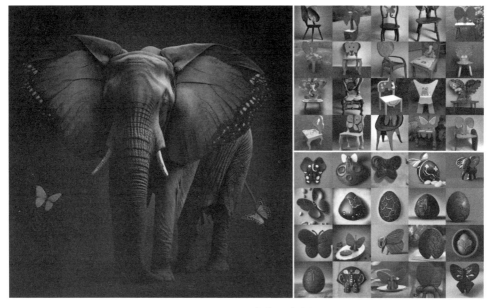

图 12-9 AI 文生图案例

［1］ Tojin T E, Daniel J F, Josh F, Lokesh V. How Generative AI Can Augment Human Creativity [EB/OL]. (2023–07–01) [2025–02–04]. https://hbr.org/2023/07/how-generative-ai-can-augment-human-creativity.

通过引导孩子自己设计问题并与 AI 互动，家长可以帮助孩子培养独立思考和解决问题的能力。同时，与 AI 互动的过程可以激发孩子的创造性思维，让他们在探索知识的过程中发挥想象力和创新能力。这些技能将为孩子的未来发展打下坚实的基础，帮助他们在学术和职业生涯中脱颖而出。

需要注意的是，虽然 AI 是一个强大的工具，但它无法完全取代人类的创造力和批判性思维。家长的角色是引导孩子平衡技术的使用和个人的发展，确保他们在 AI 时代既能掌握技术，又能保持独立思考的好习惯。

✦ 六、如何监控和评估 AI 的使用效果？

在孩子的成长和学习旅程中，AI 可以成为一个强有力的助手，但家长必须明智地判断 AI 是否真正为孩子带来了积极的影响。以下是如何评估 AI 对孩子学习的帮助，以及如何根据效果调整 AI 使用策略的方法：

1. 如何判断 AI 是否真正帮助了孩子

（1）学习成绩的提升：观察孩子在使用 AI 辅助学习后，学习成绩是否有所提高。

（2）学习兴趣和自信：评估孩子是否对学习更有兴趣、更加自信，这可以通过他们参与学习活动的积极性和自我表达的自信程度来衡量。

2. 如何评估 AI 使用中的伦理风险

（1）内容输出的准确性：检查 AI 的内容输出是否可能对孩子产生误导，是否存在错误信息或不适当的建议。

（2）隐私保护：确保孩子使用的 AI 工具不会泄露孩子的个人信息或数据。

家长在孩子使用 AI 的过程中扮演着至关重要的角色。通过观察孩子的学习成绩、兴趣和自信度，家长可以判断 AI 是否真正帮助孩子。同时，家长需要评估 AI 使用中的伦理风险，确保孩子的安全和隐私受到保护。根据孩子的成长阶段和学习需求，家长应灵活调整 AI 的使用策略，选择最适合孩子的 AI 工具。通过这样的方法，家长可以确保 AI 成为孩子学习旅程中的有益伙伴，而不是潜在的障碍。

图书在版编目（CIP）数据

AI 重塑家庭教育：十二个关键问题 / 张诗瑶著 .

北京：中国人民大学出版社，2025.4. --ISBN 978-7
-300-33906-1

I. G78-39

中国国家版本馆CIP数据核字第2025U47Y90号

AI 重塑家庭教育：十二个关键问题

张诗瑶　著

AI Chongsu Jiating Jiaoyu: Shier Ge Guanjian Wenti

出版发行	中国人民大学出版社	
社　　址	北京中关村大街 31 号	**邮政编码**　100080
电　　话	010-62511242（总编室）	010-62511770（质管部）
	010-82501766（邮购部）	010-62514148（门市部）
	010-62515195（发行公司）	010-62515275（盗版举报）
网　　址	http://www.crup.com.cn	
经　　销	新华书店	
印　　刷	北京昌联印刷有限公司	
开　　本	720 mm × 1000 mm　1/16	**版　　次**　2025 年 4 月第 1 版
印　　张	18.75　插页 1	**印　　次**　2025 年 4 月第 1 次印刷
字　　数	288 000	**定　　价**　68.00 元